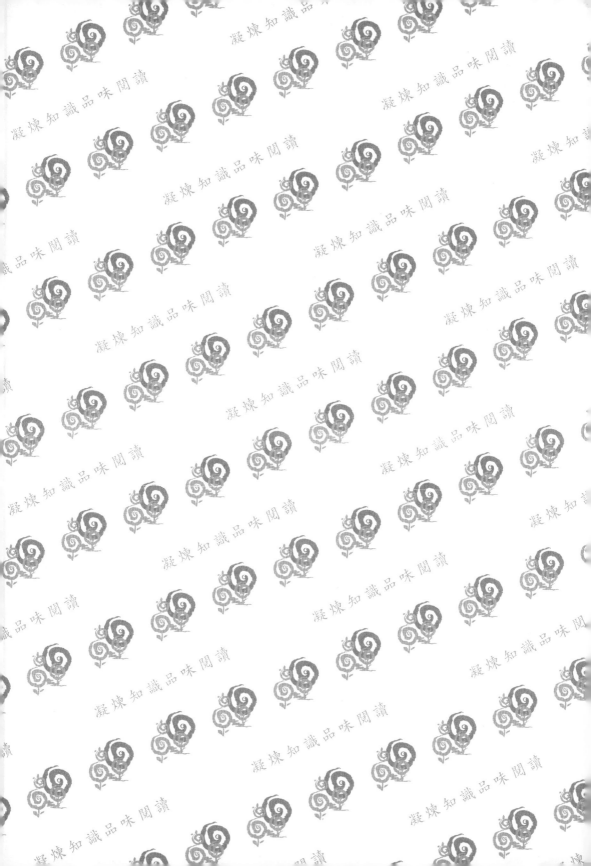

教育行政學

吳清山　著

五南圖書出版公司 印行

自 序

　　1982 年進入臺北市政府教育局服務，從基層的科員做起，至今已超過 40 年，一直離不開教育行政領域，可謂與教育行政結下深厚的緣分。

　　教育行政是我的最愛，無論從事教育行政實務工作或進行教育行政學術研究，皆樂在其中，慢慢體會到一個人對有興趣的工作，就會努力去做，即使過程中遇到困難，也會設法加以突破，進而產生一種「苦盡甘來，甘之如飴」的人生哲學。

　　這些年來，雖然擔任多項教育行政主管職務，但一直鞭策自己，莫忘自己安身立命之根——學術研究，即使工作再忙，也要撥空閱讀教育行政相關書籍及期刊論文，吸收教育新知，豐富自己教育知識內涵，並將其轉化為文章，與教育界朋友進行知識分享。

　　當然，撰寫這些文章，有些屬於短文，有些屬於學術論文，短文字數雖少，但要聚焦議題且清晰表達，並不容易，仍須靠功力，這種功力有賴平時日積月累扎下根基，很難一蹴可幾。至於學術論文，則須花費較長的時間，因涉及到主題的選定、文獻整理、方法應用、資料蒐集、結果分析與提出結論與建議等步驟，且須遵循學術寫作格式。平心而論，要寫出一篇夠水準的學術論文，具有創見與價值，誠屬不易。

　　基本上，教育短文或學術論文，對實務界或學術界都具有參考價值，但國內受到學術獎勵和教授升等重視期刊論文因素的影響，因而偏重於撰寫學術論文，投稿至學術期刊，其投資報酬率高，自然樂此不

疲。此外，出版業市場不景氣，學生購買教科書並不熱絡，教授撰寫教科書的意願不高。但個人覺得一本好的教科書，倘若能幫助學習者建立該領域的基本能力，仍是值得去做，至少對教育界也是一種貢獻，這是我決定撰寫《教育行政學》的緣由之一。

不可否認地，市面上的《教育行政學》各有其特色，亦各具學術價值；但個人認為內容除建立在教育行政知識基礎上、真實反應出教育行政實務作為外，而具備多年教育行政學術研究和教育行政實務經驗，能掌握教育行政發展思潮的時代脈動，也是必要條件之一，如此才能滿足讀者們追求教育行政知識的渴望，進而讓讀者研讀之後，感覺獲益良多，並非只是單純為準備考試而已，這也是撰寫本書的另一個緣由。

本書撰寫構思已有一段時間，全書計有 15 章。首先從教育行政的基本概念、理論基礎及理論發展敘寫，接著分析教育行政組織、領導、激勵、計畫、決定及溝通等內容，隨後則說明教育視導、評鑑、法令、人事及經費等，最後提出教育行政的趨勢與展望，以提供讀者們對教育行政的全面瞭解。

教育行政學屬於社會科學範疇，亦是應用科學，透過理論引導實務，並藉由實務印證理論，理論與實務相輔相成、相得益彰，才能凸顯教育行政學的價值，因而本書特別兼顧理論與實務，部分借用於國外學者理論，儘量引用第一手資料，提供讀者正確的知識。此外，為增加讀者研讀興趣及多元性，特別增加「補給站」及「案例研討」，激發讀者們分析、批判、綜合和歸納能力，期盼能有效提升讀者們的教育行政素養——知識、技能、態度和價值。

本書出版之際，就是感恩的時刻，感謝開啟學習教育行政之門的大學及研究所時代老師的指導、感謝內人郭秀蘭老師操持家務，讓我得以專心寫作；感謝前國家教育研究院助理研究員王令宜博士細心校閱初稿，並處理出版事宜；感謝我的學生游子賢、魏文佑同學協助整理圖

稿：感謝五南圖書出版公司董事長楊榮川先生慨允出版、副總編輯黃文瓊女士全力協助及李責編敏華和陳編輯俐君之專業編輯。最後，謝謝長期以來始終愛護支持我的讀者們，有您們真好！

吳清山 謹識

2023 年 8 月

目　次

第一章

教育行政的基本概念

本章研讀之後，您將能：

一、理解教育行政的意義及內容。

二、熟悉教育行政的功能及原則。

三、分析及比較不同教育行政研究方法的差異。

四、發展教育行政的基本素養。

學習目標

　　教育主要目的在於開啟個人潛能和培育各行各業人才，以促進社會發展和國家建設。為了有效達成教育目的，有賴於行政的支援與執行，因而教育行政（educational administration）在教育發展過程中扮演著重要角色。本章將分別就教育行政的意義、內容、功能、原則和研究方法說明如下。

第一節　教育行政的意義

　　教育行政學係研究教育行政的一門學問，它屬於社會科學的一支，亦是應用科學的一環，是以教育行政為載體，具有濃厚實務導向的研究。

　　「教育行政」一詞，係由「教育」（education）和「行政」（administration）所組成。就「教育」而言，係指施教者運用適當的課程與教學，引導受教者有效地學習，以發展受教者潛能，激發受教者善的意念和行為，並培育受教者健全人格為目的（吳清山，2022），依此而言，教育需要教師和學生互動，培育學生成為良好公民為主軸；而就「行政」來看，具有「行使和管理事務或政務」之意，因而行政成為組織推動業務的重要一環。

　　教育行政的意義，中外學者看法略有差異，茲分別說明如下：

　　坎貝爾（Roald, F. Campbell）等人（1983）將教育行政界定為：「教育機構的管理，以幫助教與學。」（第 1 頁）（Campbell et al., 1983）；而卡夏普（Diksha Kashyap）則認為教育行政是整合適當的人力和物力資源的過程，以實現教育機構的目的（Kashyap, n.d.）。此外，Wikipedia（2022a）提到教育行政是教育研究中的一門學科，它檢視一般教育的行政理論和實踐，以及特定活動中的教育機構和教育工作者。

　　黃昆輝（1996）將「教育行政」定義為：「教育行政即是教育人

員在上級一部屬的階層組織中，透過計畫、組織、溝通、協調及評鑑等歷程，貢獻智慧，群策群力，爲圖教育的進步所表現的種種行爲。」（第 20 頁）；而秦夢群（2021）亦指出「教育行政乃是利用有限資源，在教育參與者的互動下，經由計畫、協調、執行、評鑑等步驟，以管理教育組織，並達成有效解決教育問題爲目標的連續過程。」（第 10 頁）；至於謝文全（2022）則將「教育行政」界定爲：「教育行政是政府爲辦理教育所做的治理或管理行爲，其求經濟而有效地達成教育目的。」（第 2 頁）

綜合各學者的看法，「教育行政」之意義，可視爲政府對教育事務有效管理，茲進一步將其定義如下：

教育行政，係指中央和地方政府，對於教育事務透過組織、領導、激勵、計畫、決定、溝通、視導及評鑑等作爲，以提高行政效率和發揮行政效能，進而謀求教育改進、健全教育發展和達成教育目標。

依此而論，教育行政再從下列四方面說明之：

一、教育行政主體

教育行政主體，包括中央教育行政機關（教育部）及地方教育行政機關（教育局處），至於公私立學校雖屬於機構，不是具有公權力機關，但仍可視爲廣義的教育行政主體。

二、教育行政範疇

教育行政所處理的業務甚廣，舉凡人、事、財、物等方面都包括在內，不僅是教育行政機關所屬業務，而且大學、中小學和學前教育，亦可視爲教育行政範疇之一環。

三、教育行政作爲

教育行政作爲，屬於管理和領導的活動，主要在於計畫、執行、

評估和研究等。因此,教育行政之組織、領導、激勵、計畫、決定、溝通、視導及評鑑等都屬於教育行政之作為。

四、教育行政目標

　　教育行政目標,在於提高教育行政效率與效能,追求有品質的行政服務,滿足社會大眾對教育的期望和需求,進而改進教育事務,解決教育問題,促進教育事業健全發展,以有效達成教育目標。

補給站

領導、管理與行政

　　領導(leadership)、管理(management)與行政,實在很難區隔,基本上,領導是指影響成員達成組織目標的過程,其責任包括發展願景、執行計畫和建立共識等;而管理則是要求成員遵照一定的程序,以確保結果的一致和效率。雖然,領導和管理都是在影響成員的作為,但是其目的和方法有別,前者重視成員需求和組織目標,後者追求組織效率超越個人需求,所以領導是以「人」為中心的處理事情方法,而管理則是以「事」為中心的處理事情方法。至於行政則是含括領導和管理的過程,不僅要把事情做對(管理),而且要把事情做好(領導)。

第二節　教育行政的內容

　　教育行政從事各種教育事務處理,包含範圍甚廣,舉凡教育行政機關和學校所處理的業務,都屬於教育行政工作項目的一部分。

由於教育行政任務複雜和內容廣泛，其內容很難適切完整的歸類。爲便於理解教育行政內容之完整性，乃以系統理論（system theory）的輸入（input）、過程（process）和產出（output）等三層面加以說明之。

一、輸入層面

教育行政輸入層面，主要來自於制度、政策、法規、人事和經費等方面，茲說明如下：

(一) 教育制度

教育業務推動必須建立在教育制度基礎上，才能可長可久。教育制度包括學校制度和教育行政制度。學校制度就是一般所謂的學制，係指國家建立一個上下銜接與左右溝通之各級各類學校教育體系；至於教育行政制度則包括教育行政組織、教育審議制度、教育視導制度、教育人事制度及教育財政制度等，這些制度都會影響教育的歷程及產出。

(二) 教育政策

教育政策指引教育施政重點，爲利於整體教育發展，教育行政機關會針對各級教育（如：學前教育、國民教育、高級中等教育、高等教育……）到各類教育（如：特殊教育、資訊教育、技職教育、師資培育、終身教育、國際教育、實驗教育、偏鄉教育……）提出相關政策，這些政策都會公諸於政府的教育白皮書、教育施政計畫、教育施政方針等。

(三) 教育法規

依法行事，爲教育行政的重要準繩，行政人員必須知法和守法，不得做出侵害到人民各種權益之違法行爲。法規範圍包括憲法、法

律、命令和行政規章，其中憲法爲國家根本大法，其他法規不得牴觸，否則無效。一般而言，教育法規常常是研訂政策和施政重要依據，身爲教育行政人員對教育法規應有一定的素養，才能有效執行教育業務。

㈣教育人事

教育人事是推動教育行政的主力，具有高素質的教育人事，乃是確保高素質教育的有力保證，因而健全教育人事制度，實屬相當重要。在教育行政機關，甚至各級學校，均須建立各種人事制度，舉凡考試、任用、服務、俸給、考績、保險、退休、撫卹及資遣等項目，都成爲人事業務重要的一環。

㈤教育經費

教育行政運作，人事與經費都是不可或缺的要件。教育經費涉及到教育財源的籌措、分配、運用與效益，是教育行政推動的支柱。爲使教育經費發揮最大效果，投入教育各項建設，教育的預算、審計與決算等各方面，都要建立適切制度，以利經費有效使用。

二、過程層面

教育行政過程層面，主要包括組織、領導、激勵、計畫、決定、溝通、視導和評鑑等，茲說明如下：

㈠組織

教育行政組織包括兩方面，一是靜態的組織結構，例如：中央及地方教育行政機關、各級學校，以及政府依法設置的社會教育機構；另一是動態的組織文化（organizational culture）和組織氣氛（organizational climate），前者構成組織運作的骨架，後者影響到組織運作的表現（performance），這兩者交互作用，成爲整個教育行

政之核心所在。基本上，組織乃是教育行政人員將人、事、財、物等資源，實施適當合理的分配，以達成預期任務的行為。

(二) 領導

教育行政要有效運作，必須有賴於領導者運用其影響力，帶領成員向組織目標邁進，因而領導者的人格特質、專業素養、領導風格、領導理論和領導效能，常常成為教育行政關注的課題。

(三) 激勵

教育行政是以人為對象，為激發其成員工作高度意願、增進成員工作成就感和提高成員工作績效，適度的獎勵和激勵措施，實有其必要性。不管採用物質或精神的激勵，必須以成員的實際表現為優先考量。

(四) 計畫

教育行政計畫係教育行政人員依據相關法令規定，針對教育發展需要，運用科學有系統的方法，進行分析、綜合和統整等方式，研擬各種合理可行之行動策略和方案，以作為行政執行之依據。

(五) 決定

教育行政人員為有效處理和解決教育問題，經常要做各種決定。此外，為追求教育突破與創新，也要從事各種決定，而這些決定可能是從若干方案中，選擇一個最佳的方案。

(六) 溝通

教育行政人員為傳達訊息、意見或事實到其他的個人或團體，透過有效溝通方式，這是必要的作為。隨著資訊科技發展，溝通方式日趨多元和快速，除了傳統的面對面溝通和文字溝通外，透過網路或社

群媒體，也成為很重要的溝通媒介。

(七) 視導

教育行政部門根據國家制定的教育政策，對下級教育行政機關和各級各類學校進行視察、調查和考核，作出評定，指出優缺點，並對其工作給予指示和輔導，提出改進意見和建議，以提高行政管理和教學工作的品質。

(八) 評鑑

教育行政機關透過系統的方法來蒐集、分析和解釋學校各種資料，並進行價值判斷，以作為改進教育缺失，謀求教育有效發展。因此，教育行政機關或學校為瞭解辦學之績效，通常會採取適當的評鑑方式，進行客觀及有系統的評估，對於教育長遠發展，具有其實質的助益。

三、產出層面

教育行政輸出層面，主要在於教育行政運作過程中所產生的結果，亦即教育行政的表現。教育行政產出層面可從效率（efficiency）和效能（effectiveness）兩方面觀之：

(一) 效率

教育行政機關或學校投入最低成本，得到最大效益。因而，效率常成為教育績效的重要指標之一。

(二) 效能

指教育目標達成的程度，它是教育行政追求的終極目的。教育行政效能指標通常包括學生學習成就與行為表現成就。

茲將上述內容，歸納如圖 1-1 所示。

圖 1-1
教育行政內容架構

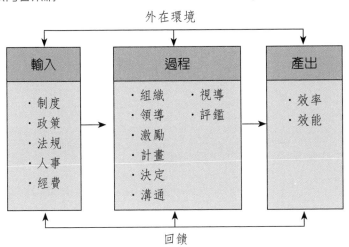

從圖 1-1 可知，教育行政之系統，在輸入、過程或產出之實際運作，仍會受到外在環境（如社會、政治、經濟、科技、國際局勢……）的影響，然而教育行政本身亦會產生回饋作用，不斷調整輸入、過程或產出等方面。

......../第三節/ 教育行政的功能 ....

　　教育行政存在的價值在於為教育服務，為師生提供最好的學習環境，因此，它須負起計畫、執行、考核和研究發展的責任。教育事業是屬於服務性和公益性的事業，而且涉及到學生機會和權益，具有其獨特功能。吳清山（2017）提到教育行政功能包括如下：一、制定教育政策，推展教育活動；二、提供支援服務，增進教育效能；三、評

估教育成效，改進教育事業；四、引導研究發展，促進教育革新。而查克馬（Devasis Chakma）提及教育行政功能計有十三項：1. 規範教育目的；2. 制定政策；3. 規定組織結構；4. 規定組織成員職責；5. 規定組織職位的權力和權限；6. 提供財政和其他物質資源；7. 規劃和實施有效的教育方案；8. 提供必要的人力，使教育業務順利推動；9. 規定人員績效的質與量標準；10. 提供良好的專業領導；11. 激發成員努力的動力，而且保持他們的持續發展；12. 依既定政策、目標和規範，評估總體結果；13. 整合教育領域的所有力量（Chakma, 2022）。根據上述的看法，茲將教育行政功能歸納如下：

一、建立教育制度，確立教育發展根基

教育制度主要目的在於讓教育行政執行教育業務有所遵循，因此，教育行政必須建立適切的學校制度和教育行政制度，以利行政運作有所遵循。無論學校制度或教育行政制度的建立，都涉及到長遠的教育發展，教育行政機關必須集思廣益和透過法制化過程，審慎研議及建立制度，教育制度才會更加周延和可行。由於社會變遷太快，無論學校制度或教育行政制度，都要隨著社會需求及教育潮流進行滾動性修正，以建立實用、可行、宏觀的教育制度，乃是教育行政重要功能之一，才能使教育發展根基更加穩固。

二、制定教育政策，提供教育執行依據

教育行政必須負起教育政策規劃、執行和評估之責，而制定適切安善的教育政策，乃為教育行政之重要任務。教育政策指引教育推動的方向、確立教育發展策略和提供教育執行依據。任何教育業務的推動，都建立在教育政策基礎之上，教育行政有良好的教育政策支撐，教育發展才能可長可久，也才能展現教育行政效益。因此，教育行政機關和人員必須根據教育目標、社會需求和經濟發展，透過科學、系統和理性的方法，研擬各級各類教育政策，作為教育施政之準繩，以

利推動教育業務。

三、規範成員職責，確保成員各盡其職

　　組織結構和人員為構成教育行政運作兩大主力。基本上，教育行政組織結構和人員職掌，都會在相關教育法令中規範，例如：《教育部組織法》規定教育部組織內涵，而《教育部處務規程》規定教育部內部單位之分工職掌，至於教育部內相關人員之職責，則見諸於教育部人事法規。此外，教育行政也會針對學校單位的組織及人員職掌，在相關法規有所規範，讓學校行政運作有所遵循。因此，教育行政功能之一，就是規範每位人員在組織內應具有的權限及責任，並要求人員做好自己職責內工作。

四、整合教育資源，促進教育順利推動

　　教育行政必須有足夠的人力、財力和物力資源，才能提供學校最好的支援，讓學校能建立優質的教育環境，擴大教師教學與學生學習效果。教育資源，有些是來自政府的預算；有些是來自民間的捐贈，而公立學校所得到的資源，大部分來自政府的預算，民間所占比例較低，但教育行政機關能積極鼓勵及獎勵民間多挹注資源於教育上，對教育發展仍有不少的助益，尤其民間資源相當充沛且運用較具彈性，更值得努力。因此，教育行政的重大功能之一，就是從事資源的籌措、彙集、整合，並加以分配，以發揮資源最大效益，促進教育順利推動。

五、提供專業領導，擴大教育發展效能

　　教育行政與學校行政相較而言，教育行政是居於領導的角色，指揮及引領學校推動教育工作。傳統的權威式教育領導，實在很難發揮行政功能，處在教育專業化的時代，教育行政運用專業領導，將更有助於教育行政專業形象。就教育行政專業領導而言，就是教育行政機

關所作的任何決定及其影響力，都要有專業知能的基礎，才能為學校人員所信服。教育行政提供專業領導，不僅政策容易推動，而且更能展現領導品質，學校人員感受到上級機關專業領導及專業服務，更樂意為教育而奉獻。

六、評估教育成效，瞭解教育執行得失

　　教育行政除了計畫、執行之外，評估亦屬重要的任務。一般而言，社會大眾對各級各類教育政策和活動實施成效，都是相當關注，因而教育行政機關就必須進行其成效評估，提供社會大眾瞭解，並將所評估的結果，作為未來改進的參考。當前社會大眾對高品質和高績效教育的要求有增無減，已很難容許缺乏品質和績效的教育，此更彰顯評估在教育行政的價值和功能。因此，為了讓人民接受高品質的教育，政府或學校必須針對教育活動進行有系統、客觀的評鑑，以瞭解教育成效，並就其缺失提出改進對策，使教育事業更具績效。

七、引導教育研究，精進教育永續發展

　　教育行政涉及到教育政策、教育研究和教育實務，而教育研究則是驅動優質教育政策和教育實務的利器。就教育行政而言，從事或委託教育研究之目的在於透過研究結果研訂適切的教育政策，然後能夠有效轉化到教育現場中，改進教育實務。因此，教育研究具有引導及促進教育進步的價值，教育行政透過引導及應用教育研究，讓教育持續改進和永續發展，實屬責無旁貸。教育行政能重視教育研究的價值，將有助發揮其教育行政功能，是故，教育研究乃是計畫、執行和評估之外，教育行政不能忽略的重要功能。

補給站

教育行政權力分配類型

教育行政，受到其社會背景及文化傳統的影響，會發展出不同的型態，一般依其權力分配，可分為三大類：

一、中央集權制

中央教育行政機關，對於教育行政具有絕對的決定權力；地方教育行政機關需奉行中央的命令，接受中央的領導與監督。在主要國家中，採取中央集權制的型態，以法國最具典型，其他如日本、俄羅斯、中國大陸亦屬之。

二、地方分權制

採取地方分權制國家，其地方享有教育自主決定的權力，中央教育行政機關不加以干涉，僅居於協助、輔導的地位。在主要國家中，採取此種型態國家，以美國為代表，其他如德國、英國亦屬之。

三、均權制

採取均權制國家，其教育行政權力依據教育特性和功能分配於中央和地方政府，不偏於中央集權，亦不偏於地方分權。凡教育事務有全國一致之性質者劃歸中央，有因地制宜之性質者劃歸地方。依我國憲法規定，我國教育行政體制，是屬於均權制，但實際運作結果，則偏重於中央集權。

資料來源：吳清山（2017）。第一章教育行政的基本概念。載於林天祐主編：教育行政學。心理。第12-13頁。

補給站

各國教育部網站

國家	名稱	網址
中華民國	教育部	https://www.edu.tw/
中國大陸	教育部	http://www.moe.gov.cn/
美國	教育部（United States Department of Education）	https://www.ed.gov/
英國	教育部（Department for Education）	https://www.gov.uk/government/organisations/department-for-education
法國	教育部（國家教育和青年部）（法語：Ministre de l'Éducation nationale et de la Jeunesse）	https://www.education.gouv.fr/le-ministre-de-l-education-nationale-et-de-la-jeunesse-209
德國	聯邦教育及研究部（德語：Bundesministerium für Bildung und Forschung, BMBF）	https://www.bmbf.de/
芬蘭	國家教育署（Finnish National Agency for Education）	https://www.oph.fi/english
日本	文部科學省（日語：からのお知らせ Ministry of Education, Culture, Sports, Science and Technology）	http://www.mext.go.jp/en/
韓國	教育部（Ministry of Education 교육부）	http://www.moe.go.kr/main.do?s=moe
澳洲	教育與訓練部（Department of Education and Training）	https://www.education.gov.au/
泰國	教育部〔泰語：กระทรวงศึกษาธิการ(ประเทศไทย)〕	http://www.moe.go.th/moe/th/home/

第四節 教育行政的原則

　　教育行政要能發揮其功能，有效達成教育目標，必須遵循一定的原則，才能使行政運作更爲順暢、推動教育事務更爲順利，進而展現其行政績效。茲就教育行政的原則說明如下：

壹、專業化原則

　　教育就性質而言，本身具有專業的特性，而教育行政就是從事一種專業性的服務工作。所謂「教育行政專業化」，係指教育行政人員在教育行政生涯中，擁有專業的知能和態度，而且能夠持續學習，成爲一位專業者，所從事的教育行政工作能符合專業的標準。因此，教育行政人員必須具有特定教育專業的知識和能力，才能有效負起教育行政的責任。由於教育行政影響教育發展相當深遠，因此教育行政人員從事各種教育政策的決定或評估，都要有專業的考量，才不會造成教育執行的偏誤，衝擊到教育發展。基本上，教育行政人員的專業化程度愈高，則展現工作績效愈佳，因此，專業化可說是教育行政最重要的原則之一。

貳、人性化原則

　　教育以「人」爲本，它是一種「生命引導生命、生命影響生命、生命感動生命、生命造就生命」的精神工程，教育行政所從事教育事務的領導與管理工作，當然不能離開「人性」的考量，才能彰顯教育行政的價值。基本上，人性化教育行政乃是在行政過程中能夠尊重個人價值，激勵成員潛能，創造相互信任的文化，讓成員從工作中找到生命的意義和價值，進而達到教育所期望的目標。因此，強制式或高

壓式的教育行政手段，都不符合教育行政原則，因為這種方式不把人當人看待，人員可能活在恐懼之中，對於推動教育事務相當不利，甚至波及到教育健全發展。是故，人性化原則在教育行政扮演著很重要角色。

參、法治化原則

「依法行政」乃是教育行政最基本原則。所謂「依法」，不只是法律，而且還包括命令、各種行政規章等，亦即教育行政作為要有法令依據，教育行政程序要遵守法令約束；換言之，教育行政所作所為，必須以法令規定為優先考量，才符合法治化的原則。因此，有效的教育行政，是建立在法治化的基礎之上，而不是人治，才是現代化教育行政所必備的要件。教育行政攸關學生的權益和福祉，教育行政人員不能違法越權，所作所為要符合法令規範，才能有助提高教育行政效能，保障學生權益和增進學生福祉，進而贏得社會大眾信賴。

肆、民主化原則

現在是一個民主化的社會，教育是社會的縮影，教育行政不能脫離民主，否則將為人民所唾棄。一般而言，民主化教育行政意味著鼓勵人民參與教育事務，而教育決策的過程，要符合民主的程序，尊重民主的決議，教育行政人員亦需具有尊重與寬容的胸懷，對於不同意見的人不能歧視或打壓，展現教育行政人員應有的民主風範。此外，教育行政決策要納入教育利害關係人（stakeholder）——教師、學生、家長和社區人士等的意見，提供教育決策的參據，而不是所有決策都是教育行政人員憑個人直覺或想法為之。因此，民主化實為教育行政不可或缺的原則。

伍、透明化原則

隨著民意高漲，人民關心教育發展的熱度有增無減，不僅設法參與教育行政決策，而且也要求各種教育資訊需公開。值此民智大開之際，教育行政的任何決策，不可能黑箱作業，否則勢必受到質疑，引起爭議，影響到教育業務推動。因此，教育行政須遵守透明化原則，符應民眾期許和時代價值。教育行政透過決策透明化和資訊透明化，一方面有助於防止貪腐化，經得起社會大眾檢驗；另方面可以建立更廉潔的教育行政，對於教育發展具有良善作用。教育行政的公開透明原則，已成為時代潮流，大勢所趨，難以抵擋。

陸、彈性化原則

處在多變的社會，隨時可能衝擊到教育發展，因此教育行政人員不能心存「以不變應萬變」的態度處理教育事務，此將大大降低教育行政效能。就以 2020 年底爆發新冠疫情（COVID-19）為例，對教育發展影響可謂空前，為因應此一疫情帶來教育危機，教育行政必須要有應變作為，才能化解危機，包括校園防疫、啟動線上學習、調整課程活動等，都要彈性處理，否則很難因應疫情的肆虐。其實，教育風險無所不在，教育行政應該居安思危，做好各種預防準備，遇到危機時，也要隨機應變，才能降低災害，確保教育有效運作。因此，彈性化亦屬現代化教育行政必備要件之一。

第五節　教育行政的研究方法

學術研究是教育行政追求進步的原動力，無論是教育行政理論的建立、教育實務問題的解決或教育的創新與革新，都需要透過不斷地

研究，才能展現其效果，也才有助教育行政學的知識體系更爲厚實。

　　一個人在從事研究時，其背後所蘊含的整套相關觀點，此即一般所稱的研究典範（paradigm），持實證主義觀點者，就屬於量的典範；而持眞實情境的探究，則屬於質的典範，這些典範會影響且可應用到教育的研究方法。高爾（Joyce P. Gall）等人提及教育研究法主要有：實驗研究法、相關研究法、原因─比較法、調查研究法、內容分析法、質性研究法、歷史研究法等（Gall et al., 2005）。而弗蘭克爾（Jack R. Fraenkel）等人（2012）提到量的研究，包括實驗研究法、單一受試研究法、相關研究法、因果─比較法、調查研究法；質的研究包括觀察和晤談法、內容分析法、人種誌研究法、歷史研究法（Fraenkel et al., 2012）。另外還有混合式研究法和行動研究法，這些方法多數可用在教育行政上，茲將教育行政常用研究方法說明如下：

一、實驗研究法（experimental research）

　　係指研究者操弄自變項（variable），控制相關變項，觀察自變項對依變項的影響。例如：國民小學混齡教學對於學生學習效果影響之研究，其中自變項爲混齡教學，而學生學習效果爲依變項，這種研究屬於實驗研究法。基本上，實驗研究法涉及到實驗組和控制組，執行較爲不易，大都採小規模的實驗研究法。

二、相關研究法（correlational research）

　　係指研究者就變項與變項之間關係進行研究的一種方法，主要目的在於解釋和預測，其結果常以相關係數（數值介於 +1.00 和 −1.00 之間）來解釋，亦即經由使用相關係數而探求變項間關係的研究，此研究法較易設計和實施。例如：國民中學校長領導風格與學校效能關係之研究、高級中學學生學習動機與學業成就之相關研究。

三、調查研究法（survey research）

　　係指研究者就所關切的課題，編擬問卷、調查表或訪談表，然後依所抽取的樣本，進行問卷調查或訪問調查，以瞭解現況，作爲改進現狀或策劃未來的一種研究方法。例如：中小學教師對當前教育改革之意見調查研究、中小學學生體適能現況調查研究等，都屬於調查研究法。一般而言，有些調查研究法是屬於意見反應，有些則屬於事實調查。

四、原因―比較法（causal-comparative research）

　　又稱事後回溯法（ex-post facto research），係指研究者無法控制自變項，只從自變項與依變項的共存變異中推論變項間關係的一種研究方法（郭生玉，2012）。也就是從問題或現象發生之後，探究其形成原因。例如：青少年犯罪成因之研究，即屬於原因―比較法。因爲青少年犯罪已成爲事實，研究者無法加以掌控，故採用原因―比較法進行研究較爲適宜。

五、歷史研究法（historical research）

　　係指有系統地蒐集和評鑑資料，並加以描述和解釋，俾理解過去所發生的活動或事件。這種方法具有瞭解過去、吸取教訓、協助預測未來等多項功能。例如：清末教育制度西化之研究、臺灣 1990 年代高等教育改革之研究等，主要是以史料作爲研究對象。

六、比較研究法（comparative studies）

　　係指研究者就兩國或以上之教育制度或政策進行其異同優劣比較的一種研究方法。例如：臺灣和日本教育基本法之比較研究，德、英兩國技職教育政策之比較研究等。

七、內容分析法（content analysis）

係指研究者對於官方文件或檔案紀錄內容進行深入、客觀探究，以瞭解其實質和隱藏意義的一種研究方法。例如：《教師法》立法過程之研究、國小國語科性別意識內容之分析。

八、質的研究法（qualitative research）

係指研究者進入特定現場情境中，蒐集深入資料，並以文字描述的方式，捕捉眞實情境意義的一種研究方法。這種研究方法類似人種誌研究（ethnographic research），都是以田野研究與觀察爲主，但人種誌研究更注重人類學家文化概念的研究，例如：原住民實驗學校學生生活適應經驗中潛在課程之研究。

九、訪談法（interview）

係指研究者針對教育行政問題的研究，選擇具有代表性的學者專家或實務人士進行訪問，以蒐集所需資料。例如：教育行政人員倫理實踐策略之研究等，研究者爲蒐集深入資料可採訪談法進行研究。

十、焦點團體座談（focus group discussion）

係指研究者邀請具有代表性的學者專家或實務人士，針對某一特定教育問題舉行座談，可分多次辦理。例如：中小學教師換證制度之研究，研究者採焦點團體座談，蒐集更多元深入的資料。

十一、行動研究法（action research）

係指研究者針對教育實務現場發生的問題進行研究的一種方法，其目的在於解決問題，而不是建立理論。行動研究的研究過程中，大致分爲：㈠界定問題；㈡文獻探討；㈢形成解決問題方案；㈣建立研究環境和程序，並實施方案；㈤評估方案；㈥修正方案；㈦確立

方案及研究結果。在這些過程之間，必須考慮回饋，以利過程調整。
例如：提升某所高級中學學校人員士氣低落策略之研究。

十二、混　　研究法（mixed research）

　　混合式研究法係指研究者在單一個研究或多個研究中，同時地或
依序地採用質化和量化的方法，以形成研究問題、蒐集資料、分析資
料或詮釋結果（宋曜廷、潘佩妤，2010），是屬於質與量並重的方式
進行研究，具有多重檢核、質量互補和蒐集完整資料之優點，但較為
耗時，在教育行政研究中愈來愈受到重視，例如：改善偏鄉地區學生
基本學力不足策略之研究，可透過量的資料和質的訪談方式進行研究。

本章摘要

一、教育行政，係指中央和地方政府，對於教育事務透過組織、領導、激
　　勵、計畫、決定、溝通、視導及評鑑等作為，以提高行政效率和發揮
　　行政效能，進而謀求教育改進、健全教育發展和達成教育目標。
二、從系統理論的輸入（input）、過程（process）和輸出（output）觀之，
　　教育行政內容的輸入面，包括教育制度、教育政策、教育法規、教育
　　人事和教育經費，而過程面包括組織、領導、激勵、計畫、決定、溝
　　通、視導、評鑑和變革，至於產出面則包括效率和效能。
三、從教育行政功能而言，計有下列七大項：㈠建立教育制度，確立教
　　育發展根基；㈡制定教育政策，提供教育執行依據；㈢規範成員職
　　責，確保成員各盡其職；㈣整合教育資源，促進教育順利推動；㈤
　　提供專業領導，擴大教育發展效能；㈥評估教育成效，瞭解教育執
　　行得失；㈦引導教育研究，精進教育永續發展。
四、就教育行政原則來看，計有下列六大項：㈠專業化原則；㈡人性化
　　原則；㈢法治化原則；㈣民主化原則；㈤透明化原則；㈥彈性化原則。
五、依教育行政權力分配類型觀之，計有下列三大類型：㈠中央集權制：

以法國為代表；㈡ 地方分權制：以美國為代表；㈢ 均權制：我國憲
法規定採均權制。

六、教育行政常用研究方法如下：㈠ 實驗研究法；㈡ 相關研究法；㈢ 調
查研究法；㈣ 原因—比較法；㈤ 歷史研究法；㈥ 比較研究法；㈦ 內
容分析法；㈧ 質的研究法；㈨ 訪談法；㈩ 焦點團體座談法；㈪ 行動
研究法；㈫ 混合式研究法。

評量題目

一、教育本身就是一個系統，請從系統理論詮釋教育行政的內容。

二、教育行政具備哪些功能？並請提出有效的教育行政原則。

三、某位研究者對於女性領導主題深感興趣，想進行女性校長生命成長過
程的研究，採用哪些方法較為合適？並說明該方法之內涵。

四、某位研究者想要探究兩岸大學入學制度的異同，採用哪些方法較為合
適？並說明該方法之內涵。

案例研討

樂在修習教育行政課程

必勝是一位很有企圖心的大學生，立志以「成為優秀的教育人員」為
目標。由於對教育事業認知有限，尚未完全決定將來走向教育行政人員、
學校校長或主任、學校教師，甚至踏上文教事業。

必勝決定修習教育行政這門課，特別問老師：「我修習教育行政這門
課，對於將來我擔任教育人員或從事教育事業有哪些幫助呢？」

「教育行政是公務人員教育行政類高考、普考和特考必考科目，假如
您修了這門課，至少在準備考試比較有方向和信心。」

「基本上，國民中小學校長或主任大都須參加甄試，修了這門課必備

的教育行政基本知能,將來參加筆試和口試,都有很大的幫助。」

「即使您將來要當老師,也必須參加教師資格檢定考試,其中教育理念與實務之考科,命題可能包括教育行政與教育制度、教育法規與教育政策,有助於通過教師甄試。」

「當然,您將來若準備從事文教事業,教育行政課程中的實務,對於經營文教事業仍有不少幫助。」

必勝聽了老師這席話,頻頻點頭,已經立下決心,一定要好好下功夫,修好教育行政這門課,才能培養及厚實自己的教育行政專業知能。

問題討論

一、修習教育行政課程,對您將來生涯規劃有哪些幫助?

二、您準備用怎樣的方法和態度修習教育行政課程,以增長您的教育行政知能?

第二章

教育行政的理論基礎

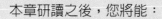

本章研讀之後，您將能：

一、理解教育行政的哲學、心理學和社會學之核心
　　理論基礎。

二、知悉教育行政的法學、政治學和管理學之相關
　　理論基礎。

學習目標

　　教育行政學是一門具獨特性的知識體系，必有其理論基礎，作為支撐知識體系的要件。基本上，教育的三大核心理論基礎，包括哲學（philosophy）、心理學（psychology）和社會學（sociology），亦可成為教育行政的核心理論基礎。另外，教育行政涉及到法律、倫理、治理和權力運用等相關理論，因而法學、政治學和管理學亦可成為相關理論基礎，此將有助於建構更為穩固的教育行政學。

第一節　教育行政的核心理論基礎

　　哲學、心理學和社會學是影響到教育學發展和實踐的關鍵，教育行政為教育學重要範疇之一，必然受到哲學、心理學和社會學的影響，茲將教育行政的哲學、心理學和社會學之理論基礎說明如下：

壹、教育行政的哲學基礎

　　「哲學」一詞可追溯到希臘字「Φιλοσοφία」，具有「愛好智慧」（love of wisdom）之意，依《劍橋字典》（*Cambridge Dictionary*, 2022a）將「哲學」解釋如下：「運用理性來理解現實世界和存在的本質、知識的使用和限制，以及道德判斷的原則」，具有特定學科的基本原理，特定體系的信念、價值和原則，生活或工作的準則等內涵，對於哲學探究乃是許多文明思想史上的核心要素。茲就哲學指引教育行政發展方向以及哲學對教育行政的啟示兩方面，說明教育行政的哲學基礎。

一、哲學指引教育行政發展方向

　　哲學與教育雖屬兩個不同領域，但彼此之間具有密切關係，吳俊升（1988）提到哲學的發生，源於教育的需要；教育的理論與實施，

都隨著各時代的主要思潮而變遷，以及哲學家大都同時是教育學家，這些論點可看出哲學與教育間的關聯性。從教育實施而言，教育常常需要藉助於哲學的指引；而哲學的論點或見解，也需要透過教育的考驗，才能見證其價值性。

隨著哲學思潮的變遷，也對教育方面發生相當的影響。從希臘時代蘇格拉底（Socrates）和柏拉圖（Plato）「重知識尚理想」的哲學觀，影響到希臘時代的文雅教育，近代以降，杜威（J. Dewey）倡導民主主義和實用主義，教育上注重機會均等，從行中求知（孫邦正，1989），此乃看出哲學對教育發展的影響。

一般而言，公立學校教育的興起，應該是在 19 世紀之後，而政府為了管理與監督學校教育的實施，乃設立教育行政組織，因而哲學對於教育行政的影響，要比教育為晚。但從教育行政的發展來看，不同時期的教育行政作為，仍會受到當時哲學思潮的影響，例如：在1940 年代起，美國教育行政學受到理論運動（theory movement）帶起的實證主義風潮所宰制，堅持可檢證原則，檢證的標準為客觀經驗（林志忠，2004），但部分學者卻有不同聲音，開啟了著名的兩格論戰，面對格里菲斯（Daniel E. Griffiths, 1917-1999）於理論運動所帶起的量化行為科學典範，格林菲爾德（Thomas Barr Greenfield, 1930-1992）則是從人的主觀認識觀點進行批判（蘇鈺楠，2019）。由於格林菲爾德認為教育組織除了組織成員的行為、觀念和價值觀之外，沒有任何存在，因此對於格里菲斯的量化科學典範當然並不認同。

到了 20 世紀後期興起的後現代主義（postmodernism）運動，其特點是廣泛的懷疑主義與主觀主義，對理性的普遍懷疑以及對維護政治和經濟權力中的意識型態具有敏感性（Duignan, n.d.）。由於後現代主義強調主體性、多元性和批判性，勢必衝擊對教育行政發展。黃乃熒（2000）特別提到後現代教育行政哲學可應用到教育行政專業實踐的重建、新教育行政理論建構、教育行政革新以及教育行政問題解決等各方面，足見後現代主義對於教育行政理論和實務的影響力。

　　綜觀哲學的思維與理念，屬於形而上的層次，雖然不同教育家或哲學家都有不同的看法，但對於教育行政的理論和實踐，尤其教育行政目標、價值選擇和決策依據，都具有指引作用。

二、哲學對教育行政的啟示

　　哲學是一種思辯、分析和創造性的心智活動，探究人類存在、知識、價值、理智、心靈、語言等各領域的意涵，因而有認識論（epistemology）、本體論（ontology）、倫理學（ethics 或 moral philosophy）、美學（aesthetics）等。首先就認識論而言，它是探究知識來源、前提、本質、範圍和真實性（確定度、可靠性、有效性）等問題，它想瞭解的是一種信仰，有別於一般的觀點（葉乃靜，2012）；其次就本體論來看，主要在探討存有和存在（existence）的問題，有些哲學家將「本體論」及「形上學」（metaphysics）視為同義詞（但昭偉，2000）；復就倫理學觀之，主要在探討道德的價值，是有關於道德上的好與壞以及道德上的對與錯的學科（Singer, n.d.）；至於美學來說，研究的對象是以反省美以及藝術的問題為主，亦可說是對美的本質及其意義的研究為主題的學科（Wikipedia, 2022b）。

　　無論教育制度的研訂或教育行政的決策或運作，多少涉及到主客觀知識、價值判斷、道德規範、合理性和正當性，這些背後都存在著教育信念和哲學思維，進而做出正確和適當的抉擇。王如哲（1998）曾提到任何國家的教育制度必定反映人民之社會價值，此必然會涉入到哲學與倫理學的領域。從哲學中的認識論、本體論、倫理學和美學來看，至少對於教育行政有下列的啟示：

㈠教育行政存在的本質，不是「為行政而行政」，而是「為服務而行政」，在於提供人民良好的教育服務，才具有教育行政的價值。

㈡教育行政理論的建構，必須兼顧教育主客觀的知識，且考量教育實際需求，才能發揮教育行政理論指引的功能。

㈢教育行政的過程應重視實務反思，透過反思過程，讓教育行政能夠獲得回饋，達到持續改進的效果。

㈣教育行政應倡導倫理實踐，即使面對環境挑戰，以及後現代社會的衝擊，仍能堅守倫理準則或信條，確保教育行政符合公共利益。

㈤教育行政不能只考量技術層次（technical level），而且要邁向更高的藝術層次（artistic level），才能邁向教育行政真善美的最高境界。

貳、教育行政的心理學基礎

心理學一詞由希臘語詞根，「靈魂」（ψυχή）和「研究」（λόγος）所組成，它是一門研究人類和動物的心理現象、意識和行為的科學。基本上，心理學與教育具有密切關係，尤其課程、教學與評量更為明顯；然教育行政涉及課程、教學與評量政策的研訂，以及教育人員的工作士氣，它仍會受到心理學研究的影響。茲就心理學豐富教育行政理論內涵，以及心理學對教育行政的啟示說明如下：

一、心理學豐富教育行政理論內涵

心理學是一門理論學科，也是一門應用學科，包括理論心理學與應用心理學兩大領域。根據劉安彥（1978）提到與教學和研究有關者，包括教育心理學、發展心理學、實驗心理學、生理心理學、社會心理學、心理計量學、臨床心理學、諮商心理學、工業心理學、環境心理學等，隨著社會需要及時代進步，又發展組織心理學、神經心理學和認知心理學，也愈來愈受到教育界重視。其中教育心理學、社會心理學和工業心理學，對於教育行政理論與實務，更有其影響力。

一般而言，教育行政服務對象以師生為主，師生以教學和學習為重，而在教育心理學內容中包括教學目的選擇、個體發展特徵瞭解、學習性向及能力評鑑、學習歷程探討、教學方法與教學增進、教學成

就評量等（溫世頌，1978），這些都有助於教育行政關注於教學與學習層次，回歸到教育行政的所作所為，都是為了促進教師有效教學和學生有效學習。

再者，社會心理學會就個體和群體的社會心理、社會行為及其發展規律進行研究，因而發展出各種不同學派，包括佛洛伊德（Sigismund Freud, 1856-1939）所倡導的精神分析（psychoanalysis）學派，關注意識和社會文化對個體心理特質的影響；華森（John B. Watson, 1878-1958）提倡行為主義（behaviorism），主張心理學是一門科學，科學的研究只限於以客觀的方法處理客觀的數據（張春興，1990），後來巴夫洛夫（Ivan Petrovich Pavlov, 1849-1936），提出制約反射（conditioned reflex）中消弱、自動恢復、類化與辨別等學習原理；桑戴克（Edward Lee Thorndike, 1874-1949）設計貓走迷宮實驗的嘗試錯誤原理；史金納（B. F. Skinner）從事白老鼠實驗，建立工具制約學習理論，都可說是行為主義代表人物。有鑒於精神分析學派和行為主義有其盲點，馬斯洛（Abraham Harold Maslow, 1908-1970）和羅傑斯（Carl Ransom Rogers, 1902-1987）開創人本心理學，認為個體都是單獨存在的，強調個體內部因素的整體性，而不重視個體的社會性，倡導個體具有自我調適及恢復心理健康的能力，並追求自我實現。這些社會心理學發展亦影響到教育行政對於成員的學習、健康及幸福的重視。

此外，就工業心理學來看，旨在對組織和工作場所中人類行為的科學研究，該專業側重於推導個人、群體和組織行為的原理，並將這些知識應用於解決工作中的問題（American Psychological Association, 2022）。其所關注的重點在心理學理論和原則應用於組織和個人的工作場所與個人的工作生活，其中涉及到組織的人、環境、結構及文化等各種因素。由於工業與組織心理學的發展要比教育行政為早，因而教育行政的理論建構與實務，多少會受到其影響，並借用其研究成果，以提升教育行政效能。

　　綜觀心理學的各種理論，讓教育行政更關注於人的心理、動機與需求，同時也透過心理學研究成果，提供教育行政更適切的課程與教學政策。是故，心理學豐富了教育行政學的內涵。

二、心理學對教育行政的啟示

　　心理學理論發展具有相當長的時間，所建構的理論也較為成熟，而且亦有豐碩的研究成果，對於教育行政實務運作和理論建構，都有其參考價值，實有助於建構教育行政的理論基礎。茲將心理學對教育行政的啟示說明如下：

(一)人是教育行政的主體，教育行政無法脫離人而存在，因而心理學對於人的心理、意識和行為之探究，從中建構的各種理論，教育行政若能妥為應用，將可豐富教育行政學內涵，亦可建構更具以人為中心的教育行政知識體系。

(二)有效的「教與學」為教育心理學關注內容，教育行政應積極倡導校長的教學領導（instructional leadership）、課程領導（curriculum leadership）和學習領導（leadership for learning），以提升校長在課程、教學和學生學習的專業知能。

(三)教育行政中的成員，具有其整體性和獨特性，因此不僅要關注個人物質條件的滿足，而且也要重視精神生活的滿足，以促進成員自我實現，並提升其工作績效。

(四)社會心理學或工業組織心理學所關注的成員學習、激勵系統、報酬系統、工作品質、工作壓力、工作績效、工作滿足與工作幸福等，教育行政宜參考其相關理論，並應用其研究成果，以解決實務問題和提升經營績效。

參、教育行政的社會學基礎

　　社會學（sociology），是由拉丁語「socius」（同伴）、

「-ology」（研究）組合而成，它是一門有系統研究社會關係的科學（謝高橋，1985），而洪鎌德（1999）提到社會學是考察人類社會行為的科學，也是一門研究人類共同生活的學問。至於美國社會學學會（American Sociological Association, n.d.）將社會學界定為：對社會生活、社會變革，以及人類行為的社會原因和後果的研究。基本上，社會學研究旨在發展及建立一套有關人類社會結構、社會行動或社會關係的知識體系，並會運用這些知識。

教育屬於社會大環境的一環，其制度建立或政策規劃必然受到社會的影響，而社會學理論和研究成果，正可形成教育行政學的基礎之一。茲將社會學擴充教育行政理論範疇及社會學對教育行政的啟示說明如下：

一、社會學擴充教育行政理論範疇

社會學範圍廣泛，包括了由微觀社會學層級的機構或人際互動，至宏觀社會學層級的社會系統或結構，美國社會學學會提到社會學家研究群體、組織和社會的結構，以及人們如何在這些環境中互動。由於所有人類行為都涉及社會性，因此社會學的主題範圍，從親密的家庭到敵對的暴民；從有組織犯罪到宗教傳統；從種族、性別和社會階層的劃分到共同文化的共同信仰（American Sociological Association, n.d.）。所以社會學關注的課題，舉凡社會組織與科層體制、個人與社會化、偏差行為與社會控制、社會階層與社會流動、社會制度與社會變遷、人口成長與社會發展、城鄉發展與城鄉問題、集體行為與社會運動，以及社會現代化等，皆成為建構社會學理論的重要內涵。

自從孔德（Auguste Comte, 1798-1857）創設社會學為獨立而有系統的科學以來，迄今已超過 150 年歷史，也發展各種不同理論，例如：結構功能主義（structural functionalism）將社會視為一個複雜的系統，其各個部分共同作用以促進團結和穩定，以涂爾幹（Émile Durkheim, 1858-1917）及帕深思（Talcott Parsons, 1902-1979）為代

表；衝突論（conflict theory）強調對歷史的唯物主義解釋、辯證分析方法、對現有社會安排的批判立場，以馬克思（Karl Heinrich Marx, 1818-1883）為代表；符號互動論（symbolic interactionism）倡導社會是由個人間的互動和交流而產生，重視主觀意義和社會過程經驗的展開，以米德（George Herbert Mead, 1863-1931）和布魯默（Herbert George Blumer, 1900-1987）為代表；後結構主義（post-structuralism）拒絕結構主義的觀點，認為在純粹的經驗（現象學）或系統結構（結構主義）上建立知識是不可能的，因為結構乃不斷變化發展，並無確定性，以傅科（Paul-Michel Foucault, 1926-1984）等人為代表。

　　教育行政屬於社會現象一環，具有其社會功能。社會學理論發展要比教育行政為早，不同社會學的理論或社會學家的主張，有助於瞭解社會現象，它與教育發展具有密切關係，社會變遷影響教育發展，而教育發展亦引領社會進步。基本上，教育行政是主導教育發展的原動力，為讓教育行政實踐更符合社會需求，勢必應吸收和引用社會學的理論或研究成果，讓教育行政發展更貼近社會現狀，例如：對民主化、多元化、都市化、少子化、階層化、貧窮問題、犯罪行為、氣候變遷、科技發展等各種社會現象的瞭解，都有助於擴充教育行政的範疇。

二、社會學對教育行政的啟示

　　社會學的發展脈絡和思想潮流所建立的研究典範和模型，對於教育發展和研究具有其影響力。基本上，在社會學的專書中，多少也會觸及教育領域，闡析教育的社會功能、教育制度與結構、教育與社會關係、教育科層體制、教育的社會流動性等，這些課題在教育行政宜多加關注；而在教育組織體系中，亦有韋伯（Max Weber, 1864-1920）所倡導的「科層體制」色彩，足見社會學對於教育行政的影響。茲將社會學對教育行政啟示說明如下：

㈠不同時期社會學家提出的各種理論，雖有其時代背景，但對社會

思潮的引領具有其影響力，教育行政人員應多瞭解這些理論，才能建構更宏觀的教育行政理論。

㈡社會學者透過嚴謹的科學方法，所建立教育相關模型（例如：人口結構與教育發展、經濟變遷與教育發展、青少年犯罪等）和教育資料庫（例如：臺灣教育長期追蹤資料庫），可提供教育行政政策研訂之參考。

㈢社會學所關注現代化、都市化與少子化對於社會發展的影響，教育發展勢必亦會受到衝擊，教育行政應多加涉獵這些相關的知識與理論，讓教育行政決策更能貼近社會現狀需求。

㈣社會學重視社會不平等現象的研究，部分有賴教育力量解決，教育行政應積極致力於弱勢者教育、教育公義和教育機會均等的實踐。

㈤社會學從事教育反向重分配問題、教育成就與社會階級等相關研究，教育行政應妥善運用，有助解決社會所關注的教育議題。

第二節　教育行政的相關理論基礎

　　教育行政學涉及領域甚廣，除了哲學、心理學和社會學提供核心理論基礎外，其他學門例如：法學、政治學和管理學，與教育行政亦具有密切關係。因此，茲將教育行政的法學、政治學和管理學之相關理論基礎說明如下：

壹、教育行政的法學基礎

　　教育行政，屬於政府教育施政的一環，為利於施政運作順暢，遵守法治行使業務，此為行政基本原則。因此，教育行政必須有法學基礎，才不會產生偏差決策，影響到人民的教育機會和權益。是故，法

學與教育行政關係相當密切，亦可視爲教育行政的相關理論基礎。茲
分別就法學確立教育行政運作效力和法學對教育行政的啟示說明如
下：

一、法學確立教育行政運作效力

　　法學之意義，管歐（2007）將其解釋爲研究法律的科學；而林紀
東（2018）則認爲法學是以法律爲其研究對象的學科。不管法學是一
門科學或一門學科，都是以研究法律爲主體。

　　法律一詞，英文爲 law，依 Wikipedia（2022c）將法律解釋爲一
種規則體系，由社會或政府機構建立並可執行以規範行爲。而《劍橋
字典》（*Cambridge Dictionary*, 2022b）亦有類似的解釋：政府制定
一種規則，用於規範社會的行爲方式。由此可知，法律係由社會或政
府所制定，本身具有規範和約束的作用，就政府層面而言，就具有公
權力。李復甸和劉振鯤（2003）提到實質法律具有社會生活的規範、
維持秩序或解決紛爭的規範、以正義爲基礎的規範、以國家強制力實
現的規範。因此，社會有效運作，必須以法律作爲後盾；同樣地，教
育行政的運作，也必須有法律爲基礎，才能減少爭議。

　　就法源而言，包括憲法、法律、命令、自治法規、行政規則。其
中法律係由立法院三讀通過，經總統公布施行；至於命令、自治法
規、行政規則，都由行政機關訂定，依《行政程序法》第 159 條：
「本法所稱行政規則，係指上級機關對下級機關，或長官對屬官，依
其權限或職權爲規範機關內部秩序及運作，所爲非直接對外發生法規
範效力之一般、抽象之規定。」此外，司法院大法官的解釋文及法院
判例，亦可視爲法源之一。因此，法源可說是法律的骨幹，法律也就
產生效力。

　　法律爲法學之命脈，沒有法律的法學是空的。因此，有關法學之
研究，勢必涉及到法律的淵源、分類、體系、內容、制定、公布、施
行、修正、廢止、解釋、適用、效力、權利與義務，以及研究方法等

方面（李復甸和劉振鯤，2003；林紀東，2018；管歐，2007；鄭玉波和黃宗樂，2019）。其中法學的研究方法，對於法律的理解及知識體系建立，更有其助益，傳統的法學研究方法，偏重於注釋研究法、歷史研究法、比較研究法、哲學研究法、社會研究法和綜合研究法（管歐，2007），而當前法學實證研究之主要研究方法，則以「量化研究」、「質性研究」與「模型化研究」為主，其中「模型化研究」是先以理論建構出一個模型或公式，再以量化資料輸入或驗證該模型或公式，藉以印證或修正之，大都是法律學者與經濟學者合作研究（劉尚志等人，2006）。

就法律的內容而言，與教育行政關係最密切者，主要是「行政法」，係為國家或政府將行政權力納入法規，以有效統治人民。其中「行政組織法」是指國家或政府以法律來規範行政組織，例如：《教育部組織法》；而「行政行為法」則是指規範行政主體及行使權力之法，舉凡行政命令、行政處分、行政指導、行政計畫均屬之。一般而言，行政行使必須遵守一定基本原則，不同學者雖有不同看法，但可將行政法的基本原則歸納為：依法行政、正當程序、信賴保護、平等、比例、明確性等原則（周佳宥，2016；陳新民，1994）。

教育行政亦必須遵守行政法的基本原則，才能有效運作，並保障人民教育權益，因而行政法及教育法規知識成為教育行政人員必備的要件之一。吳清山（2008）曾提到教育法規是國家為促進教育正常發展，達成教育目標，經由一定的程序制（訂）定相關法規，以作為規範教育運作及活動的準則。基本上，從事教育法規的研究，就成為教育法學，所探討的內容，除了法律和行政法概念外，也包括教育權、師生與學校法律關係、師生權力與義務、師生懲戒與救濟、教育人員任用與責任、教育權限、學術自由等議題。

綜上所述，法學的內涵、發展及研究方法，以及行政法的基本原則，不僅影響到教育行政實務運作，而且也深化教育行政的榮景，讓教育施政更符合民眾的利益。此外，法學亦影響教育法學的建構，而

教育法學則爲教育行政學的基礎，能夠使教育行政學的探究更具完整性。

二、法學對教育行政的啟示

　　社會是屬於群體的共同生活體，有賴於法治的維繫，規範人民的行爲，才能讓社會穩定發展。因此，法律在現代社會中扮演著很重要的角色，但最重要的是人民要能知法與守法，它就需透過教育的力量，以利建立法律的基本素養，這也是在學校教育特別重視法治教育，從小就培養學生法治觀念之原因所在。基本上，透過法律或法治的實踐與研究，所建構的法學，對於教育作爲或教育行政有其引導作用，可讓教育行政實際運作時，能夠顧及人民的權益，而不至於發生違法行爲。就法學之內涵而言，它提供了教育行政下列的啟示：

㈠法學研究，有其建構理論之目的，亦有其實質意義在於維護與實踐法治精神，保障人民的權益，教育行政也應秉持此一精神，有效達成教育目的。

㈡法學實質內容就是法律，各種教育行政處分、指導和計畫應該具有法律的依據，才能積極保障人民的教育權益，尤其學生的受教權更應被關注。

㈢法學中行政法所提到的基本原則，具有共通性，教育行政應將其奉爲圭臬，才能減少人民對教育行政的不滿與批評。

㈣法學研究方法中所重視的實證研究，具有事實資料或證據支持，教育行政可善加應用，增加教育行政決策的合理性與適切性。

㈤教育法學中所論及的學生教育權、學術自由、師生權力關係、教育權限等課題，攸關教育健全發展，應強化這些課題的研究，並有效運用研究成果，才能深化教育行政內涵。

貳、教育行政的政治學基礎

政治（politics）一詞來自於希臘文的 Πολιτικά，具有城邦事務之意思，後來政治就衍生多重的意義，認為政治是國家、政治是公共事務、政治是權力統治、政治是決策過程等，它是國家或政府運作的要件。隨著社會發展和國家事務趨於複雜化，學者們開始致力於政治的科學研究，因而在 19 世紀就出現政治學（political science 或 politology），後來成為社會科學中的一門學科。基本上，教育行政學要比政治學為晚，因而很多教育行政學必須運用政治學的理論，加深理解教育行政權力運用，政治學亦可成為教育行政學的相關理論基礎之一。茲就政治學擴展教育行政理論深度及政治學對教育行政的啟示說明如下：

一、政治學擴展教育行政理論深度

政治學，簡單而言，是研究政治的一門學科，Wikipedia（2022d）將其解釋為：是對政治的科學研究，是一門社會科學，涉及治理和權力體系，分析政治活動、政治思想、政治行為，以及相關的憲法和法律。而梁文韜（2012）則將政治學視為分析和規範權力運作的學問，權力及它對利益分配的影響是政治學的分析主體。

政治學有不同研究取向，有些從事微觀政治（micro-politics）途徑，是以個別行動者角度切入分析政治，例如：以權力概念出發研究政治、人格特質對政治行為的影響等，在教育行政上著重人員之間的利害關係、意識型態、權力運用所引發的衝突或合作行為；有些是探巨觀政治（macro-politics）途徑，則從集體政治行動者的角度切入分析政治，在教育行政上偏重於各級政府如何運用權力和進行教育決策。

一般而言，政治與權力具有密切關係，政府透過權力運用，管控人民行為和維持社會秩序，這就是一種權力行為。譚光鼎（2000）提

到從教育和政治之間的關係而論，學校一方面是政治社會化的最重要途徑，國家的政治文化也全面影響教育制度的內容與形式。因此，權力可說是政治的核心要素，而政治內涵中的政治制度、政治行為、意識型態、利益團體、社會運動、公共政策、官僚政治等議題，多少與權力行為互有關聯。

由於教育行政運作很難擺脫政治的影響，美國種族隔離（segregation）政策，實施禁止有色人種和白色人種就讀同一所學校，就是一種很明顯的政治介入教育的例子，因而美國在 1960 年代興起的教育政治學（politics of education），主要在探討如何透過政治手段解決教育問題，例如：種族教育問題（林天祐，2004）。美國最高法院所判決「布朗訴教育委員會」（The Brown v. Board of Education）廢除種族隔離案，成為劃時代的里程碑（Mitchell & Romero, 2021）。

其實從政治各種面向來看，不管是政黨、政治人物、意識型態與群眾運動等，都會影響公共政策，而且也會影響教育政策。由於教育關係到思想形塑、學生學習和人才培育。因此，無論共產國家或民主國家，政府都會掌控一股力量，影響教育目標、教育決策或課程內涵，導致教育中立或教育專業受到很大考驗，此在不同政黨基於不同意識型態，所介入教育政策，更是明顯。此外，從英、美國家的教師工會（Teachers Union）或國內的教師團體群眾運動，亦可看到政治行為的影子。因此，教育要完全脫離政治的干預、介入或操控，或許只能視為一種理想。

從政治學的研究途徑、課題及所建構的理論，有助於擴展教育行政深度，讓教育行政更能深入瞭解教育行政決策背後的一股力量。當然，亦可從政治學之衝突或利益理論中，找尋教育行政權力運用或決策之原因所在，甚至對學校組織內衝突現象之瞭解。

二、政治學對教育行政的啟示

　　教育行政屬於政府組織運作的一部分，而政治主要探究政府如何透過「權力」與「組織」制定與執行政策，教育行政必然受到政治的影響，而且政治學所關注的政治活動、政治角色（如公民、政黨、利益團體、官僚、政府機關或官僚體系等）、政治權威、政策制定、社會資源分配及社會成本等問題，這些與教育行政具有關聯性。因此，教育行政在科層體制的框架下，難免會受到政治的束縛，但有些政治學理論或研究成果，善加理解與應用，對於形成高品質的教育政策，是有其價值。因此，政治學對教育行政的啟示說明如下：

㈠權力是政治的基礎，亦是教育行政的根基。教育行政為讓權力發揮其功效，建立更優質的教育環境，教育行政機關應善用權力，不能誤用或濫用權力，影響到教育健全發展。

㈡政黨或其意識型態，常常會左右教育政策；惟教育行政仍須本於《教育基本法》的「教育中立」原則，教育行政機關及學校亦不得強迫學校行政人員、教師及學生參加任何政治團體或活動。

㈢政治基於現實考量，注重利益的交換與利益的分配；然教育行政作為必須以學生長期的利益與福祉為前提，不應向政治看齊，應有其理想性。

㈣政治強調公共參與，並重視民意。教育行政的任何決策，不能閉門造車，應擴大參與，所做決定應貼近民眾需求，尤其教育利害關係人更為重要。

參、教育行政的管理學基礎

　　管理學，簡單而言，就是研究人類和組織管理活動的一門科學，亦可視為一門學科。許士軍（1991）將管理學稱為以管理為對象所發展和累積的有系統知識。至於管理，學者們亦有不同的解釋，羅賓斯

（Stephen P. Robbins）和庫爾特（Mary Coulter）提到管理就是協調
工作活動的過程，以便與其他人一起有效率和有效能地完成這些活動
（Robbins & Coulter, 2002），而史通（James A. F. Stoner）和傅利曼
（R. Edward Freeman）則指出管理是計畫、組織、領導及控制組織成
員的努力與使用所有其他組織資源來實現既定目標的過程（Stoner &
Freeman, 1994）。此更明確說明管理的過程（計畫、組織、領導及控
制）和實現目標的關聯性。一般而言，教育行政過程中也必然涉及到
這些管理過程，顯然管理相關理論對於教育行政亦具有參考價值，有
助於教育行政更具扎實的理論基礎。茲就管理學注入教育行政理論活
水和管理學對於教育行政的啟示，說明教育行政的管理學基礎。

一、管理學注入教育行政理論活水

　　管理學的出現，在於能夠有效管理組織，而近代管理學之起源，
可追溯到美國管理學家泰勒（Frederick Winslow Taylor, 1856-1915）
在 1911 年出版《科學管理》（*Scientific Management*）一書，提出透
過科學與客觀分析方式，追求生產效率與產能極大化，確立執行工作
的最佳方式，因而他被稱為「科學管理之父」，建立他在管理學界的
地位，後來經過費堯（Henri Fayol）也提出「管理的 14 個原則」（14
principals of management），特別重視所有管理人員的活動，以及韋
伯（Max Weber）提出科層體制（bureaucracy），成為現代大型組織
結構設計的模式，他們三位可謂開啟現代管理學的先河。

　　隨著管理學研究方法的進步，有些學者結合數學和統計方法從
事管理學的量化研究，例如：美國西屋電力公司（Western Electric
Company）邀請哈佛大學（Harvard University）教授梅堯（Elton
Mayo）於 1927-1932 年主持研究，結果發現受試者獲知參與實驗或
受到特別照顧，會產生一種心理作用，以改進表現的效果，此即有名
的「霍桑效應」（Hawthorne effect），此乃顯示人際關係在組織管理
的重要性。

　　第二次世界大戰期間（1939-1945 年）爲尋找戰爭問題的解決方案而運用管理學的科學方法，使用數學模型來解決問題，此即一般稱爲「管理科學途徑」（management science approach），屬於量化研究，分析可行性、限制和成本的組合，以利管理做出決策，因而作業研究（operations research）、數學工具、模擬、模型等，成爲解決管理問題的基本方法。因此，管理科學是一門跨領域研究，涉及並有助於人類組織的決策制定和問題解決，與經濟、工程、商業等具有密切關聯性（Bhasin, 2020）。在此時期，貝特蘭菲（Ludwig Von Bertalanffy, 1901-1972）亦提出一般系統理論（general system theory），嘗試利用歸納的原理找出一般系統的模式、原則和定律，影響管理學發展深遠。

　　管理科學理論，注重於運用科學方法強化企業內部的組織管理，但因內外在環境變化甚大，1970 年代，一批學者們包括伯恩斯（Tom Burns）與史塔克（G. M. Stalker）、勞倫斯（Jaw R. Lawrence）與洛區（Paul W. Lorsch）等人，認爲沒有最佳的管理方式，管理方式和作爲需要因應外在環境變化而有所改變，才能有效發揮管理效能，此即一般所稱「權變理論」（contingent theory），此理論仍影響至今。

　　到了 1980 年代以後，組織分工更加多樣化與複雜化，而且受到資訊科技和全球化的衝擊，管理理論更是蓬勃發展，各種新興管理理論不斷湧現，例如：品質管理（quality management）、知識管理（knowledge management）、人力資源管理（human resources management）、資訊科技管理（information technology management/ IT management）、學習型組織（learning organization）、企業再造理論（business process re-engineering）、創新管理（innovation management）等，大大影響到管理學的發展，而這些管理新興理論在本書的後續章節也會加以說明。

　　從管理學理論發展來看，教育行政受到管理學的影響頗大。有關教育行政理論的探討，一般都從古典組織理論、人群關係學派、行爲

科學學派到新興的組織理論加以分析，可說部分仍借用管理學的理論。此外，管理學最新理論發展，亦常常刺激教育行政理論發展，爲教育行政理論注入一股新的活水，讓教育行政發展能夠持續精進，並能與時代脈動相結合。

二、管理學對於教育行政的啟示

　　管理學的發展要比教育行政學爲早，而且管理學的研究成果亦比教育行政學更爲豐碩。雖然管理學與教育行政學均可視爲社會科學中的應用科學，但管理學理論的根基要比教育行政學更爲穩固，因而教育行政學的相關理論，部分亦取自於管理學理論，將其應用到教育行政上。

　　管理學所探究的計畫、組織、領導和控制等重要課題，亦屬教育行政的重要一環；而新興管理理論，不僅提供教育行政參考，而且亦可滋潤教育行政土壤。茲將管理學對於教育行政的啟示說明如下：

㈠管理學以人爲主軸，提升人力素質，屬於管理學重要任務；同樣地，教育行政也是以人爲主體，因而必須持續強化教育人員素質，以提供更好的教育服務。

㈡管理學是一門跨領域學科，重視科際整合，經常結合數學、經濟學、心理學、科技和其他領域的知識，開創新的管理理論，展現管理學新風貌。基本上，教育行政學亦可視爲一門跨領域的學科，應該參考管理學的研究成果及所建構理論，以豐厚教育行政學理論。

㈢管理學所發展的管理理論，會隨著社會變遷和時代脈動，不斷地發展新的管理理論和工具，教育行政應吸取管理學的新興理論，用來改進教育實務，以提升教育行政效能。

㈣管理學因應大環境改變與挑戰，愈來愈重視變革管理和創新管理，讓組織能夠永續發展。同樣地，教育行政也面臨大環境各種衝擊，已經不能採取「以不變應萬變」的心態處理教育事務，未

來應更加重視創新經營與創新領導，追求教育的全面優質發展。

本章摘要

一、教育行政學是一門社會科學中的應用科學，其三大核心理論基礎，包括哲學（philosophy）、心理學（psychology）和社會學（sociology）；而教育行政涉及到法律、倫理、治理和權力運用等相關理論，因而法學、政治學和管理學亦可成為相關理論基礎，有助建構教育行政學穩固基礎。

二、哲學係運用理性來理解現實世界和存在的本質、知識的使用和限制，以及道德判斷的原則，能夠指引教育行政發展方向，且提供教育行政相關啟示，建立教育行政學根基。

三、心理學係一門研究人類和動物的心理現象、意識和行為的科學，包括理論心理學與應用心理學兩大領域。從心理學的各種理論，讓教育行政更關注於人的心理、動機與需求，同時也透過心理學研究成果，提供教育行政更適切的課程與教學政策，因而心理學豐富教育行政學的內涵。

四、社會學係對社會生活、社會變革，以及人類行為的社會原因和後果的研究之一門科學。有效吸收和引用社會學理論或研究成果，讓教育行政發展更貼近社會現狀，並擴充教育行政的範疇，且豐富建構教育行政學的知識體系。

五、法學是以法律為其研究對象的學科。不管法學是一門科學或一門學科，都是以研究法律為主體，而法律的淵源包括憲法、法律、命令、自治法規、行政規則。透過法學的內涵、發展及研究方法，有助於教育行政學更符合法律規範及人民期待。

六、政治學係對政治的科學研究，是一門社會科學，涉及治理和權力體系，分析政治活動、政治思想、政治行為，以及相關的憲法和法律，透過政治學的研究途徑、課題及所建構的理論，有助於擴展教育行政

　　理論深度，形成更厚實的教育行政學理論基礎。

七、管理學係研究人類和組織管理活動的一門科學，亦可視為一門學科。
　　管理活動包括計畫、組織、領導及控制等；從管理學理論發展而言，
　　教育行政受到管理學的影響頗大，一些教育行政理論常常借用管理學
　　的理論，讓所建構教育行政理論更有其依據。

評量題目

一、請說明哲學為何會成為教育行政的核心理論基礎，並分析它對教育行
　　政的影響。

二、心理學重視人類心理現象、意識和行為的研究，請說明它對教育行政
　　理論建構有哪些幫助？

三、社會學關注於社會生活、社會變革，以及人類行為的研究，請詮釋它
　　與教育行政理論建構的關係。

四、法學是以法律為其研究對象，請略述它對教育行政理論與實踐有哪些
　　助益？

五、政治學研究涉及治理和權力體系，分析政治活動、政治思想和政治行
　　為，請分析它對建構教育行政理論有何價值？

六、管理學係研究人類和組織管理活動，請舉例說明它如何影響教育行政
　　理論發展？

案例研討

教育行政人員的操守

　　教育行政人員處理教育事務，基於業務需要，難免與廠商接觸；然而
部分廠商為能順利得標，有時會透過人情施壓，甚至賄賂之情事，導致行
政人員有違法之虞。

　　據報載，○○○擔任地方教育處副處長時，涉及工程採購弊案，洩漏採購底標，並收受廠商賄款，有圖利廠商嫌疑，經地方地檢處檢察官提起公訴，復經地方法院一審宣判，○○○犯違背職務收受罪，施予重刑。

　　教育行政人員受到判刑，不僅影響其人生規劃，而且也衝擊到單位形象。

問題討論

一、此案例涉及到教育行政人員的守法及倫理道德問題，對於身為教育行政人員有何啟示作用？

二、教育行政人員如何透過進修方式，以充實自己的法律專業素養？

三、教育行政人員面對外界的誘惑時，如何有效把持自己，抗拒外界誘惑，避免迷失自己？

第三章

教育行政的理論發展

本章研讀之後,您將能:

一、瞭解古典組織理論的重要內涵及評析。

二、熟悉行為科學理論的重要內涵及評析。

三、理解系統─權變理論的重要內容及評析。

四、知悉新興組織理論的重要內容及價值。

學習目標

　　教育行政理論對教育行政具有確認、描述、分析、解釋與引導教育行政運作及實踐的功能。基本上，教育行政之探究與教育組織、教育人員具有密切關係，因而組織行為的理論發展亦可用來說明教育行政理論的發展。在組織行為或管理著作中，有關組織理論的發展，一般採用古典組織理論（含科學管理理論、行政管理理論）、行為科學理論（含行為管理理論、管理科學理論）、權變組織發展理論（含系統理論和權變理論）等說明之。

　　而在教育行政專書中，則採用古典組織理論、人群關係取向、社會科學取向、新興非傳統觀點（Hoy & Miskel, 1996; Lunenburg & Ornstein, 2022）詮釋教育行政理論的發展。事實上，教育行政理論的發展，各時期之間都有重疊性，但為利於理解，本章結合組織管理學者和教育行政學者觀點，分別就古典組織理論、行為科學理論、系統－權變理論及新興組織理論等說明之。

第一節　古典組織理論

　　古典組織理論，又稱為傳統組織理論，起源於 19 世紀末，20 世紀初開始盛行，主要理論的代表包括泰勒（Frederick Winslow Taylor）的科學管理理論、費堯（Henri Fayol）的行政管理理論和韋伯（Max Weber）的科層體制理論，茲分別說明如下：

壹、泰勒的科學管理理論

　　泰勒曾是製造廠的管理人員，後來成為顧問，教導其他管理人員如何應用科學管理技巧。他曾系統性研究人員和任務之關係，藉以重新設計工作流程，來提升工作效率，認為透過優化和簡化工作，以及工人和經理人員的相互合作，對提高生產力有幫助。在 1911 年出版

《科學管理原則》（*The Principles of Scientific Management*）一書，提出四項管理原則，被稱之為「科學管理之父」，這四項管理原則如下（Taylor, 1911, p. 36-37）：

第一個原則：每一個工人的每一個動作元素，應以科學分析發展出一套標準，來代替經驗法則（old rule-of-thumb method）。

第二個原則：以科學方法選擇合適工人，然後加以訓練、教導和發展工作技能，而非如同以往由管理者以自己的主觀方式選擇和訓練工人。

第三個原則：管理人員誠心地與工人合作，以確保所做的所有工作都符合已發展的科學原則。

第四個原則：管理人員和工人之間的分工和責任要相稱，管理人員比工人更適合管理和視導的工作，而過去幾乎所有的工作和大部分責任都交給工人。

泰勒的科學管理原則，強調用科學方法來分析工人的工作要素，以挑選合適的工人加以訓練和發展工人技能，讓工人以最好的方式（the best way）執行工作；而管理人員也發展最好的方式來執行管理工作，管理人員和工人應相互合作，彼此分工，各盡其職，泰勒所提科學管理原則的第三個合作原則和第四個分工和權責原則，其目的就是管理人員和工人都能把工作做好。泰勒的科學管理理論可謂影響深遠，不僅影響到企業界，而且也帶動了美國的工業發展（Montana & Charnov, 1993）。

貳、費堯的行政管理理論

費堯為一名法國礦學工程師及管理學理論學家，也是行政管理理論的創立者。他在 1916 年出版《工業管理與一般管理》（*Administration Industrielle et Générale*）一書，但其作品廣為人所知是在 1949 年翻譯成英文的《一般行政與工業行政》（*General and*

Industrial Administration），對於行政歷程做了詮釋。基本上，費堯
所關注的行政管理有別於泰勒科學管理，他重視管理層次和組織的整
體性，而泰勒則關心工人的工作任務層次，因而所發展的理論有所不
同。

　　費堯所提出的管理功能包括五項，分別如下：一、計畫
（planning）：設計各種行動作業，以使組織達成目標；二、組織
（organizing）：動員組織物力和人力資源，讓計畫有效執行；三、
命令（commanding）：提供員工方向，以利員工照其方向工作；四、
協調（coordinating）：確定組織的資源和活動能夠和諧地進行，達
成預定目標；五、控制（controlling）：監督計畫確保計畫能適當地
執行（Stoner & Freeman, 1989）。

　　費堯認為管理過程對提升組織生產力是必要的，因而提出 14 點
原則（14 principal），雖然這些原則是在 20 世紀初期提出，但它卻
是管理理論和研究的基礎，這 14 點原則，如表 3-1 所示。

表 3-1
費堯 14 點原則

一、分工（division of labor）：分工目的，主要是為了把工作做得更好，而
　　專門化是提高工作效率最有效的方式。
二、權威與責任（authority and responsibility）：權威是發號施令的和要求服
　　從的權力。責任是權威的必然結果，而且權威亦須履行指定責任的義
　　務，亦即權責相稱。
三、紀律（discipline）：服從組織規章和雇用協議是必要的。最好的方式就
　　是有一位很好的上司及清楚公平的規定和協議，能用之審慎地懲處。
四、命令統一（unity of command）：任何一位員工，只能有一位主管。
五、方向一致（unity of direction）：組織各單位透過協調和集中精力邁向同
　　一目標。
六、組織至上（subordination of individual interests）：組織的利益應超越個
　　人的利益。

七、員工薪酬（remuneration of personnel）：員工的給付和薪酬，對員工和組織雙方都是公平的。

八、適度集權（centralization）：員工的參與（分權化）與管理人員的權力（集權化）之間能夠保持平衡。

九、層級節制（scalar chain）：組織具有層級，以利從上到下的權力運用和溝通，管理人員和員工都能加以遵守。

十、秩序（order）：人員和物品都要在適當時間放在適當位置，以發揮最大效率。

十一、公正（equity）：管理人員應盡可能地公平對待每一位員工。

十二、員工穩定（stability of staff）：員工流動率應降至最低程度，以維持組織的效率。

十三、創新（initiative）：組織應鼓勵員工發展和執行改善計畫。

十四、團隊精神（esprit de corps）：管理人員培養員工的團隊合作、向心力和凝聚力，以發揮團隊精神。

資料來源：Hitt, M. A., Middlemist, R. D., & Mathis, R. L. (1986). *Management: Concepts and effective practice*. West. p. 49.

　　　　 Lunenburg , F. C., & Ornstein, A. (2022). *Educational administration: Concepts and practice*. Sage. p. 7.

　　從費堯的行政管理功能和 14 點原則來看，雖然距今已超過百年，目前很多的組織仍可看到費堯行政管理的影子，可知他對組織行為和管理學的貢獻。

參、韋伯的科層體制理論

　　韋伯（Max Weber）是德國著名古典社會學家，他認為社會研究需要以主觀構建的理想類型（ideal type）為框架，這種框架是經驗事實的理想化，作為科學觀察及比較分析之用，於此框架中，韋伯將社會組織中的權威分成三類：一、傳統型權威（traditional authority）：係因傳統的神聖性而合法化所帶來的權威，例如：世襲制的君王；

二、魅力型權威（charismatic authority）：係由領導者具有人格特質、使命和願景，激勵他人所帶來的權威，例如：宗教家的領袖；三、法理型權威（legal-rational authority）：係基於法律或自然法（理性）所賦予的權威，例如：科層體制中人員的權威。其中法理型權威的科層體制，韋伯認為會是一個理性和有效率的管理體制，它具有正式層級系統、明確分工、清楚規範和非人情取向等特徵。

韋伯提出的科層體制理論，主要基於下列五個原則：一、正式權威來自一個人在組織內的職位；二、個人所擁有的職位來自於他的表現；三、每個人的權威和責任來自於組織所指定；四、權威有效行使來自於科層所安排的職位；五、個人需要遵守組織的規則，並控制個人的行為（Jones & George, 2022）。從韋伯科層體制的特徵和原則觀之，係基於理性思維發展，具有其理想性，能夠看出下列的益處：一、分工明確，員工權責清楚；二、規定詳細，員工行為容易遵守；三、員工升遷基於個人表現，減少不公現象；四、重視職位而非個人，員工即使離職，接替者很快可上手。

不可否認的，科層體制亦有其缺點，為人所詬病，包括：一、太多的官樣文章和紙上作業，影響工作效率；二、過於依賴法令規章，組織會流於僵化；三、員工照章行事，較難激發員工創造力；四、員工對組織認同度較低，缺乏組織歸屬感。

肆、古典組織理論之評析

古典組織理論開啟有系統探討組織理論先河，而且對組織發展實務亦有所助益。從泰勒的科學管理理論、費堯的行政管理理論和韋伯的科層體制理論來看，至少有下列的貢獻：

一、古典組織理論奠定後來組織理論發展的基礎，豐富未來組織理論發展的內涵。

二、古典組織理論所提出的一些行政管理原則與做法，例如：專業分

工、權責分明、績效評估等，在目前的行政組織或學校組織仍是有用的。

三、現行的政府組織或學校組織，都具有層級節制的型態，顯然科層體制雖有其缺點，但仍難以找到一個最佳組織型態取代科層體制。

四、政府組織、企業組織或學校能夠善用古典組織理論，對提升組織效率和生產力，是有其價值。

然而古典組織理論偏重於靜態觀點看待組織，忽視了人和環境的因素，亦產生下列限制：

一、重視遵守規定和高度服從命令，影響員工士氣和創造力。

二、組織層級的權力運用，容易產生集權化現象，員工自主決定能力減弱，難以因應外在環境的變化。

三、古典組織理論過於簡化組織型態，且未能顧及動態的環境，亦未有效關照組織中人的心理因素。

四、當前外在環境變化甚快，組織已趨向於扁平式組織和自主性組織（例如：任務編組），顯然科層體制在複雜的社會中，其應用會受到限制。

第二節　行為科學理論

古典組織理論過於重視組織人員的管理，忽略組織中活生生的人，是有心理和情感需求的，因而古典組織理論並未真正達到提高效率和生產力的目標，甚至還造成管理人員與員工之間的磨擦，顯然古典組織理論有其管理上的盲點。

在 1930 年代以後，組織理論學者開始致力於組織人員中的社會需求、社會行為和動機等研究，以發揮管理的效率和效能，這種對於

以人為本取向（human-oriented approach）的組織理論，常被稱之為人際關係學派或人際關係理論，後來研究學者運用心理學、社會學、人類學和更複雜的行為科學研究方法，從事組織行為（organizational behavior）研究，邁向科學化和多元化，確立行為科學在組織理論研究的地位。茲就霍桑實驗研究、馬斯洛（Abraham Harold Maslow）的自我實現理論和麥克理格（Douglas McGregor）的 X-Y 理論說明之。

壹、霍桑實驗研究

　　霍桑實驗研究係由美國哈佛大學教授梅堯和一群研究人員於 1927-1932 年期間，在西方電器公司霍桑廠進行的一系列心理學實驗。

　　霍桑實驗包括照明實驗（illumination experiments）、電器組裝實驗（relay assembly experiments）和電話總機配線實驗（bank wiring room experiments）等實驗，以瞭解員工態度和反應對工作環境和表現的影響，結果發現各種實驗處理對員工生產效率都有促進作用，其原因如下：一、實驗空間是舒適愉悅的；二、在實驗期間，員工與管理人員之關係更為放鬆；三、員工自認為是一項有意義的實驗；四、參與實驗人員似乎增加團體的認同感和歸屬感（Montana & Charnov, 1993）。由於參與實驗者對實驗處理產生正向反應，表現更具生產力，是由社會和心理環境因素改變其行為及表現結果，並非由實驗操控所造成，因而被稱為「霍桑效應」（Hawthorne effect）。其實，霍桑效應至今看來仍是很有爭議，因為依梅堯的實驗看來，員工之增加生產力，是得到特別關注所致，這種受到注意和重視，是實驗者為之，並非公司政策，因而其結果能否應用到組織發展，仍值得存疑。

　　從霍桑實驗研究而言，顯示個人心理和社會互動過程在形塑員工態度和行為扮演著重要角色，此亦印證人群關係在工作表現的重要性。然而在很多的組織中，發現重視員工的情意、態度、行為和增加工作滿意度，未必能夠提升組織績效。

貳、馬斯洛自我實現理論

馬斯洛於 1943 年在《心理學評論》（*Psychological Review*）發表〈人類動機的理論〉（A Theory of Human Motivation）論文中，提到人類的五大需求，包括生理需求（The 'physiological' needs）、安全需求（The safety needs）、愛的需求（The love needs）、尊重需求（The esteem needs）和自我實現需求（The need for self-actualization）（Maslow, 1943）。在這五大需求層次，生理需求屬於最低層次，而自我實現則屬最高層次，根據馬斯洛的說法，一個人會在低層次需求得到滿足後，才能追求高層次的需求，亦即前四項需求都能滿足，最高層次的需求方能相繼產生，是一種衍生性需求，如：自我實現、發揮潛能等。有關馬斯洛需求層次理論，在第六章會進一步說明。

馬斯洛自我實現理論，影響到組織發展理論，應該重視員工的滿足和自由，讓員工能夠發揮潛能，將會帶給組織更多的幫助，此在古典組織理論中很難達成的。有關馬斯洛的自我實現觀，如表 3-2 所示。

表 3-2

馬斯洛的自我實現觀

1. 動機可依生理需求、安全需求、愛的需求、尊重需求和自我實現需求的重要性排列，就其意義而言，可充分利用所有個人能力。 2. 員工追求工作的自我實現，他深信有能力做到。 3. 員工主要是自我激勵和自我控制，對外在強加的控制會採消極反應。 4. 倘若員工能達成自我實現，他們會將其目標整合到組織的目標。

資料來源：Hitt, M. A., Middlemist, R. D., & Mathis, R. L. (1986). *Management: Concepts and effective practice*. West. p. 57.

從馬斯洛的自我實現理論而言，重在自我激勵，而非外在控制，給予員工更多的自由和彈性，將有助於員工自我實現，進而達成組織目標。

參、麥克理格 X-Y 理論

X 理論和 Y 理論為美國心理學家麥克理格於 1960 年代提出，在他的著作《企業的人性面》（*The Human Side of Enterprise*）指出兩種管理風格——威權式（X 理論）和參與式（Y 理論）。他認為泰勒的科學管理重視工作（work），而梅堯的行政管理強調員工（worker），此代表兩種不同的管理哲學觀，前者偏向人性本惡，消極被動，需要有效管理，就是 X 理論；後者主張人性本善，能夠自動自發，重視人性管理，就是 Y 理論，因而命名為 X-Y 理論，其基本假設如表 3-3 所示。

表 3-3
X-Y 理論基本假設

X 理論	Y 理論
1. 一般員工都是懶惰的，不喜歡工作，盡可能少做。	1. 員工非與生俱來的偷懶，給予機會，員工將會做出有益組織的事。
2. 確保員工努力工作，管理人員要密切監督員工。	2. 允許員工做有益組織的事，管理人員創造一個工作情境，讓員工能夠運用創新和自我引導。
3. 管理人員應建立嚴格的工作規則，執行明確的獎懲制度，來控制員工。	3. 管理人員應授權，確保員工有必要的資源達成組織目標。

資料來源：Jones, G. R., & George, J. M. (2022). *Contemporary management*. McGraw-Hill. p. 44.

　　麥克理格 X-Y 理論與馬斯洛的需求層次理論相較，X 理論是建立在員工的生理需求和安全需求的假設；而 Y 理論是基於社會需求、尊重需求和自我實現需求的假設。麥克理格認為 Y 理論比 X 理論更有效與合理，因此應多激勵員工、權力下放、團隊合作和鼓勵員工參與。

　　麥克理格 X-Y 理論迄今雖超過 60 年，但對現今的組織管理和領導仍是相當重要，彰顯其理論的價值性。

肆、行為科學理論之評析

　　行為科學理論在 1960 年代頗受重視，特別對於人的行為之重視，的確有其可取之處，至少有下列貢獻：

一、幫助瞭解個人動機、群體行為等對工作表現的重要性。

二、提供有關爾後領導、衝突解決、權力取得和運用、組織變革和溝通之新的洞見（Stoner & Freeman, 1989）。

三、管理人員更加致力於員工的滿足，重視組織內的人際互動，同時也讓員工能有更多的自由。

四、員工追求工作的意義和價值，有助於自我實現，能夠促進組織正向發展。

　　雖然行為科學理論對管理或組織行為之理解和實務，具有其貢獻，但仍有如下一些受到批評之處：

一、管理人員對於行為科學理論學者所提出的理論，認為稍嫌複雜和抽象，加上人的行為具有個別差異，很難用之於特定的問題解決。

二、研究結果發現，並不支持行為科學學者所提出的提高員工工作滿足，就可增加生產力（Hitt, Middlemist & Mathis, 1986）。

三、在不同組織中，並非所有人都追求自我實現，有些藍領階級，可

能更加重視生理需求和安全需求，這些需求比自我實現更爲重
要。

補給站

～～～～～～～～～～～～～～～～～～～～～～～～～～

Z 理論

　　Z 理論（Theory Z）是由日裔美人大內（William Ouchi）在 1981
年的《Z 理論——美國企業界怎樣迎接日本的挑戰》（*Theory Z: How
American Business Can Meet the Japanese Challenge*）一書提出，該書
探討美國企業如何從日本管理模式中受益，提到一種以長遠規劃、
堅強企業理念、長期員工專業發展、共識決策爲核心的企業管理新形
式，幫助美國企業應對日本的挑戰。

　　Z 理論不像 X 理論和 Y 理論偏向西方的（尤其是美國式）管理
原則，而是在組織管理中加入東方的人性化因素，重視組織信任、微
妙性和親密關係，可謂是一種東西方文化和管理哲學的融合，顯然有
其獨到之處。大內特別提到 Z 理論可使員工離職率較低，工作承諾
增加，並顯著提高生產力。

　　Z 理論的管理重點主要如下：一、重視團隊合作而非個人表現；
二、長期僱用，提高員工忠誠度；三、員工升遷緩慢，須按部就班；
四、建立員工對公司有責任感；五、非正式控制系統，但有明確的績
效評量。六、鼓勵參與式管理，重視集體決策。

　　Z 理論注入組織管理的活水，然處在急遽變化的複雜社會，緩慢
晉升、集體決策和終身僱用等組織文化，不一定適合高度競爭的組
織。

資料來源：Ouchi, W. G. (1981). *Theory Z: How American business can meet
　　the Japanese challenge*. Perseus Books.

第三節 系統—權變理論

1960 年代以後，社會變遷加快，組織日趨複雜，任務更加艱鉅，古典組織理論和行為科學理論所提供「一種最好的方法」——適合於各種組織內外在情境的管理普遍原則，已無法適用於所有組織，因而帶動了組織管理的系統理論和權變理論之興起。

壹、系統理論

系統理論最早起源可追溯到巴納德（Chester Barnard）於 1938 年出版《主管人員的功能》（*Functions of an Executive*）一書，該書內容計有四部分：一、組織合作系統基本觀念；二、正式組織的理論和結構；三、正式組織的要素；四、合作系統中組織的功能。巴納德在該書中強調正式組織必須達成效率（efficiency）與效能（effectiveness）的平衡，並主張行政主管必須發揮其功能，以調節個人在組織合作系統中的行為，進而達成組織的合作與平衡狀態（張明輝，2000）。這種組織功能建立在合作系統基礎上的論點，的確具有其創見；但因巴納德所關注的是權威的接受度（acceptance of authority），仍屬於古典組織理論的思維，並未形成系統理論，直到 1960 年代以後，一些管理學者積極致力於系統理論及其與組織關聯性（Robbins & Coulter, 2022），系統理論才逐漸成形。

就系統而言，係指由兩個或多個相互依賴的部分組成的實體，這些部分相互作用形成一個功能性組織（Hitt, Middlemist & Mathis, 1986）。就系統研究途徑（system approach）而言，它包括下列基本的要素，如表 3-4 所示。

表 3-4

系統研究途徑的基本要素

1. 在一個系統內有許多變項（variables）。
2. 系統各個部分是相互依賴（一個部分會影響其他部分，且亦被其他部分影響）。
3. 在大系統內有許多的次級系統。
4. 一般而言，系統需要輸入、參與過程和結果產出。
5. 輸入—過程—產出機制是循環的和自給自足的（它是持續的、重複的，並使用回饋來調整自己）。
6. 系統產生包括正面和負面的結果。
7. 系統產生包括想要和不想要的結果。
8. 系統的結果也許是短期的、長期的，或兩者都包括在內的。

資料來源：Newstrom, J. W., & Davis, K. (2002). *Organizational behavior: Human behavior at work*. McGraw-Hill. p. 16.

　　由此可知，系統內之各個系統是相互依賴的，有大系統，亦有次級系統，而且包括輸入—過程—產出的循環回饋機制，系統產生的結果有好有壞，有些可以預期，有些是無法預期。

　　在系統中亦可分為開放系統（open system）或封閉系統（closed system），前者會與環境互動，而後者則不會；通常組織應屬於開放系統，倘若忽略了環境的重要性而趨向封閉，則組織發展將受到影響。在 1968 年伯特蘭菲（Ludwig von Bertalanffy）在《一般系統理論：基礎、發展與應用》（*General System Theory: Foundations, Development, Applications*）一書中提到系統是相互作用元素的複合體，它們對環境開放並與環境相互作用，它會處於不斷進化中，且能自我調節（透過反饋自我修正）（von Bertalanffy, 1968）。這種系統觀與外在環境產生交互作用，提供組織管理應重視環境因素影響力的有力論證。

　　後來，卡斯特（Fremont E. Kast）和羅森威（James E. Rosenzweig）在 1972 年發表〈一般系統理論：組織和管理的應

用〉（General Systems Theory: Applications for Organization and Management）一文中，提到開放系統模式激發組織理論和管理實踐中的許多新概念，當我們對組織作爲整體系統（次級系統的配置）有了更全面的理解時，就可進行更合適的組織設計和管理系統，系統組織理論應可成爲更有效的管理實踐的基礎（Kast & Rosenzweig, 1972）。

從系統理論觀之，重視系統在組織管理的重要性，確認了內在系統的相互依賴性，以及環境的影響力，這是古典組織理論和行爲科學理論較少關注的課題。

貳、權變理論

權變理論認爲有效的管理行爲，必須端視情境（situation）的要素而定。在某一種情境的管理行爲，不一定能類化到其他的情境，沒有單一的管理行爲或策略適合於所有情境。因此，組織的管理應視組織的實際狀況與情境條件而定。這種理論在 1970 年代以後頗受重視（吳清山，2021）。

伯恩斯（Tom Burns）與史塔克（G. M. Stalker）提出「機械型」（mechanistic）與「有機型」（organic）兩種組織系統，前者強調「最佳方法」，重視細密分工、環環相扣、層次分明和井然有序，以求獲得高效率和高生產力的成果；後者則是強調組織是開放、自主、信任、承諾和責任分明的，是一個有生命力的有機體，只有有機的組織，才有利於組織創新（Burns & Stalker, 1961）。伯恩斯與史塔克所提出組織內的社會系統和組織動態，對於權變理論影響相當深遠。

勞倫斯（Jaw R. Lawrence）與洛區（Paul W. Lorsch）在 1967 年於《行政科學季刊》（Administrative Science Quarterly）發表〈複雜組織的差異化與整合〉（Differentiation and Integration in Complex Organizations）一文中，發展一種開放系統理論，說明組織和組織次

級單位如何適應，才最能滿足其直接環境的需求，特別提到每個組織中的次級系統（銷售、研究和生產）中，其正式結構、成員的目標取向、成員的時間取向和成員的人際交往取向方面彼此不同，這種差異與每個次級系統處理的特定次級環境之要求有關（Lawrence & Lorsch, 1967）。因此，要瞭解各次級系統間之關係，應視各組織情況與環境條件而定。

　　依權變理論觀點而言，所有組織都沒有最佳方法或萬靈丹，任何組織的管理方法均非相等有效，要視組織所處環境的本質而採取之因應對策而定，這些環境條件包括組織規模大小（人數多寡）、任務技術的例行性（組織例行性所需技術與非例性技術的差異）、環境不確定性（穩定和可預測的環境與劇變和非可預測環境的差別）、個別差異（個別成長需求、自治、模棱兩可的容忍性、期望的不同），都會影響領導管理人員所採用的激勵和領導作為（Robbins & Coulter, 2022）。

　　從權變理論觀之，認為組織是不同的，面對各種不同情境需要不同的管理方法，它重視環境特性在組織管理的重要性，以及管理人員對特定環境特性的反應，在古典組織理論和行為科學理論較少碰觸該議題。

參、系統－權變組織理論評析

　　系統理論或權變理論，開啟組織經營與管理的新思維，不同於古典組織理論和行為科學理論，它具有下列貢獻：

一、重視組織中系統（和次級系統）與環境對組織發展的重要性，管理人員應依組織環境特性或條件採取不同的管理行為。

二、環境變化甚快，組織都朝向有機型的組織發展，因而無法找到一體適用的最佳管理方法。

三、組織提供成員更多的信任、自治和責任，才能有助於組織的創新。

不可否認地，系統－權變理論強調沒有最佳的方法；同樣地，它也不可能成為組織經營與管理最佳方法，至少具有下列限制：

一、管理人員有其人格特質和固有的管理方式，必須隨著環境或情境的改變而調整其行為，這在管理上是有其難度。

二、每個組織環境都有其複雜性，加上員工都有個別差異，管理人員要找到適合情境的管理行為，將會面臨到挑戰。

三、系統理論和權變理論所提出的各種概念，不像古典組織理論或行為科學理論容易理解，因而在實際應用上仍有其限制，尤其對新進管理人員更是如此。

補給站

渾沌理論

　　渾沌理論（Chaos theory）原本係指在力學和數學中，研究受決定性定律（deterministic laws）支配的系統中不可預測的行為。後來用在組織研究上，它是一種兼具質性思考與量化分析的方法，用以探討動態系統中無法用單一的數據關係，而必須用整體、連續的數據關係才能加以解釋及預測之行為。

　　渾沌理論具有下列特性：一、不可預測性：無法預測複雜系統最後結果；二、秩序／無序混亂：混沌探索了秩序與無序之間的轉變，這種轉變經常以令人驚訝的方式發生；三、混合：複雜系統中的流體屬於非線性，會相混在一起；四、回饋：系統透過回饋，可能變得混亂，例如：股票買賣行為，影響股票價格導致漲或跌的混亂現象；五、分形（fractal）：一個粗糙或零碎的幾何形狀，可以分成數個部分，且每一部分都（至少近似地）是整體縮小後的形狀，自然界充滿了分形，例如：樹木、河流、海岸線、山脈、雲層、貝殼、颱風等。

　　氣象學家愛洛倫茲（Edward Lorenz）發現一個簡單的熱對流模型具有內在的不可預測性，他將這種情況稱為蝴蝶效應（butterfly effect），亦即僅僅扇動蝴蝶的翅膀就能改變天氣，例如：在新墨西哥州一隻扇動翅膀的蝴蝶，在中國大陸引發颶風的能力，起始的微小變化可能引起結果的巨大風暴，因而在組織中，即使小小的事件也要慎防，避免引起組織大災難。

資料來源：

Britannica (n.d.). *chaos theory.* https://www.britannica.com/science/solid-state-of-matter

Fractal Foundation (n.d.). *What is chaos theory*? https://fractalfoundation.org/resources/what-is-chaos-theory/

維基百科（2022）。渾沌理論。https://zh.wikipedia.org/zh-tw/ 渾沌理論

第四節　新興組織理論

　　1980 年代以後，各種新興組織理論不斷湧現，可謂百花齊放，僅就較具代表性之知識管理（knowledge management）、學習型組織（learning organization）、創新管理（innovation management）等說明如下：

壹、知識管理

　　知識管理為 1990 年代開始在全球崛起的學術與企業應用主題，「美國生產力與品質中心」（American Productivity & Quality Center,

APQC）董事會主席奧戴爾（Carla O'Dell）於 1993 年起積極致力將「知識管理」視為企業的重要學科，因而知識管理也成為企業管理、資訊系統、圖書館和資訊科學領域等課程一環。該中心長久以來引領知識管理的發展，特別將知識管理視為一種系統方法，幫助訊息和知識在正確的時間於正確的人之間流動，成為創新思維的來源（APQC, n.d.）。霍尼卡特（Jerry Honeycutt）提到知識管理系統就是能在正確的時間，將正確的訊息傳給正確的人，並提供他們分析的工具，讓他們有能力對於收到的訊息作出回應，而所有的一切動作能在極快的時間內完成（周欣欣譯，2000）。基本上，知識或訊息都會流動，需要人員以系統化方式和有效管理，並做出回應，才會產生效果。

　　一般而言，知識的層級可分為四個層級：資料（data）、資訊（information）、知識（knowledge）及智慧（wisdom）。一個人透過資料蒐集並加以整理和分析，找出有用的資訊，然後利用這些資訊加上自己的想法及做法，產生出知識，再藉由知識的應用、傳播和分享，轉化為個人智慧，就會彰顯知識的價值，對於個人及組織發展都有其助益。

　　知識管理涉及到知識和科技，湯志民（2012）曾將知識管理界定為組織有效結合科技、人力及資訊，藉由知識的選取、儲存、整理、分享、應用及創新，促進組織成員共享與創造新知，以增加組織資產和提升組織智慧之歷程。而吳清山和林天祐（2010）則將「知識管理」界定為「組織內的資訊和人員作有效的管理和整合，透過組織成員知識的共享、轉化、擴散等方式，成為團體制度化的知識，促進知識的不斷創新，以增加組織的資產、擴增組織的財富和創造組織的智慧。」由此可知，善用知識管理，可以讓組織員工有效地採取行動，為知識創造價值。

　　總之，知識管理涉及到知識分享、轉化、擴散和創造之過程，可以提升組織的智慧和資產，這也是知識管理受到企業界和教育界重視的原因所在；隨著資料庫的建置及大數據（big data）的興起，知識

管理將更具影響力。

貳、學習型組織

　　學習型組織的概念可追溯到由哈佛大學的阿吉瑞斯（Chris Argyris）和舍恩（Donald A. Schön）在 1978 年出版《組織學習：一種行動透視理論》（*Organizational Learning: A Theory of Action Perspective*），該書所提出的組織學習相關概念，具有開創性，引起當時學界和企業界實務人員重視，可謂奠定學習型組織理論與實務的基礎。

　　後來聖吉（Peter M. Senge）在 1990 年出版《第五項修練：學習型組織的藝術與實務》（*The Fifth Discipline: The Art and Practice of the Learning Organization*）一書，特別提到「在學習型組織，人們不斷擴展他們的能力，創造他們想要的結果的組織，培養及擴展新的思想模式，集體的願望得到釋放，人們繼續學習如何共同學習。」（Senge, 1990, p. 3）聖吉這種學習型組織的理論，開啟了組織理論新的紀元，引起學術界、企業界、甚至政府的重視。

　　聖吉特別提到學習型組織的五項修練（fifth disciplines）如下：1. 自我超越（personal mastery）：透過學習理解個人的真正願望，全心全力，致力終身學習，持續創造和超越自己；2. 心智模式（mental models）：學習發掘自我內心世界的圖像，並加以審視和省思，能夠改變自己的刻板印象，並以開放的心靈接受和容納別人的想法；3. 共同願景（shared vision）：組織成員共同努力的最高目標，建立大家對組織的承諾，以共同的願景來實現組織的目標；4. 團隊學習（team learning）：透過深度匯談，讓組織成員自由交談，激發個人見解和發展組織智慧；5. 系統思考（systems thinking）：組織本身就是一個系統，各次級系統之間彼此具有其關聯性，都會相互影響，因而需要整體和全面的思考，才能讓組織更為精進（Senge, 1990）。

組織學習理論或學習型組織理論對學術界和教育界影響深遠，無論理論探究或實務應用，至今仍然受到重視，它對促進組織發展和提高組織績效，是有其實質的效果。

參、創新管理

素有「管理學之父」之稱的杜拉克（Peter F. Drucker）於1985 年出版《創新與創業精神：實務與原則》（*Innovation and Entrepreneurship: Practice and Principles*）一書，係屬企業創新的經典著作，該書從創新實務、創業精神的實踐，以及創業型策略三個主題，來討論創新與創業精神，認爲企業將創新（innovation）與創業精神（entrepreneurship）加以組織，進行系統化的實務與培訓，亦是管理者的工作與責任（Drucker, 1985）。杜拉克所持的創新觀點，將創新成功導入市場的可行方法，帶領企業因應經營的危機，建立創新管理的新典範，在瞬息萬變的社會中，創新與突破亦爲提高競爭力的重要手法。

在 1998 年阿富（Allan Afuah）出版《創新管理》（*Innovation Management*）一書，大力倡導創新管理的理論與策略，其中提到創新是運用新的技術和市場的知識，提供顧客一個新的產品與服務，而新的產品或服務，本身就是一種創新，反應出一個事實，就是新科技和市場知識的創造（Afuah, 1998）。阿富特別提出下列五項創新策略：一、認識到創新的潛力；二、減少不確定性：掌握技術趨勢和市場；三、選擇利潤點（profile site）：利用動態競爭分析；四、策略選擇和環境決定；五、確認潛在競爭者。阿富認爲企業能運用這些「創新策略」，並經營企業的核心能力，不僅能因應市場競爭者的威脅，而且立於不敗之地，對於組織發展及企業管理也帶來新的觀點。

2004 年韓國學者金偉燦（W. Chan Kim）和法國學者莫伯尼（Renée Mauborgne）合作出版《藍海策略》（*Blue Ocean Strategy*）

一書中提到紅海策略（Red Ocean Strategy）和藍海策略，前者係指企業在同質性高、競爭激烈的市場中，爲了搶市場占有率，採用壓低成本和削價競爭的方式，爭取客源；後者則是企業在激烈競爭的市場中，透過不斷的創新，以差異化策略吸引消費者，創造良好的利潤。有些新創公司就是運用藍海策略，創造企業的重大利基。例如：Airbnb 成立於 2008 年，到了 2022 年，14 年內從一家新創公司到營收已達 34 億美元，最主要的原因就是以各樣創新點子滿足市場需求，其中所提供的「Airbnb 體驗」，由屋主提供特別知識或訊息，通往各景點或體驗，都是由 Airbnb 管控，不必入住就能預訂。Airbnb 能成爲全球最大旅宿業者，就是採取藍海策略。

　　組織因應內外在環境的迅速變化，必須有所創新，才能在激烈競爭環境下，立於不敗之地。尤其新創組織或企業，能夠運用創新經營策略，常常有異軍突起之舉，創造更多的利基和機會。

補給站

全面品質管理

　　全面品質管理（Total Quality Management, TQM）在 1980 年代初期經過戴明（W. Edwards Deming）、朱蘭（Joseph M. Juran）、克洛斯比（Philip B. Crosby, Sr.）、費根堡（A. V. Feigenbum）、石川馨（K. Ishikawa）和田口（G. Taguchi）等人的努力之下，成爲 90 年代管理界的主流，帶動企業組織再造另一股風潮。

　　過去品質的好壞仰賴檢測（inspection）方式，常常忽略製造過程的管理，導致產生很多瑕疵品，浪費人力、時間與成本。此種品管的方式已被揚棄，改採「品質是管理出來的」哲學，換言之，品質是所有成員的責任，在服務或製造過程中發現有任何缺失應立即改進，以確保最後的品質是最佳的，此即全面品質管理的哲學。

全面品質管理的重要內涵，主要有下列五大項：一、全員參與：組織每個成員都負起和參與品質改進的責任；二、持續改進：品質改進是永無止境的，透過不斷改進的過程來追求品質；三、顧客導向：重視顧客的需求、期望和滿意；四、事實管理：組織的品質改進，來自於可靠的訊息和資料；五、事先預防：每一次的第一次就做對，避免在製造或服務過程中產生差錯。

資料來源：吳清山（2021）。**學校行政**。心理，第 29-30 頁。

補給站

破壞性創新

1997 年克里斯汀生（Clayton Christensen）在《創新的兩難》（*The Innovator's Dilemma: When New Technologies Cause Great Firms to Fail*）提出破壞性創新（disruptive innovation），他根據企業創新情境的不同，區分出兩種創新：一種是延續性創新（sustaining innovation），一種是破壞性創新。前者企業專注消費者現階段的需求，推出更好的產品和服務，在競爭中擊敗新創公司；後者則是新創公司將產品或服務，透過科技性的創新，並以低價、好用和方便等特色，以吸引顧客的注意力。

克里斯汀生認為多數現有的企業都忽視破壞性創新，讓新創公司在其中找到發展的機會，提供組織發展一個新觀點。

資料來源：Christensen, C. (1997). *The innovator's dilemma: When new technologies cause great firms to fail*. Harvard Business School Press.

本章摘要

一、結合組織管理學者和教育行政學者觀點，教育行政理論的發展可分為古典組織理論、行為科學理論、系統─權變理論及新興組織理論。

二、古典組織理論包括：泰勒（Frederick Winslow Taylor）的科學管理理論、費堯（Henri Fayol）的行政管理理論和韋伯（Max Weber）的科層體制理論。

三、泰勒的科學管理原則，強調用科學方法來分析工人的工作要素，以挑選合適的工人加以訓練和發展工人技能，讓工人以最好的方式（the best way）執行工作；而管理人員也發展最好的方式來執行管理工作，管理人員和工人應相互合作，彼此分工，各盡其職。

四、費堯提出的管理功能包括五項：一、計畫（planning）；二、組織（organizing）；三、命令（commanding）；四、協調（coordinating）；五、控制（controlling），認為管理過程對提升組織生產力是必要的，因而提出 14 點原則。

五、韋伯的科層體制理論，基於下列五個原則：一、正式權威來自一個人在組織內的職位；二、個人所擁有的職位來自於他的表現；三、每個人的權威和責任來自於組織所指定；四、權威有效行使來自於科層所安排的職位；五、個人需要遵守組織的規則，並控制個人的行為。

六、行為科學理論主要以霍桑實驗研究、馬斯洛（Abraham Harold Maslow）的自我實現理論和麥克理格（Douglas McGregor）的 X-Y 理論為代表。

七、霍桑實驗研究係由美國哈佛大學教授梅堯和一群研究人員於 1927-1932 年期間，在西方電器公司霍桑廠進行的一系列心理學實驗。研究結果發現員工受到社會和心理環境因素改變其行為及表現結果，並非由實驗操控所造成，因而被稱為「霍桑效應」（Hawthorne effect）。

八、馬斯洛自我實現理論，重在自我激勵，而非外在控制，給予員工更多的自由和彈性，將有助於員工自我實現，進而達成組織目標。

九、麥克理格 X-Y 理論代表兩種不同的管理哲學觀，前者偏向人性本

惡，消極被動，需要有效管理，就是 X 理論；後者主張人性本善，
能夠自動自發，重視人性管理，就是 Y 理論。

十、系統理論，以伯特蘭菲、卡斯特及羅森威為代表，重視系統在組織管
　　理的重要性，確認了內在系統的相互依賴性，以及環境的影響力。

十一、權變理論，以伯恩斯與史塔克，以及勞倫斯與洛區為代表，認為組
　　　織是不同的，面對各種不同情境需要不同的管理方法，它重視環境
　　　特性在組織管理的重要性，以及管理人員對特定環境特性的反應。

十二、新興組織理論百花齊放，較具代表性且深受重視者包括知識管理、
　　　學習型組織、創新管理等。

十三、知識管理興起於在 1990 年代，美國生產力與品質中心積極倡導，
　　　將知識管理視為一種系統方法，幫助訊息和知識在正確的時間於正
　　　確的人之間流動，成為創新思維的來源。基本上，知識管理涉及到
　　　知識分享、轉化、擴散和創造之過程，有助提升組織的智慧和資
　　　產。

十四、學習型組織，以聖吉為代表，提出五項修練如下：1. 自我超越；
　　　2. 心智模式；3. 共同願景；4. 團隊學習；5. 系統思考，深受學術研
　　　究和實務應用的重視。

十五、創新管理重視組織需要不斷地創新，才能在激烈競爭環境下，立於
　　　不敗之地，倡導創新管理著力甚深者，包括「管理學之父」的杜拉
　　　克、阿富、金偉燦和莫伯尼等人，他們所提出創新管理策略，打開
　　　組織管理與經營新的一扇窗。

評量題目

一、請比較泰勒科學管理理論和費堯行政管理理論的異同之處。
二、請說明韋伯的科層體制理論之重點及其缺點。
三、請評析古典組織理論之貢獻及其限制。
四、請評析行為科學理論之貢獻及其限制。

五、請評析系統—權變理論之貢獻及其限制。

六、何謂知識管理？並說明其價值。

七、請說明學習型組織的意涵及其在學校的運用。

八、請說明創新管理的意涵及其時代價值。

案例研討

Uber 的崛起

Uber 於 2009 年成立，當時名為 UberCab，於 2010 年開始在美國舊金山（San Francisco）正式營運，距今已超過 10 年，不僅提供運輸業的叫車服務，而且還推出餐點外送服務，不斷擴展到世界各地，臺灣也不例外，很多人都有接受 Uber 的叫車或外送服務的經驗。

Uber 是一家交通網路公司，不像日本汽車鉅子豐田（TOYOTA）擁有自己的汽車廠，但卻能將叫車服務經營得有聲有色；自己不開餐飲業，卻也能推出餐飲外送服務，其成功原因就是善用資訊科技的優勢，加上運用創新經營手法，才能讓一家歷史短、規模小和資源不多的新創公司，獲得全世界的重視。

大公司隨著產品和服務改善，價格愈來愈高，一般消費者很難付得起。Uber 以後起之秀，採逆勢操作，瞄準一群追求較低價格的顧客市場，利用較低的價格，提供更好的服務，以利在市場上取得優勢，竟然可以產生效果，獲得消費者的青睞，這類似於克里斯汀生所提出破壞性創新的經營手法。

Uber 的崛起，正可看出科技與創意在未來組織發展的重要性，教育為邁向優質和永續發展，必須更加善用科技與創意。

問題討論

一、您有 Uber 的叫車經驗嗎？可比較與搭乘其他計程車的差異。

二、您曾使用 Uber 的外送服務嗎？可說出您對這種服務的想法。

三、Uber 的崛起，對於教育發展有哪些啟示作用？

四、私校面臨少子化衝擊，經營日漸困難，Uber 經營手法是否有值得借鏡之處？

第四章

教育行政組織

本章研讀之後,您將能:

一、熟悉組織結構的意涵、要素及類型。

二、明瞭國內中央和地方教育行政組織結構及內容。

三、理解組織文化和發展優質教育組織文化的策略。

學習目標

　　教育政策推動、教育活動辦理和教育目標達成，都須透過有效的組織，才能發揮其效果。健全的教育行政組織，乃是推動教育事務的基礎。因此，組織在教育行政中，可說扮演著關鍵的角色。本章將分別就組織結構的基本概念、國內教育行政組織結構分析，和組織文化的重要內涵等方面說明之。

第一節　組織結構的基本概念

　　組織乃是行政運作的主體，任何企業或政府機關皆必須有其組織，確立其目標、任務與人員職責，才得以運作。茲就組織結構的意涵、組織結構的功能、組織結構的要素及組織結構的類型說明如下：

壹、組織結構的意涵

　　組織（organization），在英文字典之解釋可謂大同小異，例如：《劍橋字典》（*Cambridge Dictionary*）將「組織」解釋為特定目的一起工作的公司或其他一群人（Cambridge University Press, 2022c）；而在《牛津學習者字典》（2022a）則界定為一群人一起組成企業、社團等以實現特定目標（Oxford University Press, 2022a）。依此而言，組織係由人所組成，而在一定系統下工作，以達成其特定目的。

　　基本上，組織要透過組織化（organizing）過程，才能確認和建立組織中任務、活動和人員的正式關係之基本架構，此乃涉及組織結構（organizational structure）。羅賓斯（Stephen P. Robbins）和庫爾特（Mary Coulter）認為組織結構就是一種劃分、分組和協調工作任務的正式架構（Robbins & Coulter, 2002），而瓊斯（Gareth R. Jones）和喬治（Jennifer M. George）亦認為組織結構乃是一種正式的任務關係系統，它協調和激勵組織成員，能一起工作以實現組織目標

（Jones & George, 2022）。

　　綜合上述，組織結構可界定如下：組織結構係指一種劃分和協調任務，確立人員工作職責，並激勵組織成員一起工作，以實現組織目標的正式架構。

　　從組織結構定義中，可知組織結構與分工、工作任務、成員職責及管理階層具有密切關係，正如許士軍（1991）提到組織結構是建立在職責、權威和負責的基礎上。為利於理解組織結構，通常以組織結構圖表示。

　　在政府組織、企業組織、學校組織或非營利組織，各有不同的組織結構，而組織結構的適切性與完整性與否，多少會影響到管理人員的領導行為、成員之間互動關係，以及組織績效。

貳、組織結構的功能

　　組織結構之存在，必有其功能性價值。盧尼堡（Fred C. Lunenburg）和歐恩斯坦（Allan C. Ornstein）提到組織結構的基本概念提供組織垂直控制和水平協調（Lunenburg & Ornstein, 2022），而組織結構透過組織化過程，更能彰顯組織結構價值，羅賓斯和庫爾特提出組織化的目的，如表 4-1 所示。

表 4-1
組織化的目的

1. 將要做的工作劃分為具體的工作和部門。
2. 分配與個人工作相關的任務和責任。
3. 協調不同組織任務。
4. 工作分群到各個部門。
5. 建立個人、團體和部門之間的關係。
6. 確立正式權威。
7. 配置組織資源。

資料來源：Robbins, S. P., & Coulter, M. (2002). *Management*. Prentice-Hall. p. 307.

基於上述說明，組織結構可歸納如下的功能：

一、分工功能：細分每位成員的工作職責，讓成員能各司其職和各盡
　　其責，以發揮工作效果。

二、控管功能：透過組織層級，領導人員或管理人員有權控制所屬成
　　員，成員必須遵守管理人員的指令。

三、協調功能：各部門之間透過組織結構，建立協調機制，強化彼此
　　之間的互動與聯繫。

四、配置功能：運用組織結構，有效配置組織不同部門之人力和經費
　　等各項資源，以利各個部門能發揮其功能。

五、整合功能：領導人員或管理人員透過組織結構，有效統整組織各
　　項資源、人才與資訊，以提升組織績效。

參、組織結構的要素

　　組織結構是權威的層級安排，決定角色、權力和職責的分配方
式，以及工作流程在不同管理階層之間的流動方式，透過組織結構可
以幫助組織以更有效的方式管理資源和人員。領導人員或管理人員
為了發揮組織結構的功能，必須進行組織設計，通常組織結構設計
包括下列要素（Griffin, 2011; Lunenburg & Ornstein, 2022; Robbins &
Coulter, 2022, Robbins & Judge, 2022）：

一、工作專門化（work specialization 或 job specialization）

　　組織結構最基本的概念，就是將工作細分為各種不同任務到各種
不同的部門，而人員從事他們所分配的工作，並有效運用其技能，讓
員工更具效率與生產力。在企業中分工相當明顯，每個人每天都按部
就班作同樣的工作，難免會產生倦怠、厭煩、壓力等各種不適現象。

　　為避免這些不良現象，可透過工作輪調（job rotation）、工作豐
富化（job enrichment）或工作擴大化（job enlargement）方式，其中

工作豐富化，就是提供員工較多參與規劃及自主決定的機會，以增加員工內在意義，此具有激勵作用。至於工作擴大化，則是透過在職進修，擴大工作人員專業工作領域，發展員工新技能，此則有助於實施人員輪調。目前在教育行政機關或學校亦會採用工作輪調、工作豐富化或工作擴大化等方式，降低組織結構分工所產生的缺失。

二、部門化（departmentalization）

組織分工之後，必須將若干職位組合在一起，並依一定邏輯性安排，劃分為若干個部門，此即為部門化，它是將組織中的工作組合在一起的基礎。例如：在企業界分為研發、生產、行銷、財務、人事……部門；而在教育行政機關分為高等教育、技職教育、國民教育、師資培育、法制、主計、人事……部門；至於在學校分為教務、學務、總務、輔導、研發、主計、人事……部門。

部門化主要目的在確立組織中，各項任務分配以及責任歸屬，讓組織運作順暢。一般組織都採職能性部門化（functional departmentalization），就是依據業務活動的相似性設立各個部門，目前學校亦是採職能性部門化，屬於專業化分工，具有人力較有效率和決定較為容易等優勢，但也常常面臨到部門本位主義、溝通困難和協調不易等問題。

三、集權化／分權化（centralization & decentralization）

集權化／分權化代表著權威的兩端，組織權力是集中於高階層人員，就是極權化，而組織權力下放至中階或基層人員，則為分權化。因此，集權化組織，決策都操之在高階層人員手中，組織大小事情都由高階層人員決定，但在分權化組織，則有成員參與決定。一個組織採用集權化或分權化的方式，可能受到組織環境和歷史因素影響，例如：環境愈複雜和具不確定性，可能傾向分權化；而組織歷史長久以來都採集權化，則集權化就會繼續被採用。

　　一般而言，分權化透過集思廣益，可較爲快速解決問題，而且參與決定人員也較有歸屬感；然亦可能造成成員角色衝突，甚至角色混淆現象。一個組織如何在集權化和分權化之間取得平衡，實屬組織發展重要課題。在教育行政及學校組織，面對社會大眾對教育的關注，善用分權化的參與式管理，應屬組織結構較佳方式。

四、正式化（formalization）

　　正式化，又稱組織工作標準化的程度，亦即組織使用規則和程序引導或控制員工行爲的程度。在一個組織中，規則、規定或程序規定愈多，組織的正式化程度愈高，反之則低。就工作的複雜性而言，愈簡單和重複性工作不需要太多的專業技能，則正式化較爲適當；倘若工作屬於複雜性高且需要更高心智活動者，例如：從事研究創新工作，需要更高專業的知識與能力，正式化可能就較不適合。

　　一般而言，正式化愈高的組織結構，員工都依規定行事，員工行爲較能有效預測，而且可減少員工錯誤行爲，員工幾乎沒有自我決定的權力，因而自主性很低。在教育行政或學校組織中，屬於例行性工作，例如：總務單位的文書或出納，正式化是適合的；但涉及綜合規劃或研究發展工作，正式化高則不利於業務推動。

五、指揮鏈（chain of command）

　　指揮鏈，是指組織中的報告關係層級結構，從組織的底部到頂部，誰必須對誰負責，適當的指揮鏈確保每項任務、職位和部門都有一個人負責績效。一般而言，指揮鏈闡明組織中誰有決定權、誰有發號司令權、誰要向誰報告，成員必須接受下達命令者的指揮，可說是一種組織結構的權威層級。例如：在教育部，部長具有最高教育政策決定權，他是指揮鏈的最高層；在地方教育局（處），指揮鏈是局（處）長、副局（處）長、科長、股長、科員；至於在中小學，其指揮鏈則是校長、主任、組長、教師。

因此，指揮鏈能夠讓成員為自己的工作負責，而且主管亦可透過指揮鏈，監督、激勵和支持成員的工作行為及表現。但指揮鏈仍有其問題，例如：在指揮鏈中，決策權掌握在最高層的人手中，倘若高層管理者不瞭解下層工作人員所面臨的問題，可能會訂定不切實際的目標。此外，亦可能出現決定和解決問題的延宕。

六、控制幅度（span of control）

控制幅度，又稱控制範圍，係指管理人員能有效地控制成員的人數。控制人數過多或過少，都不是好現象，過多則管理人員可能分身乏術，力不從心，無法有效監督；過少則勢必增加組織層級，反而造成管理人員與成員溝通困難，一層又一層亦不利快速決定或解決問題。因此，一個組織中的控制幅度，必須深入評估，找到一個平衡點，才有利於組織發展。

控制幅度最佳人數，並無定論，一般而言，以 4-5 人較佳（Hattrup & Kleiner, 1993），但仍須視組織規模、組織文化、工作複雜性、主管人員的能力、員工的技能，以及主管與員工的互動而定。就教育行政機關而言，教育部控制幅度要比地方教育局（處）為大；就學校而言，大學控制幅度要比中小學為大，此乃涉及組織規模和工作複雜性有所不同。

七、權威與職責（authority and responsibility）

權威係指組織依法給予成員權力，而職責亦是組織依法規定成員該負的責任。無論權威或職責都是經過合法化的過程，有權威必須負責任，具有權力的人，對於使用組織資源握有決定權力，就必須對自己的行為負責，這也是組織結構設計重要準繩，在科層體制的最高權威，就是來自於指揮鏈的最高層。例如：教育部長具有教育的最高權力，擁有決定教育政策的權力，但必須對其政策結果負責。

由於首長不可能是萬能的或天縱英明，因而使用權威時，可能會

考慮權力下放，亦即授權部屬，讓部屬也有參與和決定的機會，此可避免首長思慮不周而做出錯誤的決定。當然，部屬獲得授權，享有權力時，也必須對於執行權力的後果負責，此才符合有權有責之組織設計原理。

八、直屬與幕僚（line & staff）

在組織結構中，常常分為兩種不同的功能，一是直屬功能，它是直接推動組織的核心工作；另一是幕僚功能，它是提供諮詢、顧問或支援工作。例如：在教育部組織中，直屬就是高等教育司、技術及職業教育司、終身教育司、師資培育及藝術教育司、國際及兩岸教育司、資訊及科技教育司、學生事務及特殊教育司；幕僚則是綜合規劃司、祕書處、人事處、會計處、政風處、統計處、法制處等；在學校組織中，教務、學務、輔導和學生學習與輔導具有直接關係的工作，它們是屬於直屬；而總務、人事、會計則扮演協助工作，屬於幕僚性質。

因此，直屬就是執行組織的核心工作，而幕僚則是扮演協助角色。這種組織設計有時會造成直屬與幕僚的衝突，甚至幕僚未能得到應有的尊重，因此強化組織人員溝通、協調與合作，才能降低直屬與幕僚組織所引起負面影響。

肆、組織結構的類型

在組織結構的類型中，最簡單的二分法，就是高聳式組織（tall organization）和扁平式組織（flat organization），前者又稱為直線式組織（line organization），是屬於權力從上到下流動組織，如圖 4-1 所示，管理階層多，分工明確，但可能造成溝通時間長，且員工缺乏主動創新之心態；後者又稱為水平式組織（horizontal organization），員工和管理者之間很少存在或不存在中間管理層的組

織，成員易溝通與指揮，且其工作滿足感較高，如圖 4-2 所示。

　　隨著社會發展和組織功能的複雜性和個別性，漸漸發展出各種不同組織結構型態，茲就單一式結構（simple structure）、職能式結構（functional structure）、事業部結構（divisional structure）、矩陣式結構（matrix structure）、虛擬式結構（virtual structure）（Griffin, 2011; Jones & George, 2022; Robbins & Coulter, 2021; Robbins & Judge, 2022）等說明如下：

圖 4-1
高聳式組織結構

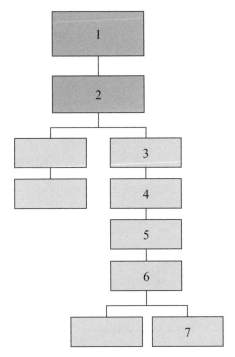

資料來源：Jones, G. R., & George, J. M. (2022). *Contemporary management*. McGraw-Hill. p. 292.

圖 4-2
扁平式組織結構

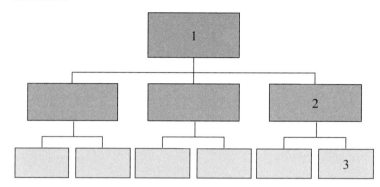

資料來源：Jones, G. R., & George, J. M. (2022). *Contemporary management*. McGraw-Hill. p. 292.

一、單一式結構

　　單一式結構，顧名思義，組織結構很簡單，權威都集中於單一個人，其特徵就是較大的控制幅度、部門化低、正式化少。單一式結構在教育場域中，以幼兒園組織較為常見，它由園長指揮，其他教師（包括幼教師和教保員）負責教學和行政工作，如圖 4-3 所示。

圖 4-3
單一式結構（幼兒園為例）

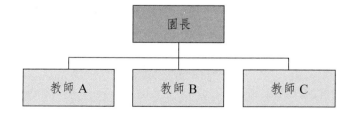

二、職能式結構

　　職能式結構是以成員的類似專長、角色和任務分配於組織各個部門，它是依職能劃分部門，由職能主管或部門負責人監督，是一種由上而下的科層組織結構，為當今世界上最普遍的組織形式，例如：在企業組織中，分為生產、銷售、研發、客服、人事、財務、後勤等部門，各部門負責自己的業務，如圖4-4所示。而在教育行政組織中，劃分為高等教育、技職教育、國民教育、師資培育……單位；在大學組織中，分為教務、學務、輔導、總務、研究發展、國際事務……，皆屬於職能式結構。因此，教育行政或學校組織都以職能式結構為主。

　　一般而言，職能式屬於縱向劃分組織結構，符合專業分工，員工專門從事某些任務，具有穩定的工作環境、員工能發揮所長等優點；但可能流於部門競爭，產生衝突、破壞和諧，甚至阻礙組織創新。

圖 4-4
職能式結構

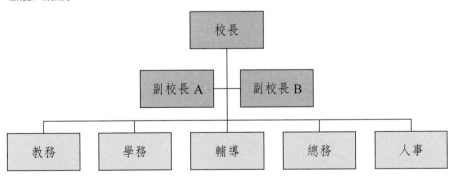

三、事業部結構

　　事業部結構係依產品、服務、市場或地理區域之需求，劃分不同事業部，各自處理業務，每個事業部類似於一個小企業，通常採用職

能式結構。這種組織結構較爲靈活，具有主動性，可因應外在環境改變機動調整，但增加管理人員及行政費用。

目前用之於企業組織較多，例如：著名旅館業在各地區都設立旅館，但他們必須接受總部的指揮，還有很多國際大企業，會在各地區如歐洲、北美、亞太、中東、非洲等成立區域總部組織。事業部結構在教育組織較爲常見者，爲歐美國家的大學在海外設立分校，例如：紐約大學的阿布達比分校和上海分校、西北大學的卡達分校等。此外，在私立學校中，有高中部、國中部、國小部、幼兒園部，亦類似事業部結構。如圖4-5所示。

圖 4-5

私立學校事業部組織結構（示例）

四、矩陣式結構

矩陣式結構是將跨單位的人員組合成專案團隊，一起共同執行任務，並使用多重指揮體系，打破指揮統一概念，成員不是只有1位上司，需要接受2位或多位上司指揮，這種組織結構成爲長久性的結構設計，就稱爲「矩陣式結構」。這種組織結構，在企業界較爲常見，如圖4-6所示，而在教育組織，有時會出現在大學，中小學並不多見。

矩陣式結構，可有效運用人力資源，能獲得組織各部門的支援與合作，亦可避免組織各部門功能重複造成的浪費，並有效因應外在環境變化，提高組織效率及生產力；但違反指揮統一原則，組織溝通及

協調較爲複雜，以及造成人員工作和角色混淆、人員工作壓力和不安全感，則爲其缺點。

圖 4-6
矩陣式結構

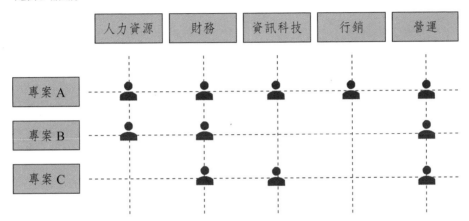

資料來源：Jensenius, A. R. (n.d.). Universities as a matrix organization. https://www.arj.no/2017/02/05/universities-as-matrix/

五、虛擬式結構

虛擬式結構，又稱網路式結構（network structure），它不強調組織層次結構，幾乎沒有正式組織結構，以人力外包或仲介公司最爲典型。此外有些科技或網路公司，亦採取虛擬式結構。

這種組織結構具有較大敏捷性，成員可彈性工作，能因應外在環境需求而隨時調整，但這種組織結構缺乏組織統一性，員工也不會有過多的情感投入，在教育組織較少見。

補給站
～～～～～～～～～～～～～～～～～～～～～～～～～～～～

學校本位管理

　　學校本位管理（school-based management 或 site-based management）係指政府將權力下放至學校，賦予學校之校長、教師、家長和學生對學校課程、人事、預算有更大的決定權，以提供學生更好的學習環境。

　　為落實學校本位管理，學校都會設立「學校本位管理委員會」，由校長、教師和家長等人所組成，有些學校還會邀請學生參加，在歐美國家的學校本位管理涉及下列四大區塊：領導和治理、課程與教學、績效責任與持續改進、資源管理（人力、物力及財力）。

　　學校本位管理，增加學校相關人員的參與和提高學校自主決定權，且所作決定更符合利害關係人需求；但學校相關人員是否具備決定的知能？是否能負起決定責任？此外，學校決策錯誤，社會大眾是否要求政府提高對學校監控密度？此與學校本位管理理念不符，這是值得思考的議題。

第二節　國內教育行政組織結構分析

　　教育行政具有執行公權力，屬於政府組織，皆採用科層體制為主的組織結構。中央和地方教育行政的組織結構，因依據法源不同，各有不同的組織結構型態。茲就中央和地方教育行政之組織結構說明如下：

壹、中央教育行政組織結構

　　中央主管教育機關，是為教育部。教育部的組織結構，其法源依據包含《教育部組織法》和《教育部處務規程》，前者規範教育部業務事項及單位設置，後者規範教育部內部單位之分工職掌。

　　依《教育部組織法》第 2 條規定：「本部掌理下列事項：一、高等教育、技術職業教育政策之規劃，大專校院發展、師資、招生、資源分配、品質提升、產學合作之輔導及行政監督。二、終身教育、社會教育、成人教育、家庭教育、藝術教育、進修補習教育、特殊教育、性別平等教育、公民素養、閱讀語文、教育基金會政策之規劃、輔導與行政監督，與所屬社會教育機構之督導、協調及推動。三、國際與兩岸教育學術交流、國際青年與教育活動參與、海外華語文教育推廣、留學生、外國學生、僑生、港澳生與陸生之輔導、外僑學校、大陸地區臺商學校與海外臺灣學校之輔導及行政監督。四、師資培育政策、師資職前教育課程、師資培育大學之獎補助與評鑑、教師專業證照與實習、教師在職進修、教師專業組織輔導、教師專業發展與教師評鑑之規劃、輔導及行政監督。五、學校資訊教育、環境教育政策之規劃、輔導與行政監督、人文社會、科技教育政策之規劃、協調與推動、學術網路資源與系統之規劃及管理。六、學生事務之輔導及行政監督、學校全民國防教育、校園安全政策之規劃、輔導與行政監督，學校軍訓教官與護理教師之管理及輔導。七、原住民族及少數族群教育、學校衛生教育政策之規劃、輔導及行政監督。八、中小學與學前教育、青年發展、學校體育、全民運動、競技運動、運動產業、國際與兩岸運動及運動設施政策之規劃、輔導及行政監督。九、教育人事政策之規劃、教育人事法令之訂定、解釋與私立學校教職員退休、撫卹、資遣之規劃、輔導及行政監督。十、其他有關教育事項。」

　　教育部為辦理前項業務，依《教育部處務規程》第 5 條規定，設

立下列單位：綜合規劃司、高等教育司、技術及職業教育司、終身教
育司、國際及兩岸教育司、師資培育及藝術教育司、資訊及科技教育
司、學生事務及特殊教育司、祕書處、人事處、政風處、會計處、統
計處、法制處等司處，司處下設科辦事，其中高等教育司等屬於直屬
單位，而人事處等屬於幕僚單位，其組織結構，如圖 4-7 所示。

圖 4-7
教育部組織結構

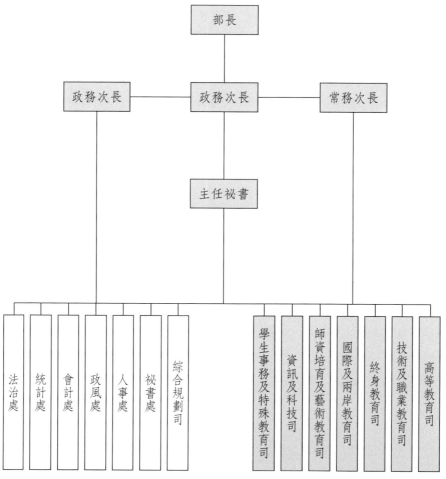

註：方框白底者屬於幕僚，方框有底色者屬於直屬。

另外，國民及學前教育署、體育署、青年發展署屬於教育部次級機關，不屬於教育部內部單位，其人事獨立，且本身具有單位預算，但仍須受部長指揮。

從教育部組織結構來看，它是屬於科層體制的型態，部長一次長一司長一科長的組織層級，形成一個指揮鏈，各有其控制幅度；且業務分工的工作專門化，各單位明確的部門化，並有直屬和幕僚單位，具有組織結構的元素，但就集權化和分權化而言，仍偏重於集權化，部長擁有最高的教育決策權。

教育部為了避免集權化造成決策失誤，重要決策研訂都會邀請學者專家、相關團體（校長團體、教師團體和家長團體）參與，讓決策更能符應教育利害關係人的需求。

貳、地方教育行政組織結構

地方教育行政組織結構，具有差異性，主要有兩種類別：一是教育局，規模較大，具有獨立的人事和會計單位，直轄市都是設立教育局；另一是教育處，規模較小，沒有獨立的人事和會計單位，大多數的縣是設立教育處，但新竹縣則設局，是比較特別的縣。目前直轄市教育局包括臺北市、新北市、桃園市、臺中市、臺南市、高雄市，茲以臺北市和臺中市為例，而縣教育局則以新竹縣教育局為例，至於教育處則以彰化縣教育處為例，分別說明如下：

一、直轄市教育局

(一)臺北市教育局

臺北市教育局組織結構之法源依據為《臺北市政府教育局組織規程》，根據該規程規定設綜合企劃科、中等教育科、國小教育科、學前教育科、特殊教育科、終身教育科、體育及衛生保健科、工程及財

產科、資訊教育科、教育視導品保科、祕書室、學務校安室、會計室、統計室、人事室、政風室，科室以下設股辦事。其組織結構，如圖 4-8 所示。

圖 4-8
臺北市政府教育局組織圖

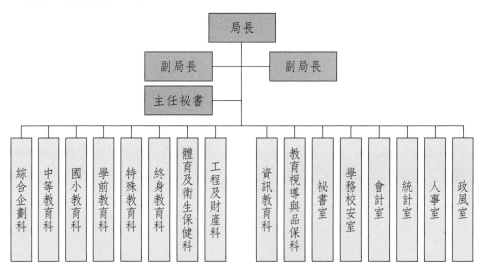

資料來源：臺北市政府教育局（無日期）。組織架構。
https://www.doe.gov.taipei/cp.aspx?n=7ADFE35E698BC929

(二) 臺中市教育局

臺中市教育局組織結構之法源依據為《臺中市政府教育局組織規程》，根據該規程規定教育局設高中職教育科、國中教育科、國小教育科、幼兒教育科、終身教育科、特殊教育科、體育保健科、工程營繕科、課程教學科、祕書室、學生事務室、人事室、會計室、政風室、家庭教育中心，科室以下設股辦事。其組織結構，如圖4-9所示。

圖 4-9

臺中市政府教育局組織圖

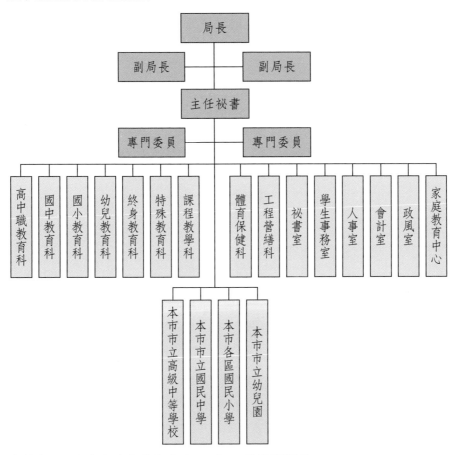

資料來源：臺中市政府教育局（2022）。**組織架構圖**。https://www2.tc.edu.tw/
site/organization

二、新竹縣教育局

　　新竹縣政府教育局之組織架構法源依據為《新竹縣政府教育局組織規程》，依據該規程規定教育局得設學務管理科、特殊教育科、終身教育科、國民教育科、體育保健科、幼兒教育科、青年事務科、行

政科、會計室、人事室、政風室、教育研究發展暨網路中心、家庭教育中心及體育場，比較特別的是設青年事務科，這在其他局（處）較為少見，科室下設股辦事，其組織架構如圖 4-10 所示。

圖 4-10
新竹縣政府教育局組織架構

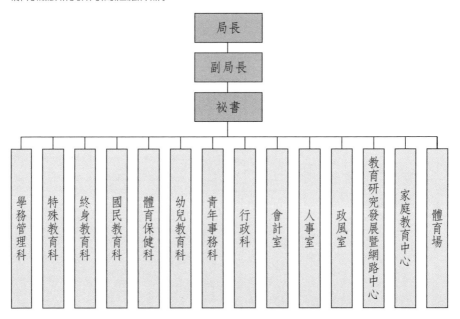

資料來源：新竹縣政府教育局（無日期）。組織架構。https://doe.hcc.edu.tw/doe_front/index.php?action=director_html&uuid=95a08950-90a3-4af7-b351-56aeb216a774&page_uuid=a49bfbab-0043-4712-a558-3fcf3d0885c5

三、彰化縣教育處

　　彰化縣教育處組織架構係依據《彰化縣政府組織自治條例》第 6 條規定：「本府設下列各處，分別掌理有關事項：……五、教育處掌理學前教育、各級學校教育及社會教育之興辦及管理、體育活動、社

會教育、體育機構之設置、營運及管理等事項。」該處因屬縣政府的
府內單位，不必訂定組織規程，其人事、會計均由縣政府統籌處理，
而科室仍下設股辦事，其組織結構，如圖 4-11 所示。

圖 4-11
彰化縣政府教育處組織架構

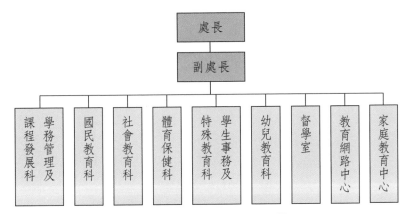

資料來源：彰化縣政府教育處（無日期）。**組織架構**。https://education.chcg.
gov.tw/01intro/intro04.asp

　　從以上教育局（處）組織結構來看，仍具有科層體制之色彩，而
且亦符合組織結構專門化、部門化、指揮鏈、直屬和幕僚單位等要
素，但不可否認地，局（處）長雖有教育決策權，但仍會受制於縣
（市）首長。

補給站

教育審議委員會

　　根據《教育基本法》第 10 條規定：「直轄市及縣（市）政府應
設立教育審議委員會，定期召開會議，負責主管教育事務之審議、諮

詢、協調及評鑑等事宜。」此為地方教育審議委員會設立的法源依
據。

　　根據該法規定，教育審議委員會之組成，由直轄市及縣（市）政
府首長或教育局局長為召集人，成員應包含教育學者專家、家長會、
教師會、教師工會、教師、社區、弱勢族群、教育及學校行政人員等
代表，足見教育審議委員會的委員之多元代表性。

　　一般而言，教育審議委員會的主要任務，包括重大教育政策之諮
詢、教育制度革新之諮詢、教育實驗計畫之評鑑、教育爭議事件之協
調、管教與輔導爭議事件之審議，以及其他有關法規規定之任務。

第三節　組織文化的重要內涵

　　組織文化屬於組織的內在環境，影響成員行為、工作表現與組織
績效甚鉅。因此，組織文化是繼組織結構之後，成為組織關注的重要
課題。教育行政和學校都屬於一個組織，當然不能忽略組織文化的重
要性，茲分別就組織文化的意涵與功能、組織文化的來源與層次，以
及發展優質教育組織文化的策略，分別說明如下：

壹、組織文化的意涵與功能

　　組織文化之意義，學者專家看法大同小異，希特（Michael A.
Hitt）、米德密斯特（R. Dennis Middlemist）和馬提斯（Robert L.
Mathis）將組織文化界定為：組織成員共享的信念和期望模式，並且
已經持續了相當長的一段時間（Hitt et al., 1986）；而葛利芬（R. W.
Griffin）亦認為組織文化係指一套價值觀、信仰、行為、習俗和態

度，可幫助組織成員理解其代表什麼、如何做事，以及它認為什麼是重要的（Griffin, 2011）。至於瓊斯（Gareth R. Jones）和喬治（Jennifer M. George）認為組織文化係指一套共享信念、期望、價值觀和規範，這些共享的信念、期望、價值觀和規範會影響組織成員之間的關係，以及如何合作以實現組織的目標（Jones & George, 2022）。另外gothamCulture（2022）亦將組織文化定義為：有助於組織獨特的社會和心理環境的基本信念、假設、價值觀和互動方式。綜合上述看法，組織文化之定義可歸納如下：

　　組織文化係指組織中成員共享的一套假設、信念、價值、期望、行為、規範和故事，而且持續相當長時間，體現組織的一種獨特形象。

　　基於上述定義，組織文化的內涵可說明如下：

一、組織文化包括假設、信念、價值、期望、行為、規範和故事等，由淺入深，由具體到抽象。

二、組織文化具有共享性，屬於所有組織成員能夠相互分享和互動的結果，而非高層人員或特定人員所擁有。

三、組織文化具有長期性，亦即組織文化形塑需要長時間不斷地累積而成，而非短時間內形成。

四、組織文化具有獨特性，每一個組織的文化都可看出與其他組織不同的一面，展現組織文化的特色。

　　從組織文化的意涵來看，組織文化對組織發展具有其重要性，它具有下列的功能：

一、引導功能：組織成員透過組織規範和成員互動，瞭解組織追求目標，引導成員向組織目標邁進，以實現組織目標。

二、凝聚功能：組織文化具有共享性，成員共同分享組織的歷史、價值、成就與榮耀，凝聚共識與向心力，一起為組織發展而努力。

三、強化功能：組織文化中有種種的規範、規則和規定，提供成員在

工作中哪些該為與哪些不該為的依據，是故組織文化對成員行為具有強化與約束作用。

四、激勵功能：組織文化會讓成員發展出一種榮辱與共的感覺，進而激發對組織使命感的承諾，這種使命感會顯現出組織利益超越個人利益。

五、統整功能：組織文化能夠整合組織各次級系統和過程，並透過溝通與協調方式，彼此相互交流，破除本位主義，達到組織整合目的。

貳、組織文化的來源與層次

組織文化引領成員行為與組織發展，其來源有多方面，例如：創辦人的價值觀和偏好、早期成員的假設、信念和價值、成員素質、成員互動、組織結構、組織獎懲系統、組織儀式等。依據瓊斯（Gareth R. Jones）和喬治（Jennifer M. George）的看法，認為組織文化的來源包括下列四項：組織成員特徵、組織倫理、僱用關係與組織結構（Jones & George, 2022），茲說明如下：

一、組織成員特徵：組織是由不同的成員所組成，組織文化之產生差異，與成員的組成具有密切關係，因為不同組織的成員在人格特質、信念、價值與工作行為等，都具有不同的特徵，久而久之，這些特徵融入於工作行為與態度中，就會形成該組織的文化特色。

二、組織倫理：領導人員為利於管理和引導成員，都會設法發展特定的文化價值和規範，讓成員能夠遵守，而這些文化價值和規範來自於倫理價值，具有道德的意涵，它協助建立每個成員表現適當的行為方式。這種倫理和道德價值，融入在組織成員心中，成為組織文化的一部分。

三、僱用關係：不同的組織有其不同的人力資源管理政策，作爲選
　　用、升遷、福利和考核人員的依據，這些都會影響到組織文化的
　　形成。倘若人力資源政策重視人員的忠誠度，則組織文化就會形
　　成一種忠誠和承諾的價值觀，引導組織成員行爲。

四、組織結構：一般而言，組織結構涉及到權威、職權、職責等要
　　素。不同的組織結構會產生不同的組織文化，例如：扁平式組
　　織，偏重於分權，組織文化朝向於自主、開放與創新；而高聳式
　　組織，則側重在集權，組織文化則走向服從、控制與穩定。

　　組織文化來自於不同的來源，其層次亦有差異，謝恩（Edgar H.
Schein）將組織文化分爲三個不同的層次：人造品（artifacts）、信
奉價值（espoused values）與假設（assumptions）（吳清山，2010；
Burkus, 2021; Orey, 2021），茲說明如下：

　　第一層次人造品：人造品是組織中公開和明顯的元素，通常是外
人也能看到的東西，例如：學校建築物、學校標語、口號、校旗、校
歌、校服等。

　　第二層次信奉價值：係指一套價值觀和規範，它代表組織，並影
響到成員互動，大多數情況下，價值觀在公開聲明中得到加強，例
如：組織宣布某個核心價值或規範，成員的行爲就會得到強化。

　　第三層次假設：深深植根於組織中，很難從內部辨識到，常被視
爲一種無意識的狀態。

　　謝恩組織文化的三個層次，如圖 4-12 所示。

圖 4-12

謝恩組織文化的三個層次

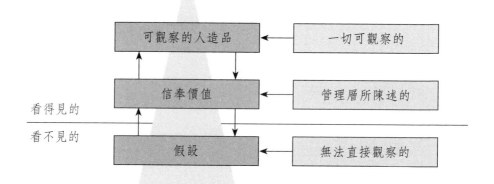

資料來源：Leadership Centre (n.d.). *Edgar Schein: The three levels of culture.*
　　　　　https://www.leadershipcentre.org.uk/artofchangemaking/theory/3-levels-
　　　　　of-organisational-culture/

　　此外，霍伊（Wayne K. Hoy）和米斯格（Cecil G. Miskel）也
提出組織文化三個層次（Hoy & Miskel, 1996），由淺到深、由具體
到抽象，包括隱性假設（tacit assumption）、價值（values）與規範
（norms），茲說明如下：
一、隱性假設：包含人性本質、人際關係本質、真理與實體本質、對
　　環境的關係。
二、價值：包含開放、信任、合作、親密、團隊。
三、規範：支持您的同事、勿批評校長、處理自己管教的問題、給予
　　學生額外的幫助、認識您的同事。
　　霍伊和米斯格之組織文化三個層次，如圖 4-13 所示。

圖 4-13

霍伊和米斯格之組織文化三個層次

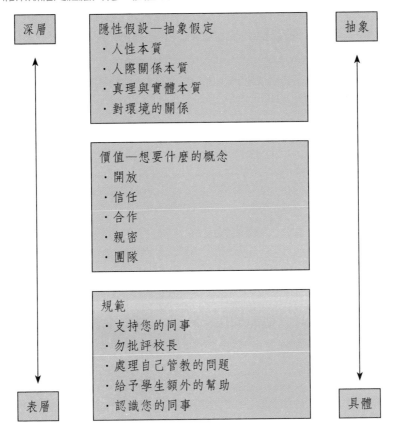

資料來源：Hoy, W. H., & Miskel, C. M. (1996). *Educational administration: Theory, research, and practice*. McGraw-Hill. p. 130.

參、發展優質教育組織文化的策略

　　無論教育行政組織或學校組織，優質組織文化深深影響組織發展和組織效能。因此，發展優質組織文化，實屬教育組織經營的重要課題。茲提出下列發展優質教育組織文化的策略，以供參考。

一、建立共享願景

　　願景（vision）勾勒出組織未來想要達成的景象，指引組織未來努力目標與方向。基本上，教育組織或學校願景避免由少數人決定，最好能夠透過大家參與決定，成員才有認同感，也才能為實踐願景而付出。共享願景象徵組織的核心價值，亦代表著組織的精神，有助於建立組織的任務與使命，它是組織發展的基石，亦是建立優質組織文化不可或缺的要件。

二、形塑關懷氣氛

　　組織是由不同人員所組成，而教育組織或學校主要目的在於培育人才，更需對人的關心，教育始終離不開人性，教育離開人性，就無法成為教育。因此，組織應形塑一種人性關懷的氣氛，彼此能夠相互尊重、支持與關懷，自然而然形成一種優質的正向文化，成員在這種環境下生活與工作，就會有愉悅感、成就感與幸福感，有助於提升組織的向心力與凝聚力。

三、激勵團隊合作

　　團隊合作是組織成員為實現共同目標所進行的協作努力；換言之，就是成員在組織中，具有團隊意識和團隊精神，能夠彼此同心協力，一起為共同目標努力，以利有效率和效能地完成任務，此乃展現團隊合作價值。倘若一個教育組織中，成員各自為政，組織將會離心離德、分崩離析，最後步入衰敗命運。領導者能善用領導和溝通技巧，激勵成員團隊精神和使命感，就能形成一種團隊合作的優質文化。

四、公平對待成員

　　成員是教育組織的骨幹，領導者能落實行政公開透明，以及依明確規則而行，讓成員感受到領導者無私心，沒有差別待遇，成員就不

會有不公平感或被剝奪感，組織也不會產生一種猜忌或計較文化，傷害領導者與成員的關係，以及造成成員之間的摩擦或緊張關係，對組織和諧也不會具有殺傷力。因此，爲建立優質的教育組織文化，公平對待每一位成員，讓每一位成員都感覺是組織重要的一分子，成員就會有較佳的工作表現。

五、鼓勵創新突破

當前社會變遷快速，科技發展突飛猛進，深深影響到教育組織發展。教育組織爲因應內外在環境變化，不能閉門造車或維持守舊文化，此將無法展現教育功能與效能。因此，組織領導者須鼓勵成員集思廣益，並追求一種卓越創新的文化，成員樂於從事創新思維與創新行動，而在行政、教學或研究上，有突破性的作爲，此不僅能夠展現組織的活力與創意，而且亦可引領學生有效學習。

六、關注學生學習

教育組織是爲學生而存在，沒有學生就沒有設立教育組織的必要性。因此，教育組織和教育人員應建立服務學生和幫助學生的價值觀念，所作所爲是爲了學生更好的學習，營造校園正向學習的文化與氛圍。尤其對於學習弱勢、經濟弱勢、文化弱勢和身分弱勢（身心障礙學生）學生，更要提供積極性的學習與扶助措施，有效拉拔這些孩子，以落實「一個都不少」的校園文化。

七、激發組織學習

組織是一個有機體，它需要持續地學習，組織才能日益精進，教育組織亦是如此。組織學習涉及到組織內知識攝取、創造、保留、分享、創造和轉移的過程，它包括個人學習、小組學習、團隊學習、組織間學習和全組織學習。因此，激發組織學習，透過專業發展活動、深度對話和緊密互動等方式，不僅能提升成員專業知能，而且亦可不

斷地壯大組織，讓組織更具競爭力。是故，發展教育組織成為學習型組織，對建立優質組織文化具有促進效果。

補給站 ~~~~~~

組織氣氛

組織氣氛（organizational climate）係指組織成員對其工作環境的知覺，具有獨特的氛圍，且能為組織成員所體驗和描述，它具有整體性、抽象性、獨特性和互動性等特性。

組織氣氛與組織文化有所不同，前者屬於微觀的量化研究，以心理學角度探討，著重人在環境中的知覺；後者偏重於巨觀的質性研究，以社會學、人類學和文化學角度探討，以組織中的假設、信念、價值、儀式與規範為主。

資料來源：吳清山（2010a）。*學校效能研究*。五南，第 109-113 頁。

補給站 ~~~~~~

強勢文化	弱勢文化
1. 廣泛分享價值。	1. 價值僅限於少數人，通常是高階人員。
2. 文化傳遞什麼是重要且一致性訊息。	2. 文化傳遞與什麼是重要相互矛盾的訊息。
3. 大部分成員能告訴有關組織歷史或英雄的故事。	3. 成員幾乎不知組織歷史或英雄的故事。
4. 成員對文化具有強烈的認同感。	4. 成員對文化幾乎沒有認同感。
5. 共享價值和行為具有緊密連結。	5. 共享價值和行為缺乏緊密連結。

資料來源：Robbins, S. P., & Coulter, M. C. (2022). *Management*. Pearson. p. 104.

本章摘要

一、組織結構係指一種劃分和協調任務，確立人員工作職責，並激勵組織成員一起工作，以實現組織目標的正式架構。

二、組織結構功能主要如下：分工功能、控管功能、協調功能、配置功能、整合功能。

三、組織結構的要素主要如下：工作專門化、部門化、集權化/分權化、正式化、指揮鏈、控制幅度、權威與職責、直屬與幕僚。

四、在組織結構類型，各有不同分法，最簡單的二分法是高聳式組織和扁平式組織。依組織功能不同，又逐漸發展出各種結構類型如下：㈠單一式結構：組織結構很簡單，權威都集中於單一個人；㈡職能式結構：依職能劃分部門，由職能主管或部門負責人監督，是一種由上而下的科層組織結構；㈢事業部結構：事業部結構係依產品、服務、市場或地理區域之需求，劃分不同事業部，各自處理業務；㈣矩陣式結構：矩陣式結構是將跨單位的人員組合成專案團隊，一起共同執行任務，並使用多重指揮體系，打破指揮統一概念；㈤虛擬式結構：不強調組織層次結構，幾乎沒有正式組織結構，可因外在環境改變彈性調整組織結構。

五、教育行政具有執行公權力，屬於政府組織，皆採用科層體制為主的組織結構。中央和地方教育行政的組織結構，因依據法源不同，各有不同的組織結構型態。

六、組織文化係指組織中成員共享的一套假設、信念、價值、期望、行為、規範和故事，而且持續相當長時間，體現組織的一種獨特形象。

七、組織文化計有引導、凝聚、強化、激勵和統整等功能。

八、組織文化的來源包括下列四項：組織成員特徵、組織倫理、僱用關係與組織結構。

九、組織文化分為三個不同的層次：人造品、信奉價值及假設。

十、發展優質教育組織文化的主要策略如下：㈠建立共享願景；㈡形塑關懷氣氛；㈢激勵團隊合作；㈣公平對待成員；㈤鼓勵創新突破；㈥關注學生學習；㈦激發組織學習。

評量題目

一、請說明組織結構的意義及要素。

二、請分析組織結構的重要功能為何？

三、請比較高聳式組織結構與扁平式組織結構之差異。

四、請扼要說明教育部之組織結構及其特色。

五、何謂組織文化？組織文化可分為哪些層次？

六、請提出發展優質教育組織文化的重要策略有哪些？

案例研討

傳統學校的文化包袱

　　○○國民小學成立迄今，已有 80 年，在 20 年前高達七十二班，每個年級有七班。然而受到少子化的影響，目前只剩下二十四班，每個年級只剩下四班，是一所傳統型的學校。

　　學校雖有悠久的歷史，但近十多年來，每位校長大約都只做一任，就申請調校，顯然學校並不容易經營，主要原因在於學校內部產生一些改變，例如：行政處室之間不和諧，彼此之間常為業務起紛爭，教務抱怨學務不配合、學務抱怨會計不幫忙，而教師也怪罪行政不支持、教學資源未到位，每位校長初到這所學校，整天就為這些事煩惱，也難以發揮領導效能。

　　更麻煩的是，學生家長三不五時就到學校指責教師教學的不是，親師衝突時有所聞。此外，社區人士也常打電話到學校，說學生放學後常常表現一些不守規矩的行為，要求學校要嚴加管教，也讓學校教師和行政人員疲於奔命。

　　由於學校具有一定的歷史，學校守舊觀念較為濃厚，很少有創新突破的作為，都是教育行政機關政策有所規定，才會動一下，例如：推動十二年國民基本教育新課綱，或者疫情期間的線上教學。大部分學校人員都是

保持「一動不如一靜」和「不做不錯、少做少錯」的心態，很難看到學校
生機蓬勃和充滿活力。

討論議題

一、請診斷這所學校的組織文化出現哪些問題？

二、如何有效改變這所學校組織文化，降低傳統包袱的影響？

三、您認為這所學校需要怎樣的校長來領導呢？

第五章

教育行政領導

本章研讀之後，您將能：

一、理解領導的意義、功能及權力基礎。

二、熟悉領導特質論、行為論、權變論及當代領導
理論的重要內涵。

三、熟悉變革時代有效教育領導的思維與作為。

學習目標

　　任何一個組織，都需要優質領導者，帶領成員爲實現組織目標而努力；組織若缺乏領導者，猶如群龍無首，人人各行其是，則組織將日見渙散，其發展和效能必然受限，教育組織和學校亦是如此。是故，領導在組織發展和組織效能扮演著重要角色。爲釐清領導的概念，加上領導理論發展已有一段時間，提供領導者很好的指引，展現其理論價值。因此，本章將分別就領導的基本概念分析、領導理論的發展，以及有效領導者的實踐策略分別說明之。

第一節　領導的基本概念

　　領導，就其中文字義而言，具有統領引導、率先示範之義；而就英文的 leadership 來看，依《劍橋字典》（*Cambridge Dictionary*）解釋爲掌控一個團體、國家或情境的工作，隱含領導具有控制和指揮的意思（Cambridge Dictionary, 2022d），茲就領導的意義、功能和權力基礎說明如下：

壹、領導的意義

　　領導的意義，學者專家看法有些相似，有些略有不同，茲列舉如下：

　　許士軍（1991）將領導界定爲：在一特定情境下，爲影響一人或一群人之行爲，使其趨向於達成某種群體目標之人際互動程序（第337頁）。

　　蔡培村和武文瑛（2004）提出領導的定義如下：領導是由個人人格特質與社會人際交互影響爲出發擴散點，以賦予權力爲手段，以激勵與驅策爲策略，來導引眾人完成組織目標之行爲（第10頁）。

　　謝文全（2022）認爲領導是在團體情境裡，透過與成員互動來發

揮影響力，以導引團體方向，並糾合群力激發士氣，使其同心協力齊赴團體目標的過程（第 488 頁）。

紐斯特羅姆（John W. Newstrom）和戴維斯（Keith Davis）提及，領導是影響和支持他人熱情工作以實現目標的過程（Newstrom & Davis, 2002, p. 163）。

余克（Gary Yukl）和葛德納（William L. Gardner III）認為領導是影響他人理解和同意需要做什麼和如何去做的過程，以及促進個人和集體努力實現共同目標的過程（Yukl & Gardner, 2020, p. 26）。

羅賓斯（Stephen P. Robbins）和庫爾特（Mary Coulter）將領導界定為引領一個團體，並影響該團體達成目標的過程（Robbins & Coulter, 2021, p. 481）。

歸納以上的看法，領導大約可分成兩種觀點：領導是一種行為，或是一種過程，而較多學者所公認的，即領導是一種過程。因此，茲將領導之定義歸納如下：

領導係指一個人在特定的團體情境中，運用其影響力，引導、激勵和協調成員合力從事各種活動和任務，以達成組織目標的過程。

就此定義而言，領導可視為領導者在團體情境中，影響部屬行為與實現組織目標的過程，茲再進一步說明如下：

一、領導的要素，包括領導者、團體情境、部屬和目標四大要素。

二、領導是在一個特定環境中進行，在不同的情境，領導者可能會運用不同的領導行為與作為。

三、領導是一種影響力的發揮，而這種影響力是建立在領導者具有一定的權力基礎。

四、領導需要透過引導、激勵和協調的過程，才有助於展現領導者之領導效能。

五、領導的目標在於透過有效的領導方式，集合成員的努力和智慧，以達成或實現組織目標。

貳、領導的功能

教育領導爲實現教育目標所展現的作爲，才能彰顯其作用與功能。瞿立鶴（1992）認爲領導具有統率、決策、激勵、監督的功能。傅肅良（1988）提及領導功能主要有四：使團體成員獲得適度滿足、維持組織的完整、指導團體達成目標、保持組織對社會環境的適應。

李奧納多（Kimberlee Leonard）提到領導的五個核心功能是策略規劃、組織資源、人員配備、指導活動和控制公司的成功（Leonard, 2019）。而 Indeed Editorial Team（2021）則提到領導有七項功能：設定目標、組織、採取主動、員工之間合作、激勵和方向、成員與管理層聯絡以及政策制定。從以上的看法中，茲歸納領導的功能如下：

一、指導引領

領導本身具有率先的意味，扮演指導者和引領者的角色，必須負起指導成員進行各項業務推動之責；同時也要引領成員朝向對的方向前進，才能產生更大的工作績效，否則成員從事無效的努力，不僅浪費成員的時間和體力，而且也會造成組織的損失。因此，領導者具有指導和引領的功能，才不會讓成員和組織經營偏離方向。

二、設定目標

任何一個組織都有其設立的目標，它是建立組織願景和確立組織任務的依據。領導者最重要的功能是爲團隊成員設定目標，鼓勵成員共同爲達成目標努力；同時領導者也需提出具體的策略，作爲成員執行工作或任務的依據。組織設定目標明確、所定方向明確、執行策略明確，則成員有所遵循，就能按部就班，此可降低工作失誤、提升工作效果。

三、激勵成員

　　組織係由人員所組成，組織所有任務也需人員來執行，領導者所領導的是一群人、是活生生的個體，他們有血、有肉、有感情，不是聽命行事的機器人。為讓每個成員都能認真工作，且能發揮自動自發的精神，領導者善用各種獎勵、表揚和肯定的方式，激勵人心，讓成員展現高昂的工作士氣，就可看出領導的效用。

四、溝通協調

　　領導者不是高高在上，而是要走入人群，瞭解組織運作的困難或問題，並設法加以解決。組織係由各部門和人員所組成，在運作過程或業務執行中，難免產生摩擦或意見不合，此時需要領導者介入溝通協調，化解部門或人員歧見，彼此放下心結，且能相互合作，一起為組織目標努力，此乃彰顯領導之溝通協調技巧及素養的重要性。

五、動員資源

　　組織需要有效運作，必須投入人力、財力和物力等資源。然而組織雖然有投入資源，但不一定會帶來效益，要視領導者動員資源的能力，亦即是否能有效分配人員於適當位置上、經費是否用在刀口上，以及是否能整合有限的資源，這都是在考驗領導者規劃和執行資源的能力。一般而言，領導者最大的作用，就是能讓組織發揮最大的效益，此即為領導功能之所在。

六、監督控制

　　領導本身就是一種權力的行使，有權指揮成員依組織規定執行任務，並依成員的工作表現，給予合理的獎勵和處分，讓具有良好績效者，能夠獲得肯定；而績效欠佳者，也能得到警惕，知道有所改進。由於領導者必須為組織成敗負責，因此善用監督控制機制，是必要的

領導作爲，這才能符合權責相稱原則，也是領導者依法擁有的權限。

七、決定政策

　　領導者每天面對組織大小事情，都要進行決定，當然最重要的是組織政策的決定，它攸關整個組織發展和成員工作方向，所以決定政策不能有所閃失，否則可能成爲失敗的領導者，就無法展現領導的功能與效能。因此，領導者對於決策的研訂，就必須周詳考慮組織內外在環境因素，進行有效評估，然後再下決定，才能提升決策品質。

參、領導的權力基礎

　　領導者之所以能夠影響成員，在於他擁有一定的權力。有些權力是來自個人的專業或人格，有些是來自於正式規定所賦予。一般而言，領導的權力基礎主要來源有下列五種：法職權（legitimate power）、獎賞權（reward power）、強制權（coercive power）、專家權（expert power）和參照權（referent power）（Griffin, 2011; Jones & George, 2022; Robbins & Coulter, 2021; Yukl & Gardner, 2020），茲分別說明如下：

一、法職權

　　又稱爲職位權（position power），它是組織科層體制正式授予的權力，在科層體制中不同職位就有不同的權力，高層人員有權指派部屬任務，部屬不得拒絕，否則將受責備，甚至免職，以維持組織的秩序和運作。就教育部組織而言，部長的法職權高於司長和科長，司長和科長都必須聽從於部長的指揮和命令。

二、獎賞權

　　領導者擁有獎勵的權限，有些屬於物質性，有些屬於非物質性；前者如加薪、升遷、額外福利，後者如口頭肯定、讚美、正向回饋。領導者透過不同的獎勵方式，有助於激勵部屬工作士氣。例如：學校校長針對教學表現優異的教師，可給予公開表揚或私下肯定，就是一種獎賞權，具有積極和正面的價值。

三、強制權

　　領導者擁有處分和控制部屬的權力，會帶給部屬恐懼感或威脅感。在一個組織中，部屬無法遵守組織的規定，領導者有權依規定給予懲處。這些懲處中，可能包含口頭警告、書面警告、降級、減薪、解僱等方式。教育人員遭受記過、申誡、警告等懲處，就是領導者的一種強制權。基本上，領導者的強制權，都是一種負面和不愉快的經驗。

四、專家權

　　領導者的權力是建立在專業知識和技能基礎上，它是來自於專業的訓練和專業的學習，這種專業知能就會形成領導者一種權力的來源，在不同階層中其專業知能可能有所差異，例如：中間領導階層者偏重於技術性的知能，而高階領導者則偏重於決策和分析的知能。基本上，專家權最好應用在指導或引導部屬的工作上，才能得到較佳的效果。

五、參照權

　　領導者本身具有高尚人格或魅力，形成一種獨特風格，受到追隨者仰慕，這種情感的投射和認同，就會形成領導者另一種權力來源。基本上，參照權是屬於個人人格特質的影響，追隨者都是心甘

情願接受領導，沒有任何脅迫的意味。例如：印度的甘地（Mahatma Gandhi）、美國的馬丁路德（Martin Luther King）、加爾各答的德蕾莎修女（Mater Teresia）等皆屬於參照權的印證。

　　從以上領導的權力基礎而言，這五種權力具有相互關聯性，法職權、獎賞權和強制權，來自於職位；而專家權和參照權存在於個人本身。一般而言，專家權可以成為一位有效的領導者，而參照權最能激勵成員和感動人心，至於強制權可能會對成員心理造成傷害。一位領導者如何善用五種權力，仍然要視組織情境而定，才能收到領導的效果。

第二節　領導特質論

　　1930 年代起，心理學者和一些研究人員致力於確認領導者個人特徵的研究，為何一個人會成為領導者？是有哪些與他人不一樣的特質（traits）？以探析領導的本質，此即領導特質論之重心所在。

　　最初特質論的研究，是採用量化方式，進行下列兩種模式研究：一是比較那些成為領導者和不是領導者的特質；二是比較有效領導和無效領導者的特質（Stoner & Freeman, 1989），然後歸納出領導者之特質，以確認潛在的領導者，此對於挖掘優秀領導者是具有參考價值。基本上，這種研究觀點背後基本假設認為領導者是先天的，而不是後天培養出來的。

　　有關特質論較為著名的研究，就是史托迪爾（Ralph M. Stogdill）分析自 1904 年至 1947 年所完成有關領導特質的一百二十四項研究文獻，歸納與領導有關的個人因素包括下列八項：1. 智力；2. 警覺性；3. 洞察力；4. 責任感；5. 主動性；6. 毅力；7. 自信；8. 社交性。此為第一次研究結果，後來第二次進行追蹤研究，分析自 1948-1970 年的一百六十三項文獻中，歸納出下列十項特質：1. 責任感和完成任務動

力；2.追求目標的活力和毅力；3.冒險和問題解決的獨創性；4.社會情境的主動性；5.自信和個人認同感；6.接受決定和行動後果的意願；7.吸收人際壓力的準備度；8.容忍挫折和延遲的意願；9.影響他人行為的能力；10.建構社會互動系統達到眼前目的的能力，這十項可歸納為：成就、毅力、洞察力、主動性、自信、責任感、合作性、寬容、影響力和社交能力（Expert Program Management, 2018; Northouse, 2019）。從這二次的研究中，第一次和第二次差異不大，其共同部分如：毅力、洞察力、主動性、自信、責任感、社交能力，如表 5-1 所示。

表 5-1
史托迪爾二次領導特質研究之比較

第一次（1948）	第二次（1974）
1. 智力	1. 成就
2. 警覺性	2. 毅力
3. 洞察力	3. 洞察力
4. 責任感	4. 主動性
5. 主動性	5. 自信
6. 毅力	6. 責任感
7. 自信	7. 合作性
8. 社交性	8. 寬容
	9. 影響力
	10. 社交能力

註：黑體字係指兩次同樣之研究發現。

後來學者們亦陸續從事於領導特質論的研究，余克和葛德納將五大人格特質與領導特質相對應，如表 5-2 所示。這五大人格特質包括活力（surgency）、責任心（conscientiousness）、親和性（agreeableness）與適應性（adjustment）、智力（intellectance）（Yukl & Gardner, 2020）。

表 5-2

五大人格特質與領導特質之對應

五大人格特質	領導特質
1. 活力	1-1 外向 1-2 精力／活動量 1-3 權力需求（果斷）
2. 責任心	2-1 可靠性 2-2 個人誠信 2-3 成就需求
3. 親和性	3-1 愉悅和樂觀 3-2 滋養（同理心、助人的） 3-3 歸屬需求
4. 適應性	4-1 情緒穩定性 4-2 自尊 4-3 自我控制
5. 智力	5-1 好奇和求知欲 5-2 開放心胸 5-3 學習導向

資料來源：Yukl, G., & Gardner III, W. L. (2020). *Leadership in organization*. Pearson. p. 204.

　　特質論提供一個成功和完整的領導者輪廓，羅賓斯和賈巨曾提到最近有關領導特質論的兩項結論，一是特質能預測領導；二是特質能有效預測有效與無效領導者的差異（Robbins & Judge, 2022）。雖然如此，但特質論無法完全解釋領導，一位成功的領導者到底做了什麼事情、或者表現什麼領導行為，會讓領導更有效？這倒是值得思考的議題，此亦激發領導行為論研究的崛起。

第三節　領導行為論

領導行為論研究，約從 1940 年代起，學者們致力於探究有效領導者行為與無效領導者行為之差異，藉由確認領導者可觀察的行為，然後評量領導者的表現。有關領導行為論的研究，主要有下列四個研究：愛荷華州立大學（State University of Iowa）領導行為研究、俄亥俄州立大學（Ohio State University）領導行為研究、密西根大學（University of Michigan）領導行為研究，以及布雷克（Robert R. Blake）和麥坎斯（Anne Adams McCanse）的領導方格（leadership grid），茲說明如下：

壹、愛荷華州立大學領導行為研究

愛荷華州立大學領導行為研究係由勒溫（Kurt Lewin）、李比特（Ronald Lippitt）和懷特（Ralph K. White）進行實驗，並在 1939 年提出研究成果，該研究是以兒童為對象，分成兩個小組，從事戲劇面具製作活動。期間每組分別由權威式（authoritarian）和民主式（democratic）成年人帶領，並由 4 位觀察者進行觀察，後來又加入放任式（laissez-faire）領導者，以瞭解每個小組不同的社會氣氛（Lewin, Lippitt & White, 1939）。這三種領導行為主要內容如下：

一、權威式領導：領導者全權作決定，並不允許成員參與決定；領導者負起權力和責任，明確規定每位成員完成的任務。

二、民主式領導：領導者鼓勵團體參與、團體討論和團體決定，鼓勵成員表達意見和提出想法。

三、放任式領導：領導者給予小組成員完全的自由，不做任何指示，由小組成員自己作決定。

愛荷華州立大學三種領導行為之重要內涵，如表 5-3 所示。

表 5-3
愛荷華州立大學三種領導行為重要內涵

權威式	民主式	放任式
1. 所有政策由領導者決定。	1. 所有政策經由小組討論和決定，領導者給予鼓勵和協助。	1. 小組完全自由或個別決定，領導者沒有參與。
2. 由領導者規定技術和活動步驟，一次一個指令、一個動作，因此未來的步驟有很大的不確定性。	2. 活動的方向在第一次討論獲得，需要技術建議，則由領導者建議兩個或三個方案供選擇。	2. 領導者明確表示有要求時，才提供各種討論素材。他沒有參與其他工作討論。
3. 領導者通常口頭指示每個成員的特定工作任務和工作夥伴。	3. 成員可自由地選擇與任何人一起工作，任務劃分由小組決定。	3. 領導者完全不參與。
4. 領導者對每位成員的讚美和批評都是主觀的，他對團體參與依然保持疏離，但不會公開表現敵意。	4. 領導者是客觀的或實事求是，設法在精神上成為團體成員一分子，但不會做太多工作。	4. 除非對成員有疑問，否則很少評論，不會參與或干擾活動過程。

資料來源：Lewin, K., Lippitt, R., & White, R. K. (1939). Patterns of aggressive behavior in experimentally created "social climates". *Journal of Social Psychology, 10*(2), p. 273.

　　從愛荷華州立大學三種領導行為來看，成員在民主式領導下，要比權威式和放任式領導更能獲得心理滿足；但就整體工作表現而言，民主式和權威式領導可能不太一定，有時候民主式領導比較有效果，有時候權威式領導比較有效果，但放任式領導則比兩者為差。基本上，愛荷華州立大學三種領導行為是有參考價值，但過於簡化領導行為。

貳、俄亥俄州立大學領導行為研究

　　俄亥俄州立大學領導行為研究在 1940 年代進行，是當時領導和組織行為領域最重要的研究之一。該研究旨在確認領導者行為，以及對成員表現和滿意度的影響。從因素分析中歸納出兩大範疇（categories）、四種領導行為，這兩個範疇分別為：倡導（initiating）和關懷（consideration），而四種領導行為則是：高倡導高關懷、高倡導低關懷、低倡導高關懷與低倡導低關懷，如圖 5-1 所示。其中有關倡導和關懷之範疇意涵說明如下（Li, 2018; Robbins & Coulter, 2021）：

一、倡導：領導者確認他／她的角色和團隊成員在實現目標中的角色程度，所表現的行為例如：向團隊成員表明他／她的態度、批評工作不力、維持明確的績效標準、鼓勵使用一致的程序與確保成員工作的相互協調等。

二、關懷：領導者在工作中的人際關係程度，具有相互信任和尊重團隊的想法和感受之特徵。所表現的行為例如：為團體成員提供個人好處、易於理解、抽出時間傾聽成員的意見、支持成員的行動、公平對待所有成員與友善且平易近人等。

　　根據俄亥俄州立大學領導行為研究，倡導取向領導行為的成員有較高的不滿和流動率，而關懷取向領導行為的成員則出現較低的流動率和較高的滿意度，此對於領導者具有參考價值。

　　俄亥俄州立大學領導行為研究，不僅創造兩個最廣為人知的領導行為類別，而且還建立衡量領導行為的工具，其中所開發「領導行為描述問卷」（Leader Behavior Description Questionnaire, LBDQ），用來衡量領導者表現倡導與關懷行為的程度，具有相當大貢獻。

圖 5-1

俄亥俄州立大學領導行為之內涵

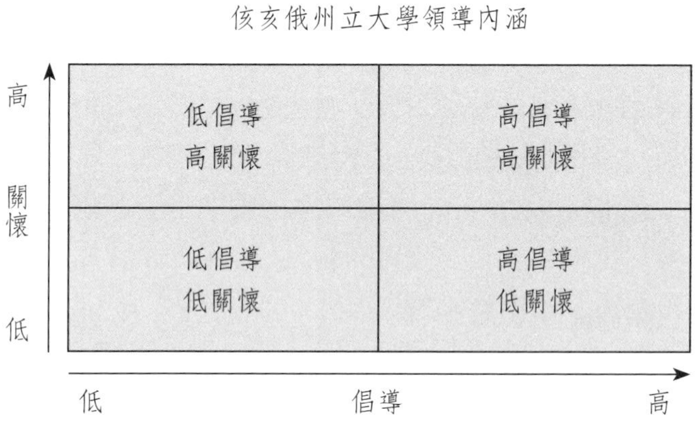

後亥俄州立大學領導內涵

參、密西根大學領導行為研究

密西根大學領導行為研究，是由該校社會研究院（Institute for Social Research）主導，約與俄亥俄州立大學同一個時期，其目的在於確認領導者行為特徵及其與領導效能的相關。研究確認兩大領導面向：員工導向（employee orientation）和生產導向（production orientation）。茲將這兩個面向說明如下（Lunenburg & Ornstein, 2022）：

一、員工導向領導行為：領導者重視人際關係，支持和關懷成員，運用團體決定，鼓勵員工設定和達成高績效目標。

二、生產導向領導行為：領導者強調員工任務，設定較高的工作標準、要求員工遵循工作準則，密切監視員工工作。

密西根大學領導行為研究發現：最有生產力的工作小組，領導者表現是生產導向領導行為，而不是員工導向領導行為（Stoner & Freeman, 1989）。

肆、布雷克和麥坎斯的領導方格

　　布雷克和麥坎斯所提出的領導方格（leadership grid）係源自布雷克和莫頓（Jane S. Mouton）在 1964 年出版的《管理方格：領導卓越的關鍵》（*The Managerial Grid: The Key to Leadership Excellence*）一書，到了 1991 年布雷克和麥坎斯合作出版《領導的困境：方格解決方案》（*Leadership dilemmas–Grid solutions*）一書，將管理方格修正為領導方格。從管理方格和領導方格來看，都將領導風格分為兩大面向：關心生產和關心人員，以關心生產為橫座標，以關心人員為縱座標，再區分為五大領導風格（Blake & McCanse, 1991），如圖 5-2 所示，茲說明如下：

一、1.1 型：無為管理型（impoverished management），領導者對於人員和工作的關心很少。

二、1.9 型：鄉村俱樂部管理型（country club management），領導者關心成員的心理滿足，不重視工作的要求。

三、9.1 型：權威順從型（authority obedience），領導者透過權威和控制要求成員，重視工作績效，而忽略成員心理滿足。

四、5.5 型：組織人管理型（organization man management），領導者對人員關心和工作要求採取折衷作為，兼顧兩者之平衡。

五、9.9 型：團隊管理型（team management），領導者透過團體參與方式，對人員和工作高度關心。

　　在這五種領導風格中，以 1.1 型（無為管理型）績效最差，而 9.9 型（團隊管理型）最佳，有助於發揮高質量的組織績效。

圖 5-2

布雷克和麥坎斯的領導方格之內涵

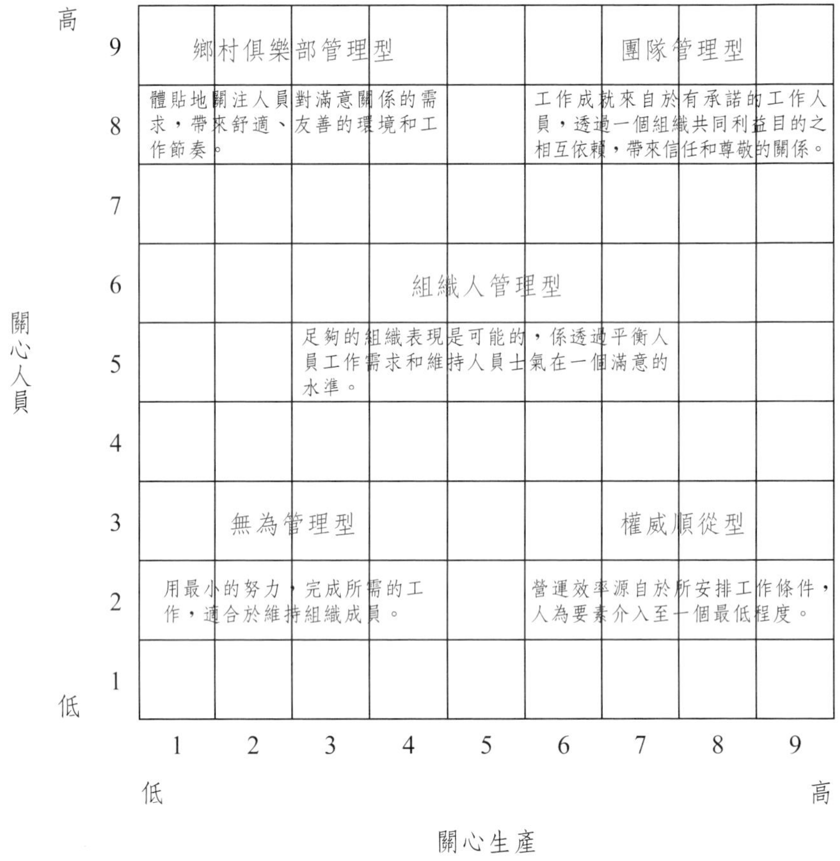

資料來源：Blake, R. R., & McCanse, A. A. (1991). *Leadership dilemmas–Grid solutions.* Gulf. p. 29.

　　根據以上的分析，茲將領導行為論之比較，列示如表 5-4 所示。

表 5-4

領導行為論之比較

類別	領導行為
愛荷華州立大學	一、權威式 二、民主式 三、放任式
俄亥俄州立大學	一、兩大範疇：倡導和關懷 二、四種領導行為：高倡導高關懷、高倡導低關懷、低倡導高關懷、低倡導低關懷
密西根大學	兩大面向 一、員工導向 二、生產導向
布雷克和麥坎斯的領導方格	一、兩大面向：關心生產和關心人員 二、五種領導風格： 　(一) 1.1 型：無為管理型。 　(二) 1.9 型：鄉村俱樂部型。 　(三) 9.1 型：權威順從型。 　(四) 5.5 型：組織人管理型。 　(五) 9.9 型：團隊管理型。

第四節　領導權變論

　　領導是相當複雜的影響力過程，無法透過領導特質論和行為論完全解釋領導的本質及其效果。基本上，領導力與特質、行為具有密切關聯性，但也不能忽略情境的因素，領導的效果可能是領導者特質、行為和情境交互作用的結果。因此，一些學者們致力於領導情境論的研究，他們的基本假設就是適切的領導行為應隨著情境差異而有所不同，亦即確認關鍵的情境因素，以發展適當的領導者行為。茲

以費德勒（Fred Fiedler）「權變理論」（contingency theory）、豪斯（Robert House）「途徑—目標理論」（path-goal theory）、賀賽（Paul Hersey）和布蘭查（Kenneth Blanchard）「情境領導理論」（situational leadership theory）說明之。

壹、費德勒權變理論

權變理論是在 1960 年代由奧地利心理學家費德勒提出，他認為沒有一種最好的領導風格，最適切的領導者風格要視情境的有利狀態而定。該理論主要有下列領導風格和情境因素兩個重點（吳清山，2021a；Fiedler, 2006; Robbins & Couter, 2021）：

一、領導風格

費德勒發展出「最不受歡迎同事量表」（least-preferred co-worker, LPC）用來測量領導者的領導風格，高 LPC 的領導者，稱為「關係取向領導者」（relationship-oriented leader），建立良好人際關係、激勵團隊合作、管理人際衝突；低 LPC 的領導者，稱為「任務導向領導者」，重視明確的工作流程及工作績效，不在乎人際關係和人際衝突管理。

二、情境因素

費德勒認為決定情境的影響力，來自於下列三項因素：

㈠領導者與部屬關係：係指部屬對領導者的忠誠、支持和信賴程度，其評估為好與差。

㈡工作結構：係指工作指示、工作程序和工作目標的明確程度，其評估為高與低。

㈢職權：係指領導者在職位上擁有獎懲權力的程度，其評估為強與弱。

　　每一個情境，都是由這三個權變因素來評估，組合起來就產生八個類型的情境，1-3 類型情境歸類為對領導者高度有利情境，4-6 類型歸類為中度有利情境，7-8 類型歸類為低度有利情境。任務導向領導行為在高度和低度有利情境表現最佳，而關係導向在中度有利情境表現最佳，如圖 5-3 所示。

圖 5-3
費德勒權變領導理論

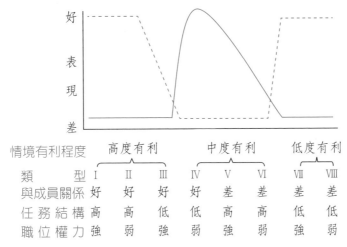

情境有利程度	高度有利			中度有利			低度有利	
類　　　型	Ⅰ	Ⅱ	Ⅲ	Ⅳ	Ⅴ	Ⅵ	Ⅶ	Ⅷ
與成員關係	好	好	好	好	差	差	差	差
任務結構	高	高	低	低	高	高	低	低
職位權力	強	弱	強	弱	強	弱	強	弱

註：實線（——）代表關係導向，虛線（----）代表任務導向
資料來源：Robbins, S. P., & Judge, T. A. (2022). *Organizational behavior*. Pearson.
　　　　　p. 469.

　　費德勒權變領導理論，提出有效領導者應重視情境因素，包括人員、工作和權力，實具有其可取之處，而且也透過實證研究支持（Fiedler, 2006），的確有其價值之處；但一位領導者要隨著情境因素不斷地調整其領導行為，這是不切實際的。此外，這些情境因素並不容易評估，影響到其應用性。

貳、豪斯途徑－目標理論

1971 年，豪斯提出「途徑－目標理論」，該理論源自動機的期望理論，依期望理論指出，個人的期望行為將導致特定的結果，個人價值或滿足來自於結果。如果人們認為工作會帶來高度重視的事情，他們就會對自己的工作感到滿意，並且他們如果相信努力會帶來高價值的東西，就會努力工作（House, 1971; House & Mitchell, 1975）。此種理論原理可用來預測各種領導行為與結果的關係。

因此「途徑－目標理論」所持假設：領導者的目標是幫助成員確定其個人目標，瞭解組織的目標，並找到最能幫助他們實現兩者的途徑，由於個人動機和目標不同，領導者必須調整其領導風格以適應不同情境。其所提出的領導行為和情境因素如下（Hanson, 1991; House & Mitchell, 1975）：

一、領導行為

「途徑－目標理論」將領導行為分為下列四種：

㈠指示型：領導者安排明確工作程序、工作表現標準，給予部屬完成工作的具體指引。

㈡支持型：領導者關心部屬需求，而且友善的創造一個愉悅的環境。

㈢參與型：領導者能諮詢成員的意見，在決定之前能考慮部屬的想法或建議，然後再作成決定。

㈣成就導向型：領導者設定挑戰性目標，期望部屬能達到最高的標準。

二、情境因素

情境因素又分為部屬特徵和環境因素，其內涵如下：

㈠部屬特徵：分為下列三項：

1. 控制感（locus of control）：部屬認為自己能自我控制或受到外在控制的程度。

2. 能力（ability）：部屬個人知覺完成一件指定任務的程度。

3. 權威主義（authoritarianism）：部屬接受指示型或間接型領導風格需求的程度。

㈡環境因素：分為下列三項：

1. 任務（task）：任務複雜性和模糊性的程度。

2. 正式權威體系（formal authority system）：促進或抑制部屬工作行為的程度。

3. 初級工作群體（primary work group）：工作群體規範是清晰和支持性的程度。

　　基於以上的論點，豪斯途徑一目標理論之內涵，如圖 5-4 所示。

圖 5-4

豪斯途徑一目標理論之內涵

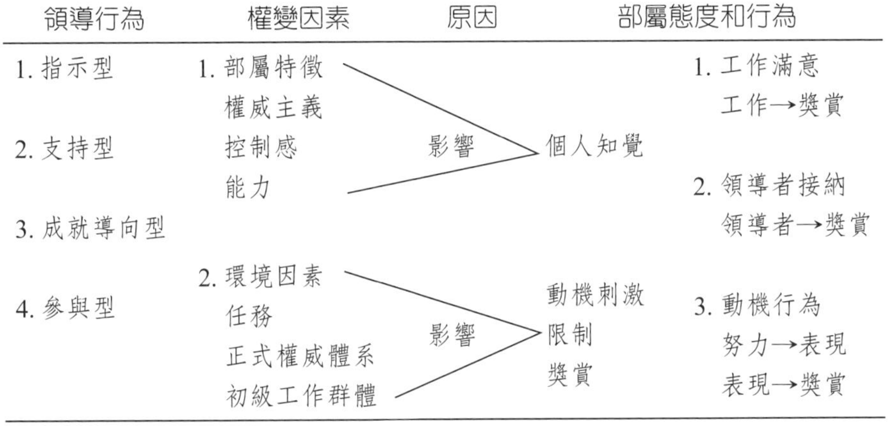

資料來源：House, R. J., & Mitchell, T. R. (1975). *Path-goal theory of leadership*. Technical Report 75-67. University of Washington. p. 9.

從圖 5-4 來看，豪斯途徑—目標理論的自變項是領導行為，而依變項是部屬態度和行為，其中權變因素的部屬特徵和環境因素屬於調節變項，亦即在領導行為與部屬態度和行為之間，權變因素具有調節效果。基本上，途徑—目標理論認為領導者的工作，是透過提供必要的資源，幫助部屬實現目標，確保實現這些目標的路徑是可理解或清晰的，並減少任何可能使實現目標變得困難的障礙，因此強調領導者準確解釋成員需求的重要性，以及靈活應對情境改變的必要性，是具有其價值。雖然途徑—目標理論有其實證支持，但此理論模式稍嫌複雜，實際應用到領導者仍有其限制。

參、賀賽和布蘭查情境領導理論

賀賽和布蘭查情境領導理論源自於 1969 年所提出之領導的生命循環理論（Life Cycle Theory of Leadership），到了 1977 年才定名為情境領導理論。該理論主要內涵包括領導基本行為、準備度（readiness），以及領導行為與準備度配對等（Hersey & Blanchard, 1988）。

一、領導基本行為

領導基本行為分為任務行為和關係行為，前者係指領導者界定成員角色及工作任務的程度，重視領導者的指示和控制；後者係指領導者支持和激勵成員的程度，強調關懷、溝通和鼓勵。

二、準備度

準備度係指成員的能力和意願達成特定工作任務的程度，能力係指達成任務所具備的知識、技能和經驗；意願係指完成特定工作任務所具有的動機、信心和承諾。

三、領導行為與準備度配對

　　從領導基本行為，發展出下列四種領導行為：告知型（telling style）、推銷型（selling style）、參與型（participating style）、授權型（delegating style）。

㈠告知型（S1）：屬於高任務低關係，適合成員屬於無能力和無意願者（R1）。

㈡推銷型（S2）：屬於高任務高關係，適合成員屬於無能力和高意願者（R2）。

㈢參與型（S3）：屬於低任務高關係，適合成員屬於有能力和無意願者（R3）。

㈣授權型（S4）：屬於低任務低關係，適合成員屬於有能力和有意願者（R4）。

　　當成員的準備度改變時，領導行為也必須隨著改變，才能提高其領導效能。情境領導理論之內涵，如圖 5-5 所示。

圖 5-5
情境領導理論之內涵

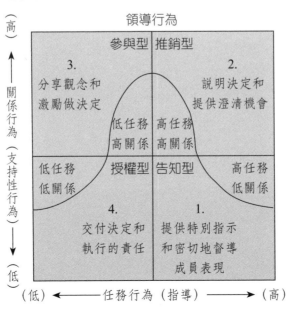

成員準備度

高	適	中	低
R4	R3	R2	R1
有能力和 有意願或 有信心	有能力但 無意願或 不安全的	無能力但 有意願或 有信心	無能力和 無意願或 不安全的

資料來源：Hersey, P., & Blanchard, K. H. (1988). *Management of organizational behavior: Utilizing human resources*. Prentice-Hall. p. 152.

　　情境領導理論喚醒領導行為與成員的關係，的確有其價值，但它不像途徑—目標理論較有廣泛的實證支持，且只重視成員的準備度，忽略了決定領導行為其他重要的情境因素，是有其限制。

　　根據以上分析，領導權變論之比較，如表 5-5 所示。

表 5-5
領導權變論之比較

類型	費德勒 權變理論	豪斯 途徑—目標理論	賀賽和布蘭查 情境領導理論
領導行為	1. 任務導向 2. 關係導向	1. 指示型 2. 支持型 3. 參與型 4. 成就導向型	告知型 推銷型 參與型 授權型
情境變項	1. 領導者與部屬關係 2. 工作結構 3. 職權	1. 部屬特徵（控制感、能力、權威主義）、環境特徵（任務、正式權威體系、初級工作群體）	成員準備度（能力和意願）

第五節 當代領導理論

　　領導理論從特質論、行為論到權變論，奠定領導理論發展的重要基礎，到了 1980 年代以後，各種新興領導理論不斷出現，頗受關注者如：魅力領導（charismatic leadership）、轉型領導（transformational leadership）；2000 年代隨著知識經濟、知識社會和永續發展的興起，知識領導（knowledge leadership）、僕人領導（servant leadership）、永續領導（sustainable leadership）受到很大的重視；而在 2021 年新冠疫情（COVID-19）爆發之後，在在考驗領導者的應變能力，韌性領導（resilient leadership）也更顯重要，茲將這些新興領導理論說明如下：

壹、魅力領導

　　魅力領導最早可追溯到韋伯在 1947 年使用「魅力」一詞，係指領導者具有超自然的、超乎常人的、或至少具有特殊的力量或素質，用來解釋魅力領導者對追隨者的影響（Weber, 1947）；後來韋伯亦認為，魅力型權威不同於官僚型權威，魅力的核心是一種情感訴求，其態度是革命性的，超越一切，它打破傳統或理性的規範（Weber, 1968）。

　　第一位檢驗魅力領導者對追隨者的心理影響，是以豪斯為代表，他建立魅力領導者影響追隨者之理論架構，以解釋魅力領導者的行為，魅力領導者會表現高度的自信、親社會性果斷（支配）和道德信念（House, 1977），擴展了對韋伯魅力領導理念的詮釋。Jeanes（2019）提到魅力領導者，具有鼓舞人心的願景，能夠透過他們的說服力和影響追隨者情緒的能力，激發追隨者認同領導者願景。一些著名的魅力領導者，例如：人權活動倡導者金恩（Martin Luther King,

Jr.)、蘋果創始人賈伯斯（Steve Jobs）和美國總統歐巴馬（Barack Obama）等均屬之。

魅力領導具有其努力的願景，透過溝通技巧，能夠激勵人心，讓追隨者願意接受領導，而非出自恐懼、盲目或盲從追隨領導者。一般而言，魅力領導具有下列三大要素：一、領導者能建構願景及高度期望，而且其楷模行為與期望相一致；二、領導者能展現個人激勵、自信和成功模式，感動他人；三、領導者能支持成員，善體人意，且對成員有信心（Griffin, 2011）。

魅力領導是屬於領導者的品質，它與領導特質論有關，多少具有一些浪漫情懷。領導者的魅力，必須被追隨者感受得到，才能散發領導的魅力，包括善於溝通、同理心、自信、激勵人心、樂觀、熱情、正向、易於親切等特質，這些特質可能與先天稟賦具有密切關係，不一定能夠經由後天訓練出來。

魅力領導的魅力能帶來權力，權力之正用將有利於社會或組織發展；但若濫用或誤用魅力，則可能對社會或組織發展有所傷害。一位魅力領導者具有專業知識，又具有悲天憫人的胸懷，才能帶給社會正面的價值。

貳、轉型領導

轉型領導是繼魅力領導之後，深受重視的領導理論之一。對轉型領導有深入研究，以貝斯（Bernard M. Bass）為代表，他在 1895 年提出轉型領導與交易領導（transactional leadership）兩個概念，前者是以新領導力（魅力、願景）為核心，後者則以角色為中心（Bass, 1985），開啟轉型領導新紀元。

轉型領導係透過願景及個人魅力，運用各種激勵策略，使成員能更努力工作，共同為達成組織或團隊的目標而奮鬥，此有助於激發成員工作成就感及滿足感。

　　因此，轉型領導係領導者與成員建立積極、豐富、情感關係，使成員建立對共同目標的承諾，並爲他們作爲個人和未來領導者的發展做出貢獻（Riggio, Bass & Orr, 2004）。轉型領導主要由下列四要素所組成（Bass, 1985; Riggio et al., 2004）：

一、魅力影響（idealized influence）：領導者具有魅力與願景，能成
　　爲追隨者學習的理想對象，使追隨者願意遵照領導者的指示完成
　　任務。

二、激發動機（inspirational motivation）：領導者運用其魅力，傳遞
　　組織價值與分享願景，讓追隨者充滿希望，激發追隨者高度的向
　　心力。

三、知識啟發（intellectual stimulation）：領導者鼓勵追隨者從事知
　　識的追求，培養追隨者思考力與創造力，讓工作行爲更爲精熟。

四、個別關懷（individualized consideration）：領導者能給予追隨者
　　關懷，與追隨者建立緊密關係，使追隨者因感受重視而更加努
　　力。

　　轉型領導和魅力領導雖都屬於一種魅力，但轉型領導除了魅力之外，他容許追隨者有能力質疑或挑戰自己既定的觀點或領導者觀點。換言之，轉型領導不是神聖不可侵犯，他跟一般人一樣，還是有做錯的可能，但不怕質疑或做錯，會透過其能力和魅力改變自己。轉型領導強調激勵鼓舞和發展成員能力，魅力領導重在個人魅力的影響。

　　轉型領導雖源自交易領導而來，但其組成要素不同，交易領導重在領導者與成員的利益交換，透過獎懲來實現其部屬的最佳工作績效，主要由下列三要素所組成（Yukl & Gardner III, 2020）：

一、後效酬賞（contingent reward）：成員努力完成既定目標後，具
　　有好表現，領導者給予正增強。

二、例外管理（management by exception）：依其性質可分爲主動性
　　（active）與被動性（passive）兩種。主動性是指尋找成員錯誤

並強化規範，避免錯誤再犯；被動性則是指當成員明顯偏離可接受的績效標準時，使用懲罰和糾正措施。

三、放任式（laissez-faire）：領導者對任務和成員採漠不關心的行為。

交易領導強調領導者運用獎賞權和強制權，使組織成員提升工作績效和對組織忠誠度，而轉型領導則藉由專家權和參照權，塑造成員的信念與價值、態度與行為，使其對組織更具使命感，實現組織願景。轉型領導與交易領導未必是相互對立，領導者能夠有效運用交易領導的酬賞，有助激勵成員願意額外付出，更能提高成員的工作滿意度和成就感，努力地實現團體目標。茲將轉型領導和交易領導之比較，歸納如表 5-6 所示。

表 5-6
轉型領導與交易領導的比較

類別	轉型領導	交易領導
核心概念	願景與魅力	利益交換
要素	魅力影響 激發動機 知識啟發 個別關懷	後效酬賞 例外管理 放任式
權力來源	專家權、參照權	獎賞權、強制權

參、知識領導

21 世紀是知識經濟的時代，知識成為經濟和社會發展的重大驅力，成功的企業組織積極投入知識管理，促進組織知識分享、傳播與創新，增加組織資產與強化組織競爭力。

知識管理的展現，有賴於知識領導，才能可大可久。知識領導成

爲當前受到重視的領導理論之一。創新型的知識領導者，將能有效因
應知識經濟時代所帶來的挑戰。因此，發展領導者具有知識領導的素
養，實屬強化領導者效能的要件，有助於提升組織表現及效能。

　　有關知識領導的意涵，吳清山等人（2007）認爲知識領導係指組
織領導者能夠建構一個有助於實施知識管理活動的組織環境、文化與
氣氛，並將知識管理的知識發展加以整合，以利知識學習、分享和創
新的過程與行爲。拉克希曼（C. Lakshman）提到知識領導的兩個命
題，一是領導者比其他領導者瞭解知識管理對高度組織績效的重要
性；二是領導者比其他領導者更能利用科技和人員有效地建立知識網
路和管理知識，以領導組織的高度績效（Lakshman, 2008）。因此，
他特別提出知識領導模式，如圖 5-6 所示。

圖 5-6
知識領導模式

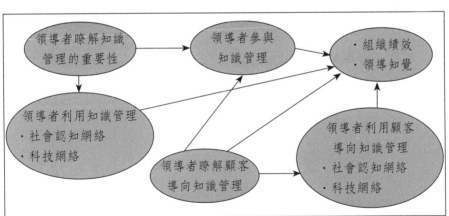

知識領導模式

資料來源：Lakshman, C. (2008). *Knowledge management: Tools for executive
　　　　leaders*. Sage. p. 35.

　　從圖 5-6 資料所示，知識領導模式包括六大要素：1. 領導者瞭解知識管理的重要性；2. 領導者參與知識管理；3. 領導者利用知識管理——社會認知網絡和科技網絡；4. 領導者瞭解顧客導向知識管理；5. 領導者利用顧客導向知識管理——社會認知網絡和科技網絡；6. 組織績效和領導知覺。這六項要素具有關聯性，而其中前五項要素會影響到組織績效及領導知覺。

　　從知識領導模式來看，知識管理是知識領導重要內容，領導者必須先瞭解知識管理的重要性，而且能夠利用人員互動（社會認知網絡）和技術（科技網絡）兩大利器，知識領導才能產生效果。

肆、僕人領導

　　格林里夫（Robert Greenleaf）於 1977 年出版第一本《僕人領導學》（*Servant Leadership*），開啟領導新的領域。顧名思義，僕人領導的核心在於「僕人是領導者」，根據格林里夫的說法，其想法來自於閱讀赫塞（Hermann Hesse）的《東方之旅》（*Die Morgenlandfahrt*）的故事中，故事的主人是里奧，他的身分是僕人，為這些旅人打雜，為這些旅人打氣，撫慰這些旅人，所有旅程在里奧服務下，進行非常順利，直到里奧失蹤為止。沒有里奧，這趟旅程無法繼續前進，後來發現里奧這位僕人，其實是修會的會長、精神導師（胡愈寧、周慧貞譯，2005）。里奧原本就是一位領導者，他願意放下身段，埋名隱姓為他人服務，展現宗教家的精神，多少具有靈性領導和真誠領導的意味，因而僕人領導，又稱為「服務領導」。

　　後來學者們陸續研究僕人領導，史必爾斯（Larry Spears）歸納「僕人領導」之領導者的十個特質，其內容如下：1. 傾聽（listening）；2. 同理心（sympathy）；3. 療癒（healing）；4. 覺察／認知（awareness）；5. 說服（persuasion）；6. 概念化（conceptionalization）（註：僕人領導者尋求培養自己的能力，以實現偉大的夢想。）；

7. 遠見（foresight）；8. 管家的精神（stewardship）；9. 對人的成長有所承諾（commitment to the growth of people）；10. 建立團隊（building community）（Spears, 1998）。這十項特質成為實踐僕人領導很重要的依據。

　　基於以上說明，僕人領導可界定如下：領導者具有其獨特的領導哲學——成員第一，透過服務的行動，與成員建立緊密的關係，並分享權力給成員，促進成員的成長與發展成員能力，讓組織氣氛更和諧、更健康，以提升成員的表現，增進組織效能。

　　透過學者們持續的研究，也發展出僕人領導的模式，如圖 5-7 所示。

圖 5-7
僕人領導的模式

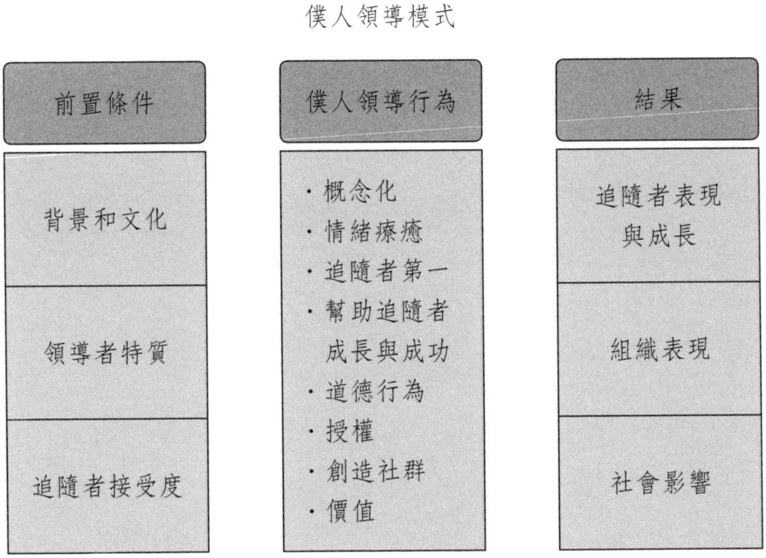

僕人領導模式

前置條件	僕人領導行為	結果
背景和文化 領導者特質 追隨者接受度	・概念化 ・情緒療癒 ・追隨者第一 ・幫助追隨者 　成長與成功 ・道德行為 ・授權 ・創造社群 ・價值	追隨者表現 與成長 組織表現 社會影響

資料來源：Northouse, P. G. (2022). *Leadership: Theory and practice*. Sage. p. 259.

　　從圖 5-7 來看，僕人領導模式包括前置條件、僕人領導行為和結果。前置條件屬於先行條件，包括背景和文化、領導者特質和追隨者接受度，這些會影響到僕人領導行為（概念化、情緒療癒、追隨者第一、幫助追隨者成長與成功、道德行為、授權、創造社群、價值）的效果（追隨者的表現與成長、組織表現和社會影響），此模式有助詮釋其領導行為及其效果。

　　基本上，僕人領導感覺雖帶點宗教意味，但其重視領導者道德價值、營造信任氣氛、成員第一、權力下放等，是有其可取之處。就組織類型而言，僕人領導可能適合於非營利組織或宗教組織，在一般營利性企業，老闆放下身段為成員服務，可能有其限制，但對教育領導者而言，展現服務的精神，的確有參考價值。

伍、永續領導

　　永續領導係由「永續」和「領導」組合而成，以「永續」為體、「領導」為用。因此，先就「永續」加以詮釋，就其字義而言，中文「永續」具有永久繼續、長遠持續或繼續維持等意思，較易理解；而從英文的 sustainability 來看，依《牛津學習者字典》（*Oxford Learner's Dictionaries*, 2022b）解釋為：「以不損害環境的方式使用天然產品和能源」和「維持或持續很長時間的能力」之意思。從中英文的字義而言，「永續」一詞意思相近，都具有可持續發展和維持一段很長時間的意涵。

　　永續發展早在 1986 年聯合國世界環境與發展委員會（World Commission on Environment and Development, WCED）提出《我們共同的未來》（*Our Common Future*）報告，揭櫫永續發展的概念，強調代際公平（正義）的理念及重要性。聯合國更於 2015 年通過 2030 永續發展議程，提出十七項全球邁向永續發展的核心目標，引領各國共同建立「每個國家都實現持久、包容和永續的經濟增長，以及每個

人都有合宜工作」的世界，永續發展愈來愈受到重視。

　　落實永續發展，需要有效的領導，永續領導必須對我們的領導方式採取負責任的態度，思考我們的行動對社會和環境的更廣泛影響。哈格維斯（Andy Hargreaves）和芬克（Dean Fink）提到永續領導的七個原則如下：1. 深度（depth）：永續領導關注學習領導和關懷他人領導；2. 長度（length）：永續領導具有持續性；3. 寬度（breadth）：永續領導從班級、學校到學校系統；4. 正義（justice）：永續領導不傷害和積極改善環境；5. 多樣性（diversity）：永續領導關注學習領導和關懷領導；6. 資源性（resourcefulness）：永續領導不浪費物質和人類資源；7. 保護（conservation）：永續領導向過去最好的事物致敬和學習，以創造更美好的未來（Hargreaves & Fink, 2006），對永續領導要素做了完整的詮釋。

　　永續領導會隨著社會需求和時代變化而有不同的解釋，黃建翔和吳清山（2016）提到永續領導係指以道德目的與永續發展爲領導方針，在過程中強調學校之創新發展與延續傳承，關注成員的行爲需求以及能量的再生與復原力，並建立成員之權責共享、團隊合作，以及深廣學習之氛圍，能有系統地領導學校符應社會環境之變遷，整合內外部資源的運用與維護，以促使學校教育之廣泛發展與持續改善，進而確保教育品質績效與學校永續發展。從此一定義而言，可以簡化教育永續領導的意涵，係指透過領導的影響力，確保教育品質，促進學校與社會的永續發展。

　　面對層出不窮的社會問題，永續領導議題將會日漸受重視，它具有其道德目的和社會責任，如何運用其領導者角色，面對和解決人類所面臨的氣候變遷、社會和教育不平等之問題，採取行動，實屬難以逃避的責任。

分布式領導

　　分布式領導約出現在 2000 年代初期的社會學、認知學、心理學和人類學理論中，後來應用到管理學和行政學，成為頗受重視的領導領域之一。其主要精神在於提供組織成員參與更多的領導活動，強調賦予成員創新的自主權，並使用非強制手段，使成員為共同目標而努力。

　　賴志峰（2008）提到學校分布式領導係指由一組人貢獻其主動開創、專門知識給學校所形成的整體效果，更多人參與領導活動，專門知識是多樣化的，廣泛分布給許多人，每個人不一定是決策者，但是每個人都重要，學校領導者並非專指校長，而是學校中負起實際領導責任的個人或群體。

　　分布式領導應用在學校經營，讓教師具有分享權力的機會，有助教師相互學習。Grenda 和 Hackmann（2014）研究發現採用分布式領導，教師擔任領導者角色，可指導課程設計、專業發展和學校管理，亦能促進整個學校的有效決策。

資料來源：賴志峰（2008）。分佈式領導理論之探究──學校領導者、追隨者和情境的交互作用。**國民教育研究學報，20**，87-113。

Grenda, J. P., & Hackmann, D. J. (2014). Advantages and Challenges of Distributing Leadership in Middle-Level Schools. *NASSP Bulletin, 98*(1), 53-74.

陸、韌性領導

英文 resilient 一詞，常被譯爲復原力，由於它具有抗壓力和適應力，又被稱爲韌性，無論是復原力或韌性，都是個人學習和成長不可或缺的要素。在一個風險時代，領導者面臨各種內外在環境的挑戰，都需要有更強的韌性，才能突破困境、轉弱爲強、化危機爲轉機，因而更凸顯韌性領導在此時代的重要性。

斯托爾茨（Paul G. Stoltz）於 1997 年曾提出四個要素（CORE）來測量人們的韌性，一般稱之爲「逆境商數」（Adversity Quotient, AQ），其四大要素分別如下：1. 控制（control）：相信自己具有控制逆境的能力；2. 歸屬權柄（ownership）：能夠採取實際行動改變逆境；3. 影響層面（reach）：能夠抑制逆境滲透到生活中其他層各面向；4. 毅力（endurance）：自己認爲當前的逆境會持續多久。基本上，一個人相信自己有掌控逆境的能力，並能採取實際行動，而且不會讓逆境影響自己其他生活，也不會讓逆境持續太久，這就是一位有韌性的人（Psychology Today, 2022）。逆境商數或韌性應用在領導者身上，就成爲韌性領導力。

吳清山（2021b）將韌性領導界定如下：係指領導者面對危機或逆境時，能確立處理優先順序，採取適當策略和果斷行動，並引領及激發成員能力，朝向組織目標邁進，以恢復組織活力和適應力，帶給組織更多成功機會，促進組織永續發展。而韌性領導可歸納爲下列六大要素：1. 描繪願景：領導者能夠建構明確願景，作爲組織未來發展圖像，而且願景能與目標和策略相結合，以利願景實踐。2. 自我管理：領導者面對不確定未來時，能夠掌控自己的情緒和行爲，並有效掌控情境，進而做出有利的決策。3. 成長心向：領導者能夠瞭解自我的優劣勢，具有持續不斷地學習的心理傾向，同時也能激發成員學習與成長的動力。4. 正向樂觀：領導者始終保持一種正向樂觀的態度，充滿著希望，即使面對各種挫折，始終相信能夠有效解決。5. 果斷行動：領導者面對危機時，能夠保持冷靜，並思考解決策略和採取果斷

行動，展現毅力，堅持到底，克服一切困難挑戰，不達成功或目標絕不終止。6. 創新適應：領導者面對挑戰時，能夠思考各種創新解決策略，在風險與機會之間取得平衡，讓組織能夠適應各種挑戰，並尋求新的機會。

　　一位具有韌性的領導者，能在困難、不幸或破壞性改變下，維持他們的身心處於平衡狀態，進行有效的調適，承受遭遇的困境，恢復其領導的能力。因此，領導者能發揮韌性領導力，必能化險為夷，讓組織發展更為精進。

補給站

敏捷領導

　　敏捷領導（agile leadership），係指一位領導者具有敏銳覺察力和思考力，能夠因應環境的變化，適時調整其領導作為，發展適切經營策略和行動，善用有效溝通方式，並激勵成員致力於實現組織願景，以促進組織永續發展。

　　敏捷領導主要可歸納如下要素：1. 適應環境變化：領導者能夠體察、關注及掌握時勢變化，有效因應與調整其領導作為和經營策略，讓組織發展更具彈性化。2. 勇於改變創新：領導者面對各種內外在環境挑戰，視為一種機會，勇於面對，並願意從事突破與創新。3. 投入實現願景：領導者具有宏觀視野，形塑組織共享願景，自己積極致力實現願景，同時也引領成員投入實現願景。4. 做出適當決定：領導者能夠蒐集資料，掌握足夠資訊，作為判斷的依據，進而做出適切的決定。5. 良好人際互動：領導者運用有效的溝通方式，並強化人際網絡，以促進成員良好人際互動，彼此能相互合作。6. 持續自我學習：領導者具有謙卑心態，能夠積極追求新知，持續精進，邁向卓越。

資料來源：吳清山（2022）。敏捷領導。**教育研究月刊**，**343**，159-160。

............|第六節|　變革時代的有效教育領導 ....

　　20 世紀 90 年代，世界邁入一個 VUCA 的年代，意指 Volatility（易變性）、Uncertainty（不確定性）、Complexity（複雜性）與 Ambiguity（模糊性）。領導者面臨著如此難以預知的挑戰，的確是相當的考驗。為了保持組織永續發展，他們必須具有適應性、積極主動性，並具有應變力。

　　因應 VUCA 的年代，領導者如何因應呢？哈佛商學院教授喬治（Bill George）提出 VUCA2.0，意即 Vision（願景）、Understanding（溝通瞭解）、Courage（勇氣）與 Adaptability（適應），幫助我們繼續航向未知的前方（李盈穎，2021），的確有其參考價值。

　　值此 VUCA 的變革年代，教育領導者同樣面臨艱鉅的挑戰，承擔任務亦比以往繁重，隨著校園民主化和人口少子化的衝擊，其壓力超越過往。然教育領導者具有培育人才重責大任，不管局勢如何改變，仍應一本初衷，繼續奉獻教育，發揮領導效能，教育才會更好。因此，變革時代如何成為一位有效領導者，茲提供下列做法，以供參考。

壹、調整自我心態，發展創新思維

　　隨著時代的改變，教育領導者不能迷戀於過去舊時代享有強大的權力和崇高的地位。無論地方教育首長或校長，沒有萬年職位，上上下下已成常態，教育領導者不應將職位視為一種權力的享受，而應視為一種服務的工作，為教育而努力。因此，教育領導者千萬不能以過去思維，領導現在的師生，建構未來領導權威，才是正確的想法。是故，教育領導者調整過去舊心態，迎向新未來，致力創新突破思維，應是教育領導者不可或缺的要件。

　　基本上，教育領導者停留在過去領導思維中，不僅增加自己的煩惱和影響自己生涯發展，而且很難以服眾和獲得成員的認同。值此變革時代，教育領導者不能只有守成，更重要的發展創新突破思維，思考教育未來如何更好，才能看到領導者的鬥志與活力，激勵教育新的希望。

貳、形塑共享願景，引導成員努力

　　變革的時代，一切都在變，教育政策與作為，也不能不變，否則將難以符應社會需求與時代脈動，但在變的過程中，仍須有基本的核心價值支撐，才能發揮變革的力量。這種核心價值就成為建構共享願景的基礎。一個組織沒有願景，等於沒有夢想，也沒有方向，教育組織更是如此。因此，在變革時代，教育領導者要成為一位有效的領導者，形塑共享願景，實屬相當重要。

　　教育願景的形塑，當然必須考慮整個組織的內外環境狀況，組織追求的價值及結合領導者的目標和組織目標，透過討論方式形成，成為共享願景，就容易獲得支持與認同，一旦確立共享願景，接著要明示組織任務或使命（mission），並提出策略及行動計畫，才有助於願景的實現。

參、授權成員參與，激發成員能量

　　教育領導者的權力觀，要隨著時代的發展而有所轉變，現在是一個民主開放的社會，權力不可能集中在領導者的身上，應該轉為權力分享觀，讓成員有分享權力和參與決策機會；換言之，領導者權力要釋放或下放，也就是一般所說的授權（empowerment），其價值不僅能夠讓成員有參與感，而且亦可從參與過程中激發成員的潛能，讓組織朝正向發展。因此，授權具有下列的益處：一、成員會覺得他們的

個人工作對組織很重要；二、成員將能更成功地執行好任務；三、成員將可自由選擇何時開始和結束他們被賦予的任務；四、將有助於組織內的重要成果（LaMarco, 2018）。

　　領導的權力分享觀，並非領導者放任不管，完全交由成員決定；而真正的授權需要領導者指導、參與、協助，並與成員建立頻繁、高密度的互動關係，授權才能發揮其效果。

肆、善用激勵溝通，提升成員士氣

　　在變革時代要成為一位有效成功的領導者，具備良好的溝通技巧，是不可或缺的能力，他必須不斷地與團隊成員溝通訊息，分享領導者的期望和計畫，以及相關執行策略，尤其面臨組織不確定狀態或處於危機情境，溝通更顯得其重要性。

　　溝通的目的在於提供，分享訊息，並徵詢成員的意見，領導者不要採用單向溝通，而是要採用雙向或多元溝通，同時也能仔細傾聽成員的想法，讓成員感受到尊重，如此才可收到溝通的加乘效果，且亦有助於激勵成員士氣。此外，對於組織成員和學生有優秀表現時，以口頭、書面或線上溝通等方式給予肯定，亦可感受領導者對他們的重視。

伍、凝聚團體共識，發揮團隊精神

　　組織是由團隊成員所組成，處在變革的時代，領導者千萬不能讓成員處於單打獨鬥或各自為政的狀態，將會導致組織流於渙散，難以形成凝聚力，遇到問題或困境，不但不能相互協助，還會產生幸災樂禍或彼此指責的對立情形，此對於組織傷害極大。一位優秀的領導者，應該利用各種方式凝聚團體共識，將團隊合作融入在組織文化當中，才能打造組織成功的基石。

　　非洲有句諺語：「一個人走得快，一群人走得遠」，意味著團隊的力量大，一個人能力不管多強，總不如團隊的力量。因此，教育領導者要能深入瞭解每位成員的能力和需求，而且不斷提示團隊的重要性，期許成員發揮團隊精神，大家相互合作，建構具有向心力的團隊文化。

陸、具有風險意識，強化治理能力

　　處在風險的時代，教育必然面臨各種風險，倘若教育領導者對風險處理不慎或不當，可能引發教育更多的危機。因此，強化教育領導者風險治理能力，實屬迫切需要。

　　一般而言，風險治理首要條件，就是要有風險意識，亦即提高風險警覺性，才能預防風險的產生，即使產生風險危機，也能有效控管危機的擴大，避免組織陷入危機之中。當然，教育領導者除了本身要具有風險意識外，也需提醒成員及學生要有風險觀念，並提高警覺，人人「多一分風險意識，少一分危機災害」，此亦可減少教育領導者必須付出額外心力和時間處理風險問題。當然，教育領導者具有風險意識和風險治理素養，即使臨時發生難以避免的風險或危機，也能有效加以處理，並將危機損害降至最低程度。

柒、持續終身學習，厚實專業素養

　　當前是一個變革的時代，也是知識經濟和知識社會的時代，終身學習不僅可以吸收新知，而且亦可因應時代變化做好準備。因此，終身學習可說是一種再學習的能力，能夠補足學校教育之不足。

　　教育領導者要培養現在的學生去適應未來的社會，本身就要具備終身學習的理念與行動，建立學生成長心向，落實在自己的生活和工作之中，成為教育人員和學生的典範。一位教育領導者體認時代的變

化，能透過終身學習，厚實自己的專業素養，就容易建立專業權威，其所作所為也較能為親師生所信服，無形中提高領導的形象，自然而然成為一位優質的教育領導者。

補給站

教學領導

教學領導（instructional leadership）是校長支持教學和學習發展的領導。它起源於 1980 年代美國積極倡導有效能學校的運動之後，開始受到重視，至今仍是校長領導很重要的能力。

教學領導包括下列要素：1. 高度重視學習；2. 制定教學目標；3. 對學生寄予厚望，建立和支持學生的學習目標；4. 監控學習者進度；5. 保護教學時間；6. 協調課程；7. 提供教學支持；8. 支持教師學習。

資料來源：Le Fevre, D. (2021). *Instructional leadership and why it matters.* https://theeducationhub.org.nz/instructional-leadership-and-why-it-matters/

補給站

課程領導

課程領導（curriculum leadership）係指校長在課程發展過程中，對於教學方法、課程設計、課程實施和課程評鑑提供支持與引導，以幫助教師有效教學和提升學生學習效果。

課程領導係以行政的力量和資源來支援課程的革新和教學的改進，它可以說是同時包括課程、管理、教師教學、學生學習和學校文

化等層面，主要內涵包括下列六方面：1. 設定課程目標與計畫；2. 管理與發展學校教育方案；3. 視察和輔導教學改進；4. 發展教師專業能力；5. 評量學生學習結果；6. 塑造課程發展文化。

資料來源：吳清山、林天祐（2009）。教育小辭書。五南，170-171。

補給站

學習領導

學習領導（leadership for learning）係指校長能掌握並瞭解學校的情境脈絡、成員與文化，並以提升教師教學與成就學生學習為道德目的，發揮領導人的專業力與影響力，協同合作，共同達成精進教與學的目標。

校長學習領導主要包括五項重要面向：1. 設定學習的共同願景；2. 營造有利學習的環境；3. 發展專業學習社群；4. 共享與分布領導；5. 掌握成果，共擔績效責任。

資料來源：黃旭鈞（2018）。校長學習領導提升教與學成效的理念與策略。教育研究月刊，**292**，37-52。

補給站

領導佳言

"Leadership is practiced not so much in words as in attitude and in actions." – Harold Geneen, CEO

「領導不是透過言語，而是透過態度及行動。」—哈羅德‧傑寧（美國 ITT 執行長）

"The key to successful leadership today is influence, not authority." – Ken Blanchard

「現今成功領導的關鍵是影響力，而不是權威。」—肯‧布蘭查（美國學者）

"Leadership is the capacity to translate vision into reality." – Warren Bennis, scholar and author

「領導就是將願景轉化為實體的能力。」—沃倫‧班尼斯（美國學者）

"A leader is great, not because of his or her power, but because of his or her ability to empower others." – John C. Maxwell

「領導者之所以偉大，不是因為他或她的權力，而是因為他或她有能力賦予他人權力。」—約翰‧邁斯威爾（美國作家）

本章摘要

一、領導係指一個人在特定的團體情境中，運用其影響力，引導、激勵和協調成員合力從事各種活動和任務，以達成組織目標的過程。

二、領導功能計有下列七大功能：指導引領、設定目標、激勵成員、溝通協調、動員資源、監督控制、決定政策。

三、領導的權力基礎計有下列五項：法職權、獎賞權、強制權、專家權、參照權。

四、領導特質論旨在確認領導者個人特徵的研究，為何一個人會成為領導者？是有哪些與他人不一樣的特質（traits）？以探析領導的本質，以史托迪爾（Ralph M. Stogdill）為代表。

五、領導行為論，主要從事於關心「人」或關心「任務」的研究，主要

以下列四個為代表：愛荷華州立大學（State University of Iowa）領導行為研究、俄亥俄州立大學（Ohio State University）領導行為研究、密西根大學（University of Michigan）領導行為研究，以及布雷克（Robert R. Blake）和麥坎斯（Anne Adams McCanse）的領導方格（leadership grid）等。

六、領導權變論的研究，基本假設就是適切的領導行為應隨著情境差異而有所不同，亦即確認關鍵的情境因素，以發展適當的領導者行為。以費德勒（Fred Fiedler）「權變理論」（contingency theory）、豪斯（Robert House）「途徑─目標理論」（path-goal theory）、賀賽（Paul Hersey）和布蘭查（Kenneth Blanchard）「情境領導理論」（situational leadership theory）等代表。

七、1980 年代以後，各種領導理論不斷出現，頗受關注者如：魅力領導（charismatic leadership）、轉型領導（transformational leadership）。2000 年代隨著知識經濟、知識社會和永續發展的興起，知識領導（knowledge leadership）、僕人領導（servant leadership）、永續領導（sustainable leadership）受到很大的重視；而在 2021 年新冠疫情（COVID-19）爆發之後，韌性領導（resilient leadership）也更顯重要，成為當代領導關注的課題。

八、值此 VUCA 的變革年代，教育領導者面臨艱鉅的挑戰，要如何成為一位有效領導者，下列做法可供參考：1. 調整自我心態，發展創新思維；2. 形塑共享願景，引導成員努力；3. 授權成員參與，激發成員能量；4. 善用激勵溝通，提升成員士氣；5. 凝聚團體共識，發揮團隊精神；6. 具有風險意識，強化治理能力；7. 持續終身學習，厚實專業素養。

評量題目

一、請說明領導的功能及其權力基礎。

二、請比較領導行為論中愛荷華州立大學（State University of Iowa）領導

行為研究和俄亥俄州立大學（Ohio State University）領導行為研究之異同。

三、請說明賀賽（Paul Hersey）和布蘭查（Kenneth Blanchard）「情境領導理論」（situational leadership theory）的內涵及其在教育領導的應用。

四、請比較轉型領導與交易領導的異同。

五、請說明韌性領導的意義及其時代的價值。

六、請分析變革時代的特徵，並提出在變革時代，身為一位教育領導者應有的作為。

案例研討

鐵面無私的教育首長

剛猛是一位很有教育理念、專業和行事果斷的教育人員，接任地方教育首長時，就展現出鐵面無私、嚴厲作風的領導風格，同仁們都上緊發條，壓力甚大。

「這麼簡單的事，半天之內就可完成，怎麼可以拖到二、三天才完成呢？太沒效率！」

「到底是什麼回事？您到底用心不用心，有沒有把心思放在工作上，我問您○所學校工程延宕這麼久了，您擔任股長，怎麼也說不出所以然來。」

「記得做事要有效率，拖拖拉拉，即使做得再好，延誤時間，大家也不會對您說好話，瞭解嗎？」

同仁對首長的作風，做事都不敢馬虎，當然這位剛猛首長戮力從公、負責盡職、剛正不阿和清廉正直，即使地方民意代表對他有所微言，也不敢怎麼樣。

可惜教育首長為政務官，一旦與地方首長理念不同，就很難施展抱負，不是離職，就是改任其他職務。剛猛雖然猛，但無法抵擋現實的壓

力，因為與上司之教育政策看法歧異，只好離開教育首長的職位了。

問題討論

一、鐵面無私的教育首長，對於組織發展可能有哪些效益？

二、教育首長講究效率，會不會讓同仁每天處於心驚膽跳呢？

三、您認為一位嚴厲的教育首長，會不會影響到教育創新呢？

四、您看了這個個案，對您有哪些啟示呢？

第六章

教育行政激勵

本章研讀之後，您將能：

一、瞭解激勵的基本概念。

二、理解激勵的內容理論和過程理論的重要內涵。

三、知悉激勵組織成員士氣的策略。

學習目標

　　組織是由一群人所組成，運用有效的激勵（motivation）策略，提高人員工作士氣，以增進組織效率與效能，係屬組織發展重要課題。教育人員負起育人之責，其服務對象包括親師生，爲能達成教育任務，激勵成爲教育行政運作過程中重要的一環。

　　有關激勵理論的探討，主要分爲二大範疇：一是內容理論（content theory）：分析哪些需求會產生激勵；二是過程理論（process theory）：解釋激勵產生的過程。本章將分別就激勵的基本概念、激勵的內容理論和過程理論之內涵，以及激勵組織成員士氣的策略說明之。

第一節　　激勵的基本概念

　　激勵一詞，在組織或個人相當常見，每個人都需要激勵，才會加速向前的動力，因而組織相當關注人員的激勵。茲就激勵的意義和功能說明如下：

壹、激勵的意義

　　激勵，就其英文 motivation 而言，係源自拉丁文的 movere，就是移動或驅動（move）的意思。《劍橋字典》（*Cambridge Dictionary*, 2022e）將其解釋有下列兩種意義：一是做某事的需要或理由；一是做某事的熱情。因此，激勵可說是個人的需求、願望、想要或驅力。後來激勵一詞引用在學術上，豐富了激勵的意涵，學者們對於激勵在組織的運用，有更爲深入的詮釋。

　　蒙大拿（Patrick J. Montana）和查諾夫（Bruce H. Charnov）將激勵解釋爲刺激個體採取行動以達成目標的過程（Montana & Charnov, 1993）。

　　奧姆羅德（Jeanne Ellis Ormrod）將激勵視為一種內部狀態，它激發我們採取行動，將我們推向特定方向，並讓我們參與某些活動（Ormrod, 2008）。

　　羅賓斯（Stephen P. Robbins）和庫爾特（Mary Coulter）將激勵定義為一個人的努力被激發、引導、持續以實現目標的過程（Robbins & Coulter, 2021）。

　　基於以上說明，茲將激勵界定如下：

　　組織或領導者能考量成員需求，引導和激發成員採取行動，並朝特定方向持續努力，以實現預期目標的過程。

　　從上述定義中得知，激勵涉及到需求、行動、努力、目標和過程等重要內涵。茲說明如下：

一、激勵源自需求：激勵可能來自於個體的內在或外在需求，可能是有形的物質需求，例如：加薪、升遷；亦可能是無形的精神需求，例如：讚美或肯定。

二、激勵引導成員努力：激勵能引導人員採取行動，並朝向某個方向持續努力。例如：一位教師受到激勵，願意付出額外時間和心力，給予弱勢學生實施補救教學，以提升這些學生的基本學力。

三、激勵促進人員達成目標：激勵是一種方法或手段，最主要目標在於激發人員致力達成組織所預定的目標。

四、激勵本身是一種過程：激勵不是只有完成結果而已，它是持續不斷的過程，就組織而言，即使達成目標，激勵還是不會停止。

貳、激勵的功能

　　激勵是改變人員思維、價值和行為的重要途徑，人是有血有肉的情感動物，透過有效的激勵，不僅能使人樂在工作，更有助於激發個人潛力。蘇德斯（Beata Souders）提到激勵反映了我們每個人的獨特之處，使我們能夠獲得有價值的成果，例如：提高績效、增強幸福

感、個人成長或目標感（Souders, 2019）。茲將激勵的功能說明如下：

一、促進人員工作動力

　　組織成員受到激勵，就會產生鼓舞的力量，亦即成員能感受到自己的努力獲得肯定，自然而然形成一股努力的動力。因此，成員受到激勵，不容易產生消極被動的心態，對自己的工作會更加主動積極，產生一種自動自發精神，時時做好分內的事，不需別人催促，這就是一種激勵的效用。

二、激發人員工作滿足

　　激勵就心理上而言，它是屬於一種正增強，一旦組織成員獲得激勵的正增強，就會產生一種愉悅的感覺，有助於強化其工作滿足感、成就感和幸福感。因此，主管無論採用物質或精神的激勵，都會帶給部屬正向的工作價值，它會產生一種內在與外在的心理滿足，此乃彰顯激勵的效果。

三、提升人員工作效率

　　激勵本身是一種支持、認同與肯定，組織成員獲得主管的激勵，感受到被重視，就會產生一種責任感，盡力把工作做好，不會延誤工作，以爭取時效。當然，主管除認可部屬表現之外，多聽聽部屬意見給予回饋，以及能體諒、關懷和信任部屬，也會產生激勵作用，亦有助於提升部屬工作效率。

四、引導人員邁向目標

　　每個組織都有其目標，而目標的實現則有賴於組織成員，倘若組織成員具有高昂士氣，則組織目標很容易達成；反之，則否。一位主管能有效運用激勵的策略，激發成員工作士氣和能力，並形塑一種正向的組織氛圍，則組織成員就會為組織目標而努力。因此，激勵對人

員邁向目標，是有其引導的作用。

五、降低人員頻繁異動

就組織發展而言，人員異動過度頻繁，容易造成青黃不接，影響到組織效能。人員異動頻繁的原因當然很多，有些屬於個人因素、有些屬於領導者因素、有些屬於組織環境因素，包括組織的硬體環境和軟體的組織文化及氣氛，倘若主管能有效運用激勵的作為，成員會比較珍惜自己的工作環境，可轉化成員打消離職的念頭。

第二節　激勵的內容理論

激勵內容理論關注於什麼因素激發人類的行為，在 1950 年代有一批學者積極致力探究激勵的因素，其中較具代表性，包括馬斯洛（Abraham Harold Maslow）的需求層次理論（need hierarchy theory）、阿德佛（Clayton P. Alderfer）的存在關係成長理論（existence relatedness growth theory）、赫茲伯格（Frederick Herzberg）的激勵—保健理論（motivation-hygiene theory）、麥克里蘭（David C. McClelland）的習得需求理論（learned need theory），茲說明如下：

壹、需求層次理論

馬斯洛於 1943 年《心理學評論》（*Psychological Review*）的論文〈人類動機的理論〉（A Theory of Human Motivation）中提到人類的五大需求，包括生理需求、安全需求、愛的需求、尊重需求和自我實現需求（Maslow, 1943），這些人類的需求具有層次性，基本的需求滿足才會發展另一高層次的需求，亦即生理需求滿足後，才會依序

發展安全需求、愛的需求、尊重需求和自我實現需求。

　　馬斯洛認為人們在達到或維持這些基本需求滿足之後，才會受到激勵，任何阻礙這些基本人類需求，或影響到其生存條件，都被認為是心理威脅，會引起人們的應變反應（Maslow, 1958）。茲將這五大基本需求說明如下：

一、生理需求：包括一個人食物、飢渴、住所和其他的身體需求。

二、安全需求：包括保護、避免危險、威脅和剝奪的身體和情緒的需求。

三、愛的需求：包括情感、歸屬、友誼和接納的需求。

四、尊重需求：包括自尊、成就、受到賞識與認可的需求。

五、自我實現需求：包括自我發展與成長、自我潛能的發揮、成就自己的需求。

　　馬斯洛的需求層次理論，一般都採用金字塔結構呈現，更易掌握其內容精髓，如圖 6-1 所示。

圖 6-1
馬斯洛的需求層次理論

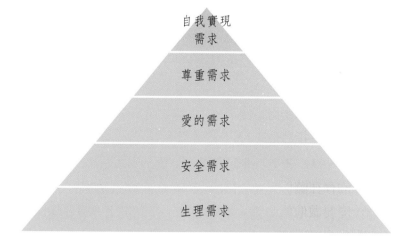

　　馬斯洛的需求層次理論，可謂層次分明，簡潔扼要，容易理解，長期以來也受到組織學者和管理學者的重視，激起組織對成員需求的關注，是有其價值性。然而人類的需求是否必然具有層次性？一定要低層次需求滿足之後，才會誘發高層次需求嗎？倒是有所爭論，例如：顏回「一簞食，一瓢飲，在陋巷。人不堪其憂，回也不改其樂」，雖然生理和安全需求都無法滿足，卻能成為孔子最得意的門生；又如：司馬遷遭受不公正和羞辱之後，仍以堅強的態度面對生活，在困苦的環境中完成《史記》，顯然並未滿足安全與愛的需求，卻能達到自我實現。因此，需求層次理論應用在激勵，仍有其侷限性。

貳、存在關係成長理論

　　阿德佛的存在關係成長理論，可說是馬斯洛需求層次理論的延伸，他認為人類有生存（existence）、關係（relatedness）、成長（growth）等三種核心需求，這三種需求的名稱，各取其英文字首組成，故又稱為 ERG 理論。茲將這三種需求說明如下（Alderfer, 1969, 1989）：
一、生存需求：屬於人類的基本生存需求，包括食物和水、住所、身體健康和安全感，亦即廣義人類基本的生理和安全需求。
二、關係需求：係指我們與他人建立聯繫和互動的需求，這種需求不如基本生存需求那麼強烈。
三、成長需求：係指我們對個人發展、創造力和進行有意義的工作之需求。
　　阿德佛的存在關係成長理論旨在找出個人行為背後的動機因素，一個人為什麼要做他們所做的事情？他認為人類需求被滿足的程度愈低時，個體對該需求的追求就愈強烈。當較低層次的需求得到滿足後，對較高層次的需求會加強。然而當較高層次需求受到挫折時，個

體則轉而對低層次需求滿足的追求將愈強烈，不認爲低層次需求滿足是高層次需求出現的先決條件，個體同時存在不只一種需求，因此他與馬斯洛需求層次理論看法是有所不同。

　　從馬斯洛需求層次理論與阿德佛的存在關係成長理論相較而言，前者的五種需求要比後者三種需求更爲完整，但阿德佛的關係成長理論認爲三種需求並無先後層次之必然關係，一個人可同時滿足多個層次需求。因此，主管如只專注於一種需求，將無法有效地激勵員工；就教育行政組織或學校組織而言，各種行政或管理措施，亦不必專注成員某個特定需求，如能滿足成員各種不同需求，則將會產生更大的激勵效果。

參、激勵—保健理論

　　在 1950 年代後期，赫茲伯格進行研究，面談一群員工，以找出讓他們對工作感到滿意和不滿意的原因。他問了員工兩個基本問題：想想您對自己的工作感覺特別好的時候，您爲什麼會有這種感覺？想想您對自己的工作感覺特別糟糕的時候，您爲什麼會有這種感覺？根據此一研究結果，赫茲伯格就建立了激勵—保健理論，又稱雙因素理論（dual-factor theory）。他認爲在工作場所存在兩種不同的相互排斥的因素，有些因素導致工作滿意，有些因素可防止不滿意，他認爲「滿意」的反義詞是「不滿意」，「不滿意」的反義詞是「沒有不滿意」。其中內在因素會關係到工作滿意，屬於激勵因素；而外在因素會關係到工作不滿意，屬於保健因素（EPM, 2018; Herzberg, 1966; Herzberg et al., 1959; Mind Tools, n.d.; Nickerson, 2021）。茲將激勵因素和保健因素說明如下：

一、激勵因素

㈠成就（achievement）：工作能讓成員有成就感，提供成員做一些

困難但值得的事情，會產生一種自豪的感覺。

㈡認可（recognition）：成員的表現能夠獲得主管的表揚和認可，工作同仁也能認可他們的表現。

㈢工作本身（work itself）：工作本身必須有趣、多樣，並具有挑戰性。

㈣責任（responsibility）：成員能為自己的工作負責，而不是覺得自己處處受到管控。

㈤升遷（advancement）：成員依其能力和工作表現具有升遷的機會。

㈥成長（growth）：成員透過在職進修，具有學習新知識和技能的機會。

二、保健因素

㈠公司政策（company policies）：公司對待每一位員工都應該是公平、合理的和明確的。

㈡督導（supervision）：監督成員必須是公平和適當，且給予成員合理的自主權。

㈢關係（relationships）：上級、同事和下級之間，維持一個健康、友善和適當的關係。

㈣工作條件（work conditions）：指公司設備和工作環境安全，且合用與衛生。

㈤薪酬（salary）：薪酬結構公平合理，與其他同業具有競爭性。

㈥地位（status）：公司應維護成員應有的地位，透過執行有意義的工作，提供一種地位感。

㈦安全性（security）：成員感到自己的工作是安全的，不會面臨被解僱的威脅。

　　從上述說明中，可將激勵─保健理論歸納如表 4-1 所示。

表 4-1

激勵—保健理論

激勵	保健
・成就	・公司政策
・認可	・督導
・工作本身	・關係
・責任	・工作條件
・升遷	・薪酬
・成長	・地位
	・安全性

　　就馬斯洛的需求層次理論與赫茲伯格的激勵—保健理論相較，馬斯洛的需求層次理論所提出的生理與安全需求，屬於較低層次需求，赫茲伯格將其歸類為保健因素；而自我實現需求、尊重需求與愛的需求，屬於較高層次需求，赫茲伯格將其歸類為激勵因素，這種分類方式，有人批評認為過於簡化，無法詮釋激勵的完整架構。然而該理論對組織及領導仍有其影響力，有助主管對激勵的瞭解及其在職場的重要性，一則主管應設法滿足部屬保健的需求，可以防止不滿意的現象，一則強化部屬激勵的因素，能提高部屬工作滿意度及工作表現。另外，亦可應用該理論，重新設計組織工作，特別是工作充實制（job enrichment）（Robbins & Coulter, 2021），增加部屬的責任、工作挑戰性和成就感，以激勵部屬的高水準表現。

肆、習得需求理論（learned need theory）

　　麥克里蘭在 1961 年出版《成就社會》（*The Achieving Society*）一書，確認人類有三個動機：成就需求（need for achievement）、權力需求（need for power）和歸屬需求（need for affiliation），又成為三需求理論（Three-Needs theory）。這些需求築基於人們的

生活經驗，源自對外在環境刺激的反應，它會讓人們表現不同的特徵（Kurt, 2021; McClelland, 1961）。後來麥克里蘭在 1987 年出版《人類動機》（*Human Motivation*）一書，又增加一個逃避動機（avoidance motives），亦即避免令人痛苦和不良結果的動機（McClelland,1987）。然就教育組織或教育行政探究激勵理論，大都採用三需求理論，茲說明如下：

一、成就需求：這是一種透過內在激勵完成任務，對個人追求卓越或成就的需求，會自我設定和完成具有挑戰性的目標，喜歡獨自和冒險工作，以及喜歡得到進步和成就的回饋。具有成就需求的人，會表現積極、冒險和負責的行為特徵。

二、權力需求：這是一種想要控制和影響他人的需求，一個人透過激勵去獲得影響和控制他人的職位。具有權力需求的人，會表現喜歡競爭、享有地位和認可，且講求實用的行為特徵。

三、歸屬需求：這是一種與他人建立關係的需求，尋求情感上的依戀並避免被拒絕的痛苦。具有歸屬需求的人，會喜歡群體生活，樂於合作與溝通、喜歡接納與友誼的行為特徵。

麥克里蘭所提出的成就需求、權力需求和歸屬需求理論，可提供領導者瞭解自己需求和成員的需求，透過不同需求激勵成員的工作表現。例如：傾向成就需求之成員，多鼓勵冒險、給予挑戰性工作，以及積極性回饋，則有助於其工作表現；而傾向權力需求者，則給予競爭機會和認可肯定，即可激勵成員工作表現；至於傾向歸屬需求者，則提供接觸群體生活、建立合作的環境，將會有更佳的表現。值得一提的是，麥克里蘭所提出的權力需求，在其他激勵內容理論較為少見，是有其獨到之處，擴大了激勵內容理論內涵。然而就領導上要實際評估成員三種不同需求程度，則是相當不易，而且領導者的某種行為可能旨在滿足許多不同的需求，而許多不同的領導行為可能旨在滿足一種特定的需求。因此，其理論的應用仍有其侷限性。

茲將上述四種激勵內容理論，歸納如表 4-2 所示。

表 4-2
四種激勵內容理論之內涵

作者	理論名稱	理論內涵
馬斯洛	需求層次理論	・自我實現需求 ・尊重需求 ・愛的需求 ・安全需求 ・生理需求
阿德佛	存在關係成長理論	・生存需求 ・關係需求 ・成長需求
赫茲伯格	激勵—保健理論	・激勵因素：成就、認可、工作本身、責任、升遷、成長 ・保健因素：公司政策、督導、關係、工作條件、薪酬、地位、安全性
麥克里蘭	習得需求理論	・成就需求 ・權力需求 ・歸屬需求

第三節　激勵的過程理論

　　激勵過程理論關注激勵如何產生，亦即解釋激勵的發生過程。有關激勵過程理論，其中較具代表性，包括史金納（B. F. Skinner）增強理論（reinforcement theory）、佛洛姆（Victor Vroom）的期望理論（expectancy theory）、亞當斯（J. Stacy Adams）的公平理論（equity theory）、洛克（Edwin Locke）的目標—設定理論（goal-setting theory）、班杜拉（Albert Bandura）的自我效能理論（self-efficacy theory），茲說明如下：

壹、增強理論

增強理論係由史金納和他的同事所提出，建立在「效果法則」（law of effect）概念基礎上，又視為刺激—反應理論，認為人的行為是刺激與反應的結合，會受到後果所驅動；亦即積極（正向）的行為應該得到積極（正向）的獎勵，而消極（負向）的行為不應該得到獎勵，應該受到懲罰。這種刺激與反應連結，可以解釋人的行為與學習，會受到增強所激勵。

增強理論提供四種可用於改變成員行為的介入措施，茲說明如下（Harappa, 2022; ManagementStudyHQ, 2022）：

一、正增強（positive reinforcement）：主要用於增加期望的行為，透過積極的獎勵來強化積極的行為，例如：主管給予成員肯定與讚美，就是屬於一種正增強。

二、負增強（negative reinforcement）：透過移除個體痛苦或不愉快的事物或刺激，以消除負面後果，增加期望的行為。例如：在日常生活中，倘若我們知道會下雨，出門就會帶雨具，才會避免不愉快的淋雨經驗。又如：成員會議前資料準備欠妥曾被責備的不愉快經驗，爾後為避免自己被罵的機會，事先做好會議前各種準備工作，以排除被罵的可能。因此，負增強就是避免負面後果，用來增強期望的行為。

三、消弱（extinction）：主要用於減少不良行為，涉及不提供任何增強的方式，讓成員停止做不必要或不受歡迎的行為。例如：主管對於成員表現平平，不給予任何讚賞，即可削弱其行為。

四、懲罰（punishment）：施予個體痛苦或不愉快，以減少或停止個體不良行為，倘若發生不良行為，就會得到負面的後果。例如：成員工作表現欠佳，受到處分。懲罰與負增強不同，前者是給予個體痛苦經驗，後者則是排除個體痛苦的經驗。

基本上，增強理論較關注於外顯行為，未能涉及到個體的內心狀

態，嚴格來說，不完全屬於激勵理論，但增強理論提供強化成員行為表現，是有其價值，這也是將其列入過程理論的原因。增強理論應用在教育行政上要發揮效果，領導者必須告訴成員做錯了什麼，也必須告訴成員如何才能獲得積極的增強；然而，增強理論並未明確告知哪些類型行為該獎勵，亦有其應用上的困難。

貳、期望理論

　　佛洛姆於 1964 年在其《工作與動機》（*Work and Motivation*）一書中提出期望理論，他關注的是結果，而不是激勵內容理論所關注的是需求。

　　期望理論所持論點，認為個體的行為反應來自於個人的意識選擇，而此種選擇係依據對不同行為策略予以比較評價的結果。因此，期望理論有下列四種基本假設：一、人們加入組織時，他們的需求、動機和過去經驗對組織有期望，會影響個人對組織的反應；二、個人的行為是意識選擇的結果；三、人們想要從組織獲取不同東西（例如：薪資、工作安全、挑戰）；四、人們將在各種方案中進行選擇，以使他們個人獲得最優化結果（Lunenburg & Ornstein, 2022）。因此，佛洛姆解釋激勵是由下列三大要素所組合：

一、效價（valence）：個人想要多少酬賞，亦即酬賞對於個體的吸引力，會因人而異。例如：一位成員極力想要升遷，則升遷具有高效價。因此，效價為促使個體達成目標的動力。

二、期望值（expectancy）：個人估計努力獲得成功表現的機率，亦即個體努力完成工作任務或工作績效的信念，其期望值可能為 0-1，倘若個體認為再怎麼努力也沒有成功的機會，期望值就是 0；反之，認為只要努力就有百分之百的成功機會，就是 1。

三、工具性（instrumentality）：個人估計表現將得到的酬賞，亦即工作表現可帶來的酬賞結果的機率，其機率可能為 0-1；倘若個

體估算有好表現，不可能加薪和升遷，工具性就是 0；反之估算只要有好表現，就有百分之百的加薪和升遷，就是 1。

因此，期望理論乃是個人努力→個人成就（績效）→組織獎勵（報酬），滿足個人需求的過程，這種需求與結果之間的關係，可用下列公式表示之：

$$激勵力 = 效價 \times 期望值 \times 工具性$$

由此可知，期望理論所提出的激勵，會因每個人想要酬賞、期望成功概率和估計得到酬賞而有所差異，它建立在下列三個關係：一、努力—績效關係：個人努力在績效評估中得到成功的可能性有多大？二、績效—獎勵關係：個人認為獲得良好績效評估會帶來組織獎勵的程度。三、獎勵與個人目標的關係：潛在獎勵對個人的吸引力。

期望理論應用在教育行政上，可幫助領導者瞭解成員受到激勵的內在心理歷程，因為成員的信念、知覺和估計的概率都會影響到成員的行為。因此，領導者應營造一個激勵的氛圍，讓成員感覺有成功的希望，而且也能獲得物質或精神的獎賞，以激發成員表現適當的行為。然而領導者要利用期望理論去激勵成員，則必須花費更多的時間和心力，可能導致領導者有力不從心之感，的確亦有其應用的限制。

參、公平理論

公平理論係由亞當斯所提出，認為員工尋求在他們為工作帶來的投入和他們從工作中獲得的結果，與其他人的感受投入和結果之間相較之下能保持公平，亦即當成員覺得其工作「結果」與工作「投入」的比率，和另一個參照對象的結果與投入者相較下相稱時，就會覺得公平；反之相較之下，發現有差距，就覺得不公平（Admas, 1965）。

公平理論所持論點，一位成員是否積極努力，視其所感受的分配

上的公平程度而定，這種感受的公平程度，可能與自己過去的投入（如：時間、心血）與報酬（如：收入、獎勵）相比，也可能與他人的投入和報酬相比。其公式如下，其結果有三種情形：

$$A: \frac{自己結果}{自己投入} = \frac{他人結果}{他人投入}$$

$$B: \frac{自己結果}{自己投入} < \frac{他人結果}{他人投入}$$

$$C: \frac{自己結果}{自己投入} > \frac{他人結果}{他人投入}$$

　　第一種情形（A）覺得公平，而第二種情形（B），會有不公平的感受，可能導致工作積極性下降，至於第三種情形（C），不會產生不公平的感受，但也不一定會覺得自己多拿了報酬，願意積極多做一些工作。因此，員工獲得報酬後，他會關心自己的投入與報酬公平的合理性。

　　就組織而言，個人覺得公平合理，就會產生激勵的力量，工作更加努力，更有良好的工作表現。倘若員工一旦感受到與他人相較有不公平情形時，可能採取下列六項做法：一、要求增加結果，例如：加薪。二、設法減少投入，例如：減少工作時間或工作較不賣力。三、選擇不同的參考對象，以縮小公平的感覺。四、設法改變參考對象的投入與結果，例如：要求主管增加參考對象的工作量或減少參考人的報酬。五、認知扭曲的輸入或結果，修正其中一種不相容或不能共存的看法，以減少緊張。六、離開現職（Lunenburg & Ornstein, 2022; MSG, 2022）。

　　俗語說：「不平則鳴」，一個人受到不公平的待遇，不僅影響其心情，而且也會影響到工作士氣和工作表現。個人感受到公平，才會獲得心理的滿足，進而產生激勵的作用，因此，公平理論對於教育行

政的實務應用，具有其參考價值。身爲領導者，一方面要去瞭解成員的心理感受，一方面也要避免讓成員有受到不公平待遇的感覺，由此可知，領導者應該建立一個公平對待的環境和制度，才有利於成員的心理滿足，以及達成教育組織目標。當然，領導者要能有效評估每位成員投入與結果感受的公平性，實屬不易，亦爲相當大的挑戰。

肆、目標─設定理論

　　洛克於 1968 年提出目標─設定理論，認爲設定「具體和可衡量」的目標比設定「不明確」的目標更有效。洛克曾提出下列三項研究發現：一、艱難目標比簡單目標產生更高水準的表現（產出）。二、具體的艱難目標比「盡力而爲」的目標產生更高水準的產出；三、行爲意圖調節選擇行爲，目標和意圖視爲激勵對工作表現影響的中介（Locke, 1968）。因此，激勵都必須考慮到個人的有意識的目標和意圖。

　　目標─設定理論，可視爲一種激勵的工具，包括下列四個要素：一、目標接納性；二、目標具體性；三、目標挑戰性；四、表現檢視與回饋（Newstrom & Davis, 2002）。茲說明如下：

一、目標接納性：有效的目標不僅是成員要瞭解，而且也要成員都能接納，才能激勵成員對工作投入，進而有良好的工作表現。

二、目標具體性：設定的目標必須盡可能是具體和可測量的──達到何種標準、何時完成，而不是告知要努力、要改進、要好好做等空洞的目標，此無助於激勵成員如何達到目標。

三、目標挑戰性：設定目標要有些難度，而不是很容易達到的目標，才能激勵成員有更加努力的動力，因爲難度較高的目標具有挑戰性，有助成員發揮潛能，成員達成後就會感覺有成就感。

四、表現檢視與回饋：成員完成所設定的挑戰性目標之後，必須檢視成員表現的行爲和成果，同時對於成員表現給予回饋，讓成員知

道好在哪裡，不好之處如何改進。

　　就目標－設定理論而言，如何設定有效的目標，作為成員努力的方向，是為其關鍵所在，而具體明確且有挑戰性目標，對於激勵成員工作努力和增加成員工作表現，則有其助益。當然，有效的目標設定也必須考慮成員工作的特徵，倘若屬於具有創意和充滿著複雜性和不確定性的工作，則具體明確的目標，可能有害無益。雖然如此，目標－設定理論對於教育行政仍具有參考價值，領導者還是要設定明確具體的目標，讓學校成員瞭解與遵循，為達成目標而努力。此外，對於學校成員達成目標，也要提供適當的回饋，以利成員持續改善和精益求精。

伍、自我效能理論

　　自我效能理論，是班杜拉在 1977 年提出，係指個人相信他或她有執行必要行為及產生特定表現成就的能力（Bandura, 1977），屬於社會認知理論（social cognitive theory, SCT）中的核心概念，亦可說是個人對自己能否達成特定任務能力的信念。因此，自我效能會反映出對控制自己動機、行為和社會環境能力之信心，透過自我認知及評估會影響到個人奮鬥的目標及為實現目標所做的投入。是故，個人在追求目標過程中，當面臨一項特殊工作時，對該項工作動機的強弱決定對自己自我效能的評估，此可以解釋個體產生動機或激勵的原因。

　　班杜拉的自我效能理論關注於自我效能知覺與行為改變的關係，一個人會因效能期望（efficacy expectation）影響其行為，而行為會因結果期望（outcome expectation）影響到行為結果，他提出下列四種效能期望的來源（Bandura, 1977, 1986）：一、成就表現（performance accomplishments）：成功的經驗可提高期望，而重複的失敗則會減低期望，因而透過不斷地成功，可強化其高度的效能期望，降低其負向效能期望。二、替代性經驗（vicarious experience）：個體觀察到他

人克服困境不利而邁向成功的經驗，會讓自己更加努力，追求成功的期望。三、言語說服（verbal persuasion）：個體透過建議性或說服性訊息，相信自己有能力克服過去曾經受挫的問題，會提高自我效能期望，但這種方法所引發的效能期望較為不穩定，效果較為短暫。四、情緒激發（emotional arousal）：個人面對壓力或焦慮的情境時，就會引發各種情緒，它會影響到個人克服威脅情境的自我效能。情緒被激起的程度愈大愈不穩定時，愈會影響其自我效能低落。

　　基本上，高度自我效能的人，能夠增加個人與整體的成就與利益，將困難的任務挑戰當作磨練，努力克服困難；而低度自我效能的人面對困境時，會自我懷疑，備感壓力與無助，可能導致負面結果。所以自我效能是個人對自己能力水準的評估，而行動結果的期望則是對此一行為所帶來可能結果的判斷。個人期望一旦獲得滿足，就會產生激勵的效果，因此，自我效能理論可應用到多方面，包括組織理論、管理學、心理健康、疾病預防和治療，以及教育等各方面。就教育行政而言，主管提供成員獲得成功經驗，鼓勵成員觀摩學習他人成功經驗，給予成員適當建議，降低威脅性的環境，這些對激勵成員自我效能和工作表現，是有其積極的效果。

補給站

目標管理

　　目標管理（management by objectives, MBO），係指在組織內確立特定目標，並有效傳達給成員，讓成員決定如何按順序實現每個目標的過程。

　　目標管理起源，可追溯到 1954 年杜拉克（Peter Drucker）在其《管理的實務》（*The Practice of Management*）一書所提到目標管理

的理念與方法，但受到重視及廣泛應用，則是在 1970 年代之後。基本上，目標管理係由各單位主管與部屬針對部門運作或個人職責範圍內所要負責的工作項目訂定目標，然後加以實現及完成，由部屬自我管控，但可作爲一種激勵的工具。

　　一般而言，目標管理有四項基本要素：㈠目標的明確性：目標不是抽象的，而是明確的，可以衡量的。㈡成員參與決定：透過溝通的過程，由主管與部屬共同制定目標及決定績效的衡量方式。㈢完成期限明確：每一個目標都應有明確的完成期限。㈣表現回饋：透過定期評估，提供回饋，以改進缺失。

　　因此，領導者要實施目標—設定理論，目標管理可說是一種很具體的方法。

資料來源：Robbins, S. P., & Judge, T. A. (2022). *Organizational behavior*. Pearson, p. 295.

Wikimedia (2022). *Management by objectives*. https://en.wikipedia. org/wiki/Management_by_objectives

第四節　激勵組織成員士氣的策略

　　組織係由個人所組成，組織目標的達成，成員扮演著重要的角色，而人員的士氣常常是工作績效表現的關鍵所在。因此，如何有效激勵成員工作士氣，乃成爲組織發展及組織效能的重要課題。

　　成員士氣係個人在工作組織、環境、群體、人員相處中所得到的滿意情形，它與個人的心理舒適、幸福和滿足感具有密切關係。組織成員高昂的工作士氣，可以收到下列的效果：降低離職率、提高工作

表現、激勵達成目標、促進有效溝通、提升生產力、增進成員合作，以及展現敬業態度（Waters, 2021）。茲就激勵組織成員士氣的策略說明如下：

壹、定期蒐集成員士氣訊息，瞭解成員工作士氣

成員士氣高低，會影響到成員工作態度及工作表現。因此，身為領導者應有效掌握成員士氣的狀況，才能進行有效的因應，避免成員士氣影響到任務的完成。

為了掌握成員士氣的實際情形，除了透過問卷進行調查之外，亦可採用會談或面談的方式，蒐集成員資料，研判成員士氣高低，倘若發現有少數成員之士氣低落，就必須設法深入瞭解其原因，給予積極性的協助，對成員個人或組織發展都有助益。

貳、建立合宜的工作環境，滿足成員安全的需求

工作環境的安全和舒適，也會影響成員的士氣。例如：成員在具有威脅性或危險性的環境下，無法獲得基本的安全需求，必然影響到其工作滿足和工作士氣；又如：在充滿著噪音和空氣汙染的環境中，身體不得安寧舒適，工作效率和效能必大受影響。

身為領導者，除了要提供成員安全的工作環境外，也要讓成員在環境中有舒適的感覺，例如：空調設備改善、避免過度擁擠、工作環境的綠化和美化等，也都有助於提高成員的工作滿足，進而提升其士氣。

參、用心瞭解成員生活狀況，適時給予人性關懷

成員除了工作之外，也另有其健康生活、家庭生活或社交生活，

而這些生活如意與否，也會影響到工作士氣，例如：自己身體有病痛、家人生病或發生事故、經濟陷入困境……，身為領導者，要用心去瞭解成員的生活狀況，遇到有困難者，適時給予關懷、慰問和協助，這種「雪中送炭」的做法，當事者當會感激在心。

當然，成員有喜事時，例如：結婚、生子、金榜題名等，也不要忘了給予祝賀，不管是口頭祝賀、電子郵件祝賀或書寫卡片祝賀，當事者都會感受到領導者溫暖的心意。

肆、營造良好的人際互動，增進成員間相互合作

成員在組織內工作，必然涉及到人際交往與人際互動，其關係好壞，也會影響工作士氣。一般而言，人際互動關係愈佳者，其工作士氣愈高，反之則否。因此，營造良好的人際互動氛圍，的確有助提升工作士氣。

基本上，營造人際互動氛圍，是屬於組織軟性的文化，需要建立在成員的互信、合作、友善的基礎下，才能可長可久。當然，組織成員因執行業務，難免會產生衝突，也必須做好衝突管理，降低衝突帶來人際裂痕的後遺症，影響到整個組織的和諧。

伍、建立公平的獎勵制度，給予成員適切的獎賞

就組織的激勵而言，獎勵有助於激勵成員工作士氣，而懲罰則可能降低成員工作士氣。倘若一個組織中，懲罰遠遠超過獎勵，充滿著肅殺之氣，不僅引起組織對立氣氛，而且也會造成成員士氣低落。因此，領導者應多獎勵少懲罰、多鼓勵少責罵、多肯定少否定。

當然，領導者的獎勵，不能因人而異，要依成員表現和事蹟，在公平的制度上，給予應有適切的獎勵，才能激勵士氣；千萬不能有親疏之別，避免成員感覺有不公平現象，否則反而不利於激勵士氣。

陸、強化成員工作意義感，提升成員工作成就感

　　組織成員對工作價值的認知，雖有個別差異存在；但就教育組織而言，成員對於工作的需求，可能不會屬於較低層次的基本需求，反而會去追求高層次的工作意義感的需求，一旦獲得滿足之後，就成為一股激勵的力量。

　　一般而言，當成員覺得缺乏有意義的工作時，就會浮現不健康的行為，流於消極被動的工作態度，士氣也會慢慢低落，自然難以提升其工作成就感。因此，領導者要讓每位成員，不管其職位高低，都能感受其工作對於組織發展是很重要的，他是從事一份有價值的工作，激起其工作熱情，成就感才會油然而生。

柒、提供成員表現正向回饋，激發成員工作信心

　　組織成員難免受到指揮與控制，但成員最渴望的是，自己努力主管看得見，工作績效主管能注意，而且能夠從工作表現中，得到主管正向的回饋，這些正向的回饋，除了肯定與讚美外，也讓成員瞭解到尚有努力的空間，未來有所改善，將會表現比目前更好。

　　因此，領導者能善用正向的回饋，可收到下列的效果：激勵成員工作士氣、成員以自己的成就感為榮、成員能致力學習新知識和新技能等，這些都有助於激發成員工作信心，以及提升組織效能。

激勵小故事

我有一個夢想

　　1963 年 8 月 28 日金恩博士（Martin Luther King Jr.）在華盛頓林肯紀念堂（Lincoln Memorial）舉行的「為工作的自由進軍」活動，

發表激勵人心的演講——我有一個夢想（I Have a Dream），侃侃陳詞，雄辯有力，成爲美國人權運動史上最具影響力的演講，在演講中提到好多個夢想：

　　我夢想有一天，這個國家會站立起來，真正實現其信條的真諦：「我們認爲這些真理是不言而喻的：人人生而平等。」

　　我夢想有一天，在喬治亞的紅山上，昔日奴隸的兒子將能夠和昔日主人的兒子坐在一起，共敘兄弟情誼。

　　我夢想有一天，甚至連密西西比州這個正義匿跡，壓迫成風，如同沙漠般的地方，也將變成自由和正義的綠洲。

　　我夢想有一天，我的四個孩子將在一個不是以他們的膚色，而是以他們的品格優劣來評價他們的國度裡生活。

　　我今天有一個夢想。

　　我夢想有一天，阿拉巴馬州能夠有所轉變，儘管該州州長現在仍然滿口異議，反對聯邦法令，但有朝一日，那裡的黑人男孩和女孩將能與白人男孩和女孩情同骨肉，攜手並進。

　　我今天有一個夢想。

　　我夢想有一天，幽谷上升，高山下降，坎坷曲折之路成坦途，聖光披露，滿照人間。

資料來源：npr (2022). *Read Martin Luther King Jr.'s 'I Have a Dream' speech in its entirety*. https://www.npr.org/2010/01/18/122701268/i-have-a-dream-speech-in-its-entirety

百科知識（無日期）。我有一個夢想（馬丁・路德・金演講稿）。https://www.easyatm.com.tw/wiki/ 我有一個夢想

激勵小故事

拍拍手，鴨子一條腿變成兩條腿

話說有位老爺手下有個廚師，他的拿手好菜是烤鴨，深受這位老爺家人喜愛，但這位老爺從來不會給予廚師任何鼓勵。

有一天，這位老爺在家設宴招待客人，其中點了一道是富翁最喜愛吃的烤鴨。當老爺夾取了一鴨腿給客人時，卻找不到另一條鴨腿，於是便問身後的廚師說：「另一條腿到哪裡去了？」

廚師說：「報告老爺，我們所養的鴨子都只有一條腿！」老爺感到詫異，心中充滿著疑惑，但礙於客人在場，不敢多問。

飯後，客人離開後，老爺便跟著廚師到養鴨場查個究竟，甚巧鴨子當時都在睡覺。每隻鴨子都只露出一條腿。廚師指著鴨子說：「老爺您看，我們家養的鴨子不全都是只有一條腿嗎？」

老爺聽後，便大聲拍掌，吵醒鴨子，鴨子當場被驚醒，都站了起來。老爺說：「鴨子不全是兩條腿嗎？」

廚師慢慢的說：「是啊！不過，只有鼓掌拍手，鴨子才會伸出兩條腿呀！」

啟示：從此故事老爺與廚師的對話中，記得要多鼓勵，才會有激勵作用，即使一個動作或一句話，都可以收到正面的效果。

註：本故事係取自網路訊息加以改編而成。

本章摘要

一、激勵理論的探討，主要分為二大範疇：一是內容理論（content theory）：分析哪些需求會產生激勵；二是過程理論（process theory）：解釋激勵產生的過程。

二、組織或領導者能考量成員需求，引導和激發成員採取行動，並朝特定
方向持續努力，以實現預期目標的過程。

三、激勵主要功能如下：㈠促進人員工作動力；㈡激發人員工作滿足；㈢
提升人員工作效率；㈣引導人員邁向目標；㈤降低人員頻繁異動。

四、激勵內容理論較具代表性者，包括馬斯洛（Abraham Harold
Maslow）的需求層次理論（need hierarchy theory）、阿德佛
（Clayton P. Alderfer）的存在關係成長理論（existence relatedness
growth theory）、赫茲伯格（Frederick Herzberg）的激勵—保健理論
（motivation-hygiene theory）、麥克里蘭（David C. McClelland）的
習得需求理論（learned need theory）

五、馬斯洛需求層次理論，依層次高低主要內涵為：自我實現、尊重、
愛、安全、生理等需求。

六、阿德佛存在關係成長理論的主要內涵，包括生存、關係和成長需求。

七、赫茲伯格激勵—保健理論的主要內涵，其中激勵因素包括成就、認
可、工作本身、責任、升遷、成長；而保健因素包括公司政策、督
導、關係、工作條件、薪酬、地位、安全性。

八、麥克里蘭習得需求理論的主要內涵，包括成就需求、權力需求和歸屬
需求。

九、激勵過程理論較具代表性，包括史金納（B. F. Skinner）增強理
論（reinforcement theory）、佛洛姆（Victor Vroom）的期望理論
（expectancy theory）、亞當斯（J. Stacy Adams）的公平理論（equity
theory）、洛克（Edwin Locke）的目標—設定理論（goal-setting
theory）、班杜拉（Albert Bandura）的自我效能理論（self-efficacy
theory）。

十、增強理論提供四種可用於改變成員行為的介入措施，包括正增強、負
增強、消弱、懲罰。

十一、期望理論所持論點，認為個體的行為反應來自於個人的意識選擇，
而此種選擇係依據對不同行為策略予以比較評價的結果。佛洛姆解

釋激勵是由下列三大要素所組合：效價、期望值、工具性。

十二、公平理論認為員工尋求在他們為工作帶來的投入和他們從工作中獲得的結果，與其他人的感受投入和結果之間相較之下能保持公平。

十三、目標—設定理論，認為設定「具體和可衡量」的目標比設定「不明確」的目標更有效。目標—設定理論，可視為一種激勵的工具，它包括下列四個要素：一、目標接納性；二、目標具體性；三、目標挑戰性；四、表現檢視與回饋。

十四、自我效能理論關注於自我效能知覺與行為改變的關係，一個人會因效能期望影響其行為，而行為會因結果期望影響到行為結果，其中效能期望的來源，計有成就表現、替代性經驗、言語說服、情緒激發。

十五、激勵組織成員士氣的策略，主要有下列做法：㈠ 定期蒐集成員士氣訊息，瞭解成員工作士氣；㈡ 建立合宜的工作環境，滿足成員安全的需求；㈢ 用心瞭解成員生活狀況，適時給予人性關懷；㈣ 營造良好的人際互動，增進成員間相互合作；㈤ 建立公平的獎勵制度，給予成員適切的獎賞；㈥ 強化成員工作意義感，提升成員工作成就感；㈦ 提供成員表現正向回饋，激發成員工作信心。

評量題目

一、請說明激勵的意義及其功能。

二、激勵理論有內容理論和過程理論，請比較兩者之差異，並各舉代表性理論加以說明之。

三、組織成員士氣關係到成員工作滿足及組織效能，請說明提升成員士氣的有效策略。

案例研討

學校能否雄風再起？

　　○○國民中學，已有六十多年的歷史，早期學生人數曾高達 2,500 多名，還是家長心目中的明星學校，家長爭相將孩子遷移戶口就讀這所學校。如今面對少子化的衝擊，加上學校看不到經營亮點，家長也不滿意學校保守作風，目前學生只剩下不到 400 人，學校由盛而衰，令人不勝唏噓。

　　學校經營每況愈下，主要在於學校人員向心力低、凝聚力弱，遇到行政或教學問題，大家相互推諉、彼此相互指責，未深究其原因，而設法謀求改進之道，不僅留不住好老師，即使校長也做滿一任，就申請轉校，甚至還有校長未做滿一任，就申請退休，導致校務發展難見起色與特色，家長對於學校愈來愈不放心，有辦法的家長就將自己孩子遷移戶口，轉到其他學校就讀。

　　此外，教師專業發展意願不強，學生參加校外競賽得獎寥寥無幾，無論教師或學生都缺乏追求卓越的鬥志，顯見這所學校長期為學校人員士氣低落所困，倘若學校無法改善其低落士氣，未來要雄風再起，已成為不可能的任務。

問題討論

一、學生人數日漸減少，學校不能完全歸咎於少子化，有些學校生源卻源源不斷，顯然這所學校經營出現問題，其問題成因有哪些？

二、這所學校文化日漸老化，缺乏革新和創新的動力，假如來了一位新校長，您對新校長有何建議？

三、倘若您是一位學校問題診斷專家，您準備開哪些處方，挽救這所學校面臨衰敗的命運？

第七章

教育行政計畫

本章研讀之後,您將能:

一、瞭解教育計畫的基本概念。

二、理解教育計畫的類型與規劃原則。

三、知悉教育計畫的研訂過程。

四、熟悉各類教育計畫格式。

學習目標

　　計畫是組織和行政人員重要的工作。教育組織爲求發展與精進，必須要訂定各種計畫，並依計畫執行，以實現教育組織目標。因此，教育計畫的適切與否，深深影響到教育組織的成功與效能。本章將分別就教育計畫基本概念、教育計畫類型與規劃原則、教育計畫研訂過程，以及教育計畫的格式與示例等方面說明之。

第一節　教育計畫的基本概念

　　教育計畫是執行教育活動重要的一環，亦是達成教育目標不可或缺的要件。茲就教育計畫的意義、目的及特性說明如下：

壹、教育計畫的意義

　　「計畫」一詞，依《國語辭典》（無日期）解釋有兩種意義：一是事先擬定的具體方案或辦法；一是事先策劃。依此而言，計畫就是事前設計一些方案、活動或行動。復依《牛津學習者字典》（Oxford University Press, 2022）解釋計畫（plan）亦有下列意義：您打算做或完成的事情；爲了完成某事而要做的一組事情，尤其是事先已經詳細考慮過的事情。因此，計畫從中英文的意思，皆爲事先規劃事情，以完成所想要完成的事情。

　　計畫與個人或組織具有密切關係，一個人未來要做哪些事情，能夠在事前詳細規劃，就可從容不迫，按部就班向前執行，順利完成的機會就比較大，這也是古人所言：「凡事豫則立，不豫則廢」，就是這個道理。同樣地，一個組織運作涉及層面甚廣，倘若缺乏適切的計畫，提供成員遵循，則成員將無所適從，就很難發揮工作效能。因此，無論是國際組織、政府組織、教育組織、社會組織、軍事組織、商業組織，都會訂定各種計畫，以確立組織未來所要達成和努力的事

項及目標。此乃彰顯計畫對組織發展的重要性。

學者們對「計畫」（planning）的闡析大同小異，例如：羅賓斯（Stephen P. Robbins）和庫爾特（Mary Coulter）將計畫解釋為：一個涉及確認組織目標、建立完成這些目標的總體策略，以及製定一套全面的方案，以整合和協調組織工作的過程（Robbins & Coulter, 2021）；而葛利芬（Ricky W. Griffin）亦將計畫解釋為：設定組織目標及如何達成組織目標（Griffin, 2013）；至於謝文全（2022）則將計畫意義歸納界定如下：「計畫是以審慎的態度和方法，事先籌謀如何有效達成目標，並決定作何事及如何做的過程。」（第20頁）因此，計畫與組織目標、執行事項、執行策略及目標達成息息相關。

教育影響人才培育深遠，必須要有計畫，才能循序漸進推展各種活動或方案，以利達成教育目標，此亦瞭解教育計畫的重要性。教育計畫之意義，不同學者亦有不同的詮釋。例如：庫姆斯（Philip H. Coombs）認為教育計畫是對教育發展過程進行合理、系統的分析，目的是使教育更有效地符應學生和社會的需求和目標。而高（Gao）等人則提到教育計畫是教育機關或學校教育機構引導教育發展，並確定優先次序之介入措施的活動（Gao et al., 2022）。

林文達（1982）曾將教育計畫定義為：教育計畫是在教育情境及其有關因素限制下，決定教育政策以達成教育目的的連續規劃活動歷程。而瞿立鶴（1992）則將教育計畫界定為：在教育實際活動情境中，以及政治、經濟、社會和文化條件限制下，藉研究、規劃、歸納、分析、檢討、修正及統整等行政運作，作成方案或藍圖，以達成預期目標的決策過程。至於鄭崇趁（1998）亦提出教育計畫係指教育行政當局或教育人員為達成國家教育目標，對於教育事業具體之規劃作為，包括目標之設定、策略之選擇及方法之闡明陳述。此外，秦夢群（2007）認為教育計畫乃是就教育政策進行事前規劃，以順利在預定的時間達成教育目標的過程。

綜合上述，茲將教育計畫之意義歸納如下：

　　教育計畫係指教育行政機關或學校爲引導教育發展，透過適切和系統的分析，並考慮內外在環境因素，且確立執行要項及策略，作成方案或藍圖，以有效達成預期教育目標的過程。

　　依此而言，茲再進一步說明如下：

一、教育計畫規劃，係由教育行政機關或學校啟動，其中教育行政機關包括中央的教育部及地方教育局（處），至於學校包括大、中、小學，皆可研訂教育計畫，只是位階和適用對象不同。例如：中央所訂定的教育計畫，其適用層面廣，而學校所訂的計畫，只適用於學校本身。

二、教育計畫規劃的方法，係運用適切且有系統的客觀分析，而非憑著個人主觀意見，則所研擬的計畫，才會有品質，而且可行性高。

三、教育計畫規劃考慮的因素，有來自於教育行政機關或學校內部的人力、經費和資源等各種因素；亦有來自外部的社會、政治、經濟、文化、科技、生態、人口結構等各種因素，進行綜合考量，作爲規劃的參據。

四、教育計畫的主體，必須要有目標、執行要項、執行策略、執行時間、所需經費及預期效益等內容。

五、教育計畫的目標，就是透過計畫的實施，能夠達成所預定的教育目標。因此，教育計畫可視爲實現教育目標的過程。

貳、教育計畫的目的

　　教育計畫係屬教育發展過程中不可或缺的行政作爲，它提供教育施政的準繩，以提升教育效能。教育計畫的目的，主要可說明如下：

一、揭示成員努力方向

　　教育計畫具有其功能性，它引領教育未來發展的重點。教育人員

一旦瞭解教育計畫內容，就可知道其未來努力的方向，有了方向的依循，大家才能有共同努力目標，彼此能相互合作與協調，發揮工作效率與效能，一起為實現教育目標而向前邁進。

二、引導經費編列依據

教育經費之編列，必有其依據，才能具有長久性。無論教育行政機關或學校所訂定的重要計畫，都會列舉經費需求，包括經常門和資本門兩大部分，它可作為爭取或引導編列經費之依據。基本上，透過教育計畫編列經費，師出有名，可增加主計人員對預算的支持，才有利未來計畫之執行。

三、降低人力時間浪費

教育計畫屬於系統性的規劃，對於人力、時間、經費和資源都會進行充分的考量和評估，此將可降低人力和時間的浪費。在教育行政機關，經常看到人員忙忙碌碌，甚至經年累月加班，但是效果有限，其中原因除了工作業務量重外，另外一個原因，就是未能善用教育計畫，發揮教育計畫功能所致。因此，一個優質的教育計畫，是可以有效降低人力時間的浪費。

四、減少外界變化干擾

教育是屬於社會大環境的一環，政策執行或業務推動，難免會受到外在環境變化的影響，導致教育發展的不確定性。基本上，教育計畫都會明列其目標和原則，有了教育計畫原則供遵循，就可降低社會不當干擾，並有效回應外界變化的影響，讓教育推動更為平順，以提升教育效能。

五、掌握人員工作表現

一般而言，教育計畫都會設定目標或標準，這些目標或標準可用

來評估人員工作的實際情形，以有效掌握人員的工作表現。倘若人員工作表現達成目標，就可考慮加以獎勵或鼓勵；反之，人員工作偏離目標時，就必須採取改善行動，讓人員有所改進，這就是教育計畫能夠掌握和控制人員的功能。

參、教育計畫的特性

教育計畫是執行教育行政作為的重要方法，亦是實現教育目標的決策歷程，依教育計畫的意義及本質，教育計畫之特性說明如下：

一、未來性

教育計畫雖然會考慮過去的教育發展和現在的執行成果，但更重要的是，它是規劃未來教育發展施政的重點。因此，教育計畫可謂築基於過去與現在，但以開創未來為核心，亦即在未來的一年或數年內，教育行政機關或學校要執行哪些要項？需要哪些人力與經費？都會在教育計畫中加以呈現，以作為人員推動行政業務的依據。

二、目的性

任何一個教育計畫，都會列舉計畫的目標或目的，明示組織未來所期望達到的結果，作為未來要完成哪些事項的依據。因此，教育計畫不管是短期、中期或長期的計畫，其內容一定會標示其目標，通常採取列點式呈現，讓教育人員可以有效掌握計畫的精神與內涵。是故，教育計畫的目的性，就是提供管理決策與行動的方向，讓教育人員所執行的工作，有助於目標的達成。

三、整體性

教育計畫具有其整合和協調的功能，各部門之間的運作計畫與組織整體計畫亦具有密不可分的關係，人員之間的相互合作，更顯得格

外重要。基本上，任何一個教育計畫，都會顧及其整體性，強化各單位的溝通、協調與合作，彼此不會流於單打獨鬥或各自為政的現象。此外，教育計畫中的時程，不管是短期、中期或長期，都會考慮前後連貫、相互呼應，具有一種整體感。

四、程序性

教育計畫影響教育實際運作深遠，在計畫研訂過程中，經常藉助於學者專家和實務工作者的智慧，透過系統和理性思考，遵循一定的步驟而完成，而非急就章即形成一個計畫，這種程序的完備性，正是教育計畫特性所不可或缺的要件。教育計畫的程序完備性，一方面可以提升教育計畫內容的品質；一方面可以降低社會大眾的質疑。

五、適應性

教育計畫是一個未來要執行的方案或藍圖，但因外界環境變化太快，有時候計畫趕不上環境的變化。因此，不管是短期、中期或長期的教育計畫，都會追蹤計畫執行情形，然後根據教育環境內外在變化，及時或適時調整和修正原來的計畫，亦即進行滾動式修正，體現了計畫的動態性和靈活性，以因應環境的改變，強化教育計畫的適應性功能。

第二節　教育計畫的類型與規劃原則

教育計畫基於不同性質及需要，常常分為各種不同類型，以符應實際執行需求。而為了要研訂具有品質的教育計畫，在規劃時也需要遵循各種原則，以利所提出的教育計畫更具適切性和可行性。茲就教育計畫的類型與規劃原則說明如下。

壹、教育計畫的類型

教育計畫的類型，依時間、範圍、層級、持續性和內容具體區分，各有不同的類型，茲說明如下：

一、時間區分

教育計畫依時間區分，主要有三大類：短期（程）計畫、中期（程）計畫和長期（程）計畫。一般而言，短期計畫係指在 1 年以上 2 年以內應該完成的計畫，年度計畫即屬於短期計畫；中期計畫係指 2 年以上 6 年以內應該完成的計畫，常屬於較具前瞻未來業務需要與因應社會經濟發展而訂定的，例如：教育部生命教育中程計畫（107-111 年）、國家發展計畫（110-113 年）；長期計畫則都在 6 年以上的計畫，多屬於原則性與分析性的計畫；例如：中華民國國家科學技術發展十年長程計畫：民國 75-84 年。由於社會及科技變遷太快，長期計畫現已比較少用，大多以中期計畫為主。

二、範圍區分

教育業務繁多，且分布於各部門，就以範圍區分，有整體計畫和部門計畫，前者計畫涉及組織各部門的業務規劃；後者則以單一部門的業務規劃為主。以教育部為例，教育部的年度施政計畫屬於整體計畫；而教育部特殊教育中程計畫則屬於部門計畫，因為該計畫是以特殊教育為範圍。

三、層級區分

教育組織具有不同的層級，包括中央、地方和學校三個層級，而各層級基於推動業務需要，都會訂定各類教育計畫。因此，從層級區分，可以分為中央層級教育計畫、地方層級教育計畫，以及學校層級教育計畫。其中，中央層級教育計畫係指教育部所訂定的教育計畫，

例如：教育部生命教育中程計畫；而地方層級教育計畫則是地方政府教育局（處）所訂定的教育計畫，例如：臺北市國際交換學生學習實施計畫；至於學校層級教育計畫，例如：○○學校中長程教育發展計畫。

四、持續性區分

教育計畫常常基於不同時間的業務需要，而發展不同類型的教育計畫，有些計畫只使用一次則不再使用，有些計畫具有連續性，不會間斷。因此，依其持續性區分，有一次性計畫（single-use plans）和經常性計畫（standing plans），前者只滿足一個特定的需求，階段性任務完成即結束計畫，例如：111 年度施政計畫，僅適用 111 年度，以後則不適用；後者則是持續執行的計畫，提供重複活動的指導政策、方針和程序，例如：校園安全實施計畫。

五、內容具體區分

教育計畫係應用於整個組織，依其內容具體區分，可分為策略性計畫（strategic planning）和運作性計畫（operational planning），策略性計畫屬於原則性、前瞻性、長期性的計畫藍圖，使教育更能發揮其特色；而運作性計畫為策略性計畫指引下之具體、短期的計畫，目的在確保教育組織或單位能夠正常、有效的運作，一般例行性的工作計畫屬之。

貳、教育計畫的規劃原則

教育計畫品質良好與否，攸關未來執行之效果。因此，進行教育計畫之規劃，必須相當謹慎，並遵守一定的原則，才能讓計畫更具品質與適用性。茲將教育計畫的規劃原則說明如下：

一、專業化原則

教育是從事一種專業性工作，影響學生學習與未來發展甚鉅。教育實施必須有計畫、有步驟地進行，才能讓學生獲得更好的學習效果。而教育計畫正是教育實施的依據，它關係到學生學習成效。因此，教育計畫的規劃，必須有教育專業的考量，不能為計畫而計畫，而是具有其教育目的，亦即能夠符合教育專業性及學生學習需求，則所規劃的教育計畫才能彰顯教育的價值。

二、民主化原則

當前是一個民主、開放和自由的社會，人民對於教育需求甚殷，期望教育品質更高，因此都希望有機會能參與教育事務。一般而言，教育計畫適切性與否，也關係到受教者的品質。為使教育計畫更能符合人民的需求，在規劃過程中，宜擴大參與，鼓勵民眾提供意見，並顧及人民的教育權益，則所規劃的教育計畫，才能贏得人民的認同與支持。

三、透明化原則

教育計畫是一個教育的決策過程，在規劃過程中，必須公開透明，不能流於黑箱作業，則計畫內容才能經得起檢驗，為社會大眾所信服。一般而言，規劃時訊息愈公開透明，愈會受到關注，即使對計畫內容有不同的意見，亦有陳述的機會，此可降低社會大眾對計畫的疑慮或不滿。此外，規劃時能秉持透明化原則，一方面能減少計畫的失誤，一方面亦可提升計畫的品質。

四、明確化原則

教育計畫重在執行，不能流於紙上作業或束之高閣，因而在規劃時必須考慮未來執行的適用性和可行性。基本上，教育計畫內容愈具

體明確，執行人員愈容易理解和推動，執行上也較易順手。倘若計畫有含混不清或模稜兩可的現象，則執行人員較不易掌握其重點，執行起來可能會導致事倍功半，反而吃力不討好。因此，規劃的明確化原則，實屬重要。

五、彈性化原則

教育計畫係規劃未來教育發展要執行的重要事項，但因社會環境變遷太快，或者社會突遭天然災害（例如：地震、颱風、洪水、流行病爆發等），原定的教育計畫就必須有所修正，以因應實際環境需求。因此，教育計畫規劃時，計畫內容必須保有一些彈性，以利臨時應變之需，則教育計畫才有助於解決臨時遭遇問題，而發揮教育計畫的功效。

第三節　教育計畫的研訂過程

教育計畫係屬系統性的規劃，其過程必須相當謹慎，則所規劃完成的教育計畫才更具品質與可行性。一般而言，教育計畫的研訂過程，大致可歸納為下列的程序：確定計畫目標及範圍、蒐集計畫相關現況資料、分析及解釋資料、編擬計畫草案、修正計畫草案、確定計畫內容（吳清山，2021），茲說明如下：

壹、確定計畫目標及範圍

教育計畫係針對未來教育發展所規劃的方案或藍圖，它具有興利和除弊的雙重功能；換言之，教育計畫一方面可解決現有的教育問題；另一方面可以開創未來教育發展的新局。因此，在教育計畫研訂的過程中，要先確認為何要訂定計畫，其目的何在？其次要有問題意

識，充分掌握問題背景及待解問題，才能讓問題與目標能夠相結合，而不會導致計畫目標失焦。

　　一旦確立計畫目標的方向，就可作爲未來規劃的指引，接著要界定計畫的範圍。基本上，計畫的範圍就是考慮時間多長，是一年期、二年期，甚至六年期以上，以及需要包括多少項目，這必須考慮實際需求及有多少資源可運用，才會讓計畫更具可行性。

貳、蒐集計畫相關現況資料

　　教育計畫的重要性、目標及範圍確認之後，就必須蒐集計畫相關現況資料，提供研訂計畫的參考。一般而言，計畫有了資料或數據作爲基礎，以利瞭解內外在環境的變遷，以及現有組織的可用資源，則計畫論述才有所依據，而不會受到質疑或挑戰。

　　蒐集計畫相關現況資料的方法，包括文獻探討、文件分析、個別訪談、焦點座談，必要時亦可透過問卷調查法。而在蒐集資料過程中，一定要確認資料的可靠性、正確性及價值性，並加以歸納整理，成爲未來研訂計畫可用的資料。

參、分析及解釋資料

　　針對計畫相關現況資料蒐集及整理之後，緊接著要進行資料的分析工作，以瞭解資料之間的關聯性，並解釋這些資料在教育計畫的意義，才能彰顯資料對計畫的價值。基本上，在進行資料分析時，應秉持著客觀和科學的方法，必要時可藉助於統計方法，才能避免資料分析結果流於個人主觀臆斷，讓分析資料更爲適切，以提供計畫最佳的參考依據。

　　分析及解釋資料適切，將是計畫成敗的關鍵，資料愈詳實愈完備，分析愈精準，則未來運用到計畫內容，將大大提升計畫品質，而

計畫內容也才不會流於泛泛之談。

肆、編擬計畫草案

　　教育計畫有了厚實的分析資料作為基礎，將有助於未來計畫草案的編擬。一般而言，在計畫規劃過程中，可能會考慮到各種可行方案的選擇，此有賴分析及解釋資料的結果，提供判斷和決定最佳方案的依據，並參酌現有的環境和資源，進行計畫草案的編擬，這項工作係由教育行政人員邀集學者專家和實務工作者共同研商，從事計畫的初步設計，作為未來討論和決定計畫內容的依據。

　　計畫草案只是計畫的初步藍圖，通常包括下列內容：

一、計畫緣起：說明提出計畫的理由及其重要性。

二、計畫目標：揭示計畫實施的目的所在。

三、執行策略：標示計畫如何執行及其項目。

四、實施時程：說明計畫的實施的起訖時間及其年限多長。

五、所需資源：提出計畫需要多少人力和經費預算。

六、預期效益：預估計畫未來可能達成哪些質或量的效益。

七、附則：補充計畫要項或配合事項。

伍、修正計畫草案

　　完成教育計畫草案之後，計畫重要的架構及內容可說已成形，但它只能視為建築的完工階段，仍必須經過驗收等過程，有些地方該修正，就應加以修正，才能正式定案。

　　為使計畫草案更趨於完整，一般都會召開座談會、說明會或公聽會，請社會大眾表示意見，以作為修正之參考。此外，有時候也會將計畫草案公告，放置於網站，請大家提供意見，然後綜整各方意見，作為修正計畫草案之依據。

陸、確定計畫內容

教育計畫草案經過綜整各方意見修正後，即可確定計畫的內容，成為實施的重要依據。

就法制作業而言，教育計畫必須經過機關首長核定後才算定案。有些涉及跨部會的業務，還要會銜相關部會，並經上級機關（行政院）核定後，才算完成法定程序。例如：十二年國民基本教育實施計畫，就必須經過行政院核定後才算正式定案；而十二年國民基本教育課程實施綱要，屬於教育部掌管事項，只要部長核定即可。

而就學校校務計畫來說，它需經校務會議討論通過，經校長核定後才算定案，以確保計畫程序的完備性。

教育行政機關或學校決定計畫之後，就必須進行公告周知及宣導，讓相關執行人員能瞭解計畫的內容，並依計畫內容執行。而計畫執行之後，也要追蹤計畫的效果，提供回饋及未來改進之參考。因此，從教育計畫性質而言，它是一個循環持續改進的過程。

補給站

SWOT 分析

SWOT 分析，係指進行組織的優勢（strengths）、劣勢（weaknesses）、機會（opportunities）和威脅（threats）的分析，其中優勢和劣勢係針對組織的內在環境分析，而機會和威脅則是針對組織外在環境分析，以評估組織未來發展潛力及適合發展策略。

SWOT 分析頗受教育界的重視，無論行政機關研訂短、中、長程計畫，或學校研訂校務發展計畫，都會運用到 SWOT 分析的技術，讓所研訂的計畫更具可行性與實用性。

補給站

PEST 分析

　　PEST 分析，係指分析組織面臨的政治（Political）、經濟（Economic）、社會（Social）與科技（Technological）等四種因素的一種技術，以瞭解組織的未來發展潛力與經營策略。後來加入環境（Environmental）和法律（Legal）二個因素，成為 PESTEL 分析。

　　PEST 分析，早在 1967 年阿吉拉爾（F. J. Aguilar）於《掃描企業環境》（*Scanning the business environment*）一書提到，作為環境掃描框架之用。

　　基本上，PEST 分析與 SWOT 分析雖屬宏觀的分析，然 PEST 分析著重於外在環境，而 SWOT 分析則內外在環境分析兼顧。

第四節　教育計畫格式與示例

　　教育計畫格式，涉及到時間長短、業務別及機關性質的不同，其內容會有所差異。例如：短程、中程與長程之內容和格式會不一樣，其他如高等教育與國民教育計畫因業務性質亦不相同，而教育部、地方教育局（處）和學校的計畫亦有其差異，因而很難有統一的教育計畫格式，只能就共通的部分，並列舉示例說明之。

壹、教育計畫格式

　　教育行政機關所正式發布的教育計畫，其格式主要內容如下：
一、計畫緣起：說明計畫依據、計畫之背景或問題分析、現行相關政

策之檢討。

二、計畫目標：依計畫大小略有不同。屬於較大計畫，會先說明總目
　　標，再敘述分項目標，而較小計畫大都只列舉數項目標。

三、執行策略及方法：主要分為重要工作項目、執行策略和執行步
　　驟。

四、期程：說明整個計畫期程，是屬於多少年期。

五、資源需求：說明所需資源及經費來源。

六、預期效益：說明預期效果及可能影響。

七、附則：相關機關配合事項。

貳、示例

　　由於教育計畫種類繁多，無法一一列舉，只擇其三個示例，以供
參考。

一、教育部計畫示例

　　教育部計畫示例，茲以「公立高級中等以下學校校舍耐震能力改
善計畫」（109-111 年度）為例，摘其重要內容供參考，如表 7-1 所
示。

表 7-1
公立高級中等以下學校校舍耐震能力改善計畫（109-111 年度）

公立高級中等以下學校校舍耐震能力改善計畫（109-111 年度）
一、計畫緣起 二、計畫目標 三、現行相關政策及方案之檢討 　㈠辦理校舍耐震能力改善相關計畫之執行成果 　㈡辦理耐震能力改善作業之專業技術與能力 　㈢辦理耐震能力改善作業之相關經驗

四、執行策略及方法
　　㈠主要工作項目
　　㈡分年執行策略
　　㈢執行步驟與分工
五、期程與資源需求
　　㈠計畫期程
　　㈡經費來源及計算基準
　　㈢補助原則及執行方式
　　㈣經費需求（含分年經費）及配合中程歲出概算額度之情形
六、預期效果及影響
　　㈠直接效益
　　㈡社會效益
　　㈢間接效益
七、財務計畫
　　㈠財務運作模式
　　㈡經費補助基本原則
　　㈢經費補助比率及分攤
　　㈣建立耐震能力評估、補強設計審查機制
　　㈤補助經費結餘款之處理
八、附則
　　㈠風險管理
　　㈡有關機關配合事項
　　㈢其他有關事項

資料來源：教育部（2019）。公立高級中等以下學校校舍耐震能力改善計畫（**109-111**年度）。作者。

二、地方教育局（處）計畫示例

　　有關地方教育局（處）計畫示例，茲以「新北市資訊教育中程計畫」（108-111年）為例，摘其重要內容供參考，如表7-2所示。

表 7-2

新北市資訊教育中程計畫（108-111 年）

新北市資訊教育中程計畫（108-111 年）

一、計畫緣起
　　㈠我國資訊教育規劃
　　㈡資訊教育重要性
　　㈢新北市推動資訊教育歷程
二、現況分析
　　㈠師資結構
　　㈡課程發展
　　㈢活動競賽
　　㈣資源整合
　　㈤設備環境
三、計畫目標與執行策略
四、執行項目與內容
五、重要計畫
六、預期效益
七、預算規劃

資料來源：新北市政府教育局（2019）。新北市資訊教育中程計畫（**108-111
　　　　　年**）。作者。

三、學校校務計畫示例

　　學校校務計畫格式與一般行政機關不同，而大、中、小學亦有所
差異。例如：國立臺灣師範大學「2020-2025 校務發展計畫」（2020）
校級計畫內容如下：
㈠緒論
㈡大學面臨挑戰與發展趨勢
㈢學校現況
㈣SWOT 分析
㈤使命

㈥ 願景

㈦ 全校發展目標及策略

㈧ 全校關鍵發展指標與相關資源配合

　　至於高中則以高雄市立高雄女子高級中學 107-110 年度「中長程教育發展計畫」為例，如表 7-3 所示，該計畫內容包括如下：

表 7-3

高雄市立高雄女子高級中學 107-110 年度中長程教育發展計畫

高雄市立高雄女子高級中學 107-110 年度中長程教育發展計畫
壹、計畫緣起
一、依據
二、未來環境預測
貳、學校背景與分析
一、學校基本資料
二、學校願景與目標
三、學校 SWOT 分析
四、學校特色
參、計畫發展與執行
一、計畫目標
二、執行策略與內容
三、預期效益
肆、經費需求
一、所需經費說明
二、資本門經費需求
三、經常門經費需求
四、新興及連續性公共工程計畫方案
伍、自評及檢核

資料來源：高雄市立高雄女子高級中學（2017）。高雄市立高雄女子高級中學 **107-110** 年度中長程教育發展計畫。作者。

　　國中部分則以臺北市立中正國民中學「中長程教育發展計畫」
（106 年 1 月至 110 年 12 月）為例，如表 7-4 所示，該計畫內容包
括如下：

表 7-4
臺北市立中正國民中學中長程教育發展計畫

臺北市立中正國民中學中長程教育發展計畫
壹、依據
貳、學校背景與現況分析
一、學校基本資料
二、學校願景與目標
三、學校 SWOT 分析
參、計畫發展與執行
一、計畫目標
二、執行策略與內容
三、預期效益
肆、經費需求
一、資本門經費需求表
二、經常門經費需求表
伍、考核評鑑

資料來源：臺北市立中正國民中學（2017）。臺北市立中正國民中學中長程教
　　　　　育發展計畫。作者。

　　國小部分則以高雄市三民區獅湖國民小學「中長程教育發展計
畫」（107 年 1 月至 110 年 12 月）為例，如表 7-5 所示，該計畫內
容包括如下：

表 7-5

高雄市三民區獅湖國民小學中長程教育發展計畫

高雄市三民區獅湖國民小學中長程教育發展計畫

壹、計畫緣起

一、依據

二、未來環境預測

貳、學校背景與分析

一、學校基本資料

二、學校願景與目標

三、學校 SWOT 分析

四、學校特色

參、計畫發展與執行

一、計畫目標

二、執行策略與內容

三、預期效益

肆、經費需求

一、資本門經費需求

二、經常門經費需求

伍、自評及檢核

資料來源：高雄市三民區獅湖國民小學（2017）。高雄市三民區獅湖國民小學中長程教育發展計畫。作者。

　　從以上的校務計畫或中長程計畫內容之格式來看，大學比較有其特殊性，中小學可說大同小異。

本章摘要

一、教育計畫係指教育行政機關或學校為引導教育發展，透過適切和系統的分析，並考慮內外在環境因素，且確立執行要項及策略，作成方案或藍圖，以有效達成預期教育目標的過程。

二、教育計畫目的，主要有下列五項：1. 揭示成員努力方向；2. 引導經費編列依據；3. 降低人力時間浪費；4. 減少外界變化干擾；5. 掌握人員工作表現。

三、教育計畫之特性，計有下列五項：1. 未來性；2. 目的性；3. 整體性；4. 程序性；5. 適應性。

四、教育計畫的類型，依時間、範圍、層級、持續性與內容具體區分，各有不同類型。依時間區分有短期（程）計畫、中期（程）計畫和長期（程）計畫；依範圍區分有整體計畫和部門計畫；依層級區分有中央、地方和學校；依持續性區分有一次性計畫和經常性計畫；依內容具體區分有策略性計畫和運作性計畫。

五、教育計畫的規劃原則，主要有下列五項：1. 專業化原則；2. 民主化原則；3. 透明化原則；4. 明確化原則；5. 彈性化原則。

六、教育計畫的研訂過程，可歸納為下列的程序：確定計畫目標及範圍、蒐集計畫相關現況資料、分析及解釋資料、編擬計畫草案、修正計畫草案、確定計畫內容。

七、教育行政機關所正式發布的教育計畫，其格式主要內容如下：1. 計畫緣起：說明計畫依據、計畫之背景或問題分析、現行相關政策之檢討。2. 計畫目標：依計畫大小略有不同，屬於較大計畫，會先說明總目標，再敘述分項目標，而較小計畫大都只列舉數項目標；3. 執行策略及方法：主要分為重要工作項目、執行策略和執行步驟；4. 期程：說明整個計畫期程，是屬於多少年期；5. 資源需求：說明所需資源及經費來源；6. 預期效益：說明預期效果及可能影響；7. 附則：相關機關配合事項。

評量題目

一、請說明教育計畫的意義及其目的。

二、請分析教育計畫規劃時應注意哪些原則？

三、請比較策略性計畫與運作性計畫之差異。

四、請簡要說明教育行政機關所提出的教育計畫，其格式包括哪些內容？

案例研討

高教深耕計畫　深耕高教了嗎？

李明同學有次聽到同學們談到高等教育深耕計畫，他並不瞭解整個計畫的背景和內容，特別向孫老師請教。

「高等教育深耕計畫是教育部在邁向頂尖大學計畫、獎勵大學教學卓越計畫、發展典範科技大學計畫三大補助計畫結束後，在 2018 年起以 5 年為一期所建立的一個涵蓋高教、技職體系的整合性補助計畫。」孫老師扼要說明該計畫的重點。

「高等教育深耕計畫是以發展大學多元特色，培養新世代優質人才為願景，並以落實教學創新、提升高教公共性、發展學校特色、善盡社會責任為計畫目標；該計畫 5 年合計需新臺幣 836 億元，而 2023 年高教深耕計畫進入第二期，也是 5 年的計畫。」孫老師更進一步談到該計畫。

李同學想了一下，特別再問老師：「高等教育深耕計畫已執行多年，是否讓高等教育體質產生很大的改變呢？」

「還是有些改變，譬如：大學比較重視教學創新和社會責任，但是否能讓大學脫胎換骨，可能效果有限。」

「人口少子化對高等教育衝擊很大，老師您覺得該計畫有助於降低人口少子化對高等教育衝擊嗎？」李同學繼續問。

「人口少子化是一個不可逆的歷程，生源有限，如何擴充生源，例如：外籍生或陸生，才是關鍵所在，我個人認為高教深耕計畫對擴充生源，恐怕幫助有限。」孫老師覺得並不樂觀。

問題討論

一、高等教育深耕計畫,在提升高教公共性成效如何?

二、高等教育深耕計畫,對高等教育的體質有哪些改變?

三、面對人口少子化的趨勢,高等教育未來生存之道為何?

第八章

教育行政決定

本章研讀之後，您將能：

一、瞭解教育行政決定的基本概念。

二、熟悉教育行政決定的過程。

三、認清教育行政決定的模式。

四、理解團體決定常用的方式。

五、知悉有效教育行政決定的策略。

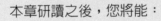

學習目標

　　每個人每天生活都要做很多的決定，例如：決定何時起床、決定早餐吃什麼，顯然決定與生活密不可分。同樣地，在教育組織中，為順利推動業務，組織中的人員也要做很多的決定，有時候還須開會團體做決定。因此，決定可說是組織不可缺少的功能之一。茲分別就決定的基本概念、決定的過程、決定的模式、團體決定常用的方式，以及有效教育行政決定的策略說明如下。

第一節　教育行政決定的基本概念

　　決定是組織達成目標重要的一環，有效的決定，不僅可提高組織的效率，而且亦可提升組織的效能。茲就決定的意義、功能及類型說明如下：

壹、決定的意義

　　「決定」一詞，根據《重編國語辭典修訂本》解釋有：對事情做判斷與主張、一定、堅決的意志、對事情做出結論等各種意思（國家教育研究院，無日期）。而在《牛津學習者字典》（*Oxford Learner's Dictionaries*）將決定（decision）解釋有下列三種意思：一、您在思考和討論什麼是最好的事情之後，做出的選擇或判斷；二、決定某事的過程；三、清楚快速地決定某事的能力（Oxford University Press, 2022c）。由此可知，決定是一種選擇或判斷、歷程或能力。

　　就組織行為或管理而言，決定更賦予理論和實務的內容，學者們對決定有下列的解釋：

　　史通（James A. F. Stoner）和傅利曼（R. Edward Freeman）認為決定是確認和選擇行動，以解決特定問題的過程（Stoner & Freeman, 1989）。

史迪爾斯（Richard, M. Steers）將決定解釋為：確認一個特定問題的本質，而從替代方案中選擇，以解決問題的過程（Steers, 1991）。

葛利芬（Ricky W. Griffin）將決定定義為：決定是在一組替代方案內，從中選擇一個方案的行動（Griffin, 2013）。

瓊斯（Gareth R. Jones）和喬治（Jennifer M. George）認為決定是管理人員為回應機會和威脅，透過分析選擇方案，確定組織目標和行動的過程（Jones & George, 2022）。

從以上學者對決定的定義中，可以瞭解到早期對於決定的定義偏重於問題的產生和問題的解決，後來決定擴大到追求新的機會，也需要從各種方案中選擇一個最佳方案。一般而言，教育行政機關或學校在營運過程中，難免會遭遇問題有待解決，或者為追求更多的利基或績效，也需要選擇一個適切的方案。因此，對於教育行政決定，茲定義如下：

教育行政機關或學校為解決實際教育問題或創新教育作為，在各個方案中選擇一個最佳方案的行動過程。

根據以上的定義，茲詳細說明如下：
一、教育行政決定的發動者：狹義而言，以教育行政機關為主；廣義而言，則包括學校在內。
二、教育行政決定的目的：主要有兩方面，一是要解決實際所遭遇的教育問題，避免問題持續擴大或惡化，屬於消極面；一是要追求教育新的機會或利基，創新各種教育作為，屬於積極面。
三、教育行政決定的本質：教育行政決定不只是一種選擇的行動，更是一種選擇方案的過程。

貳、教育行政決定的功能

教育行政決定常常被視為教育行政的核心工作之一，此正可瞭解

教育行政決定的重要性，在於它具有下列的功能：

一、引導未來教育行動

　　教育行政為順利推動業務，或者解決各項教育問題，必須採取有效的行動，才能達到效果。而在採取行動的過程中，則有賴於決定哪種行動或方案較為適切，不能盲目地選擇，否則行動可能效果有限，此乃彰顯決定引導未來行動的作用。因此，教育人員具有良好的決定能力，將有助於採取最佳的行動或方案。

二、促進行政作為實踐

　　教育行政涉及到計畫、組織、領導、指揮、控制、用人等各種作為，而於這些作為在在都需要進行決定，才能讓各種行政作為施展下去。倘若領導者或行政人員在這些行政作為中，都不做任何決定或不適時做決定，則執行人員將無所適從，教育事務就很難推動，甚至影響到教育目標的達成。

三、協助研訂良好政策

　　任何教育計畫或政策的過程，都必須經過一連串的決定，才能夠使計畫或方案順利定案，未來也才更具可行性與價值性。因此，決定可說是教育計畫或政策的先前必要工作。一般而言，計畫或政策規劃過程中，可能會有各種不同的選擇方案，此時必須透過明智的決定，選擇一個最佳方案，作為計畫或政策的重要內容。

四、確保教育持續發展

　　教育行政從個人、部門到整個組織，都要從事各種不同的決定，有些屬於技術性決定、有些屬於事務性決定、有些屬於政策性決定，皆對教育持續發展有或大或小的影響力。一個良好有效的決定，將可使教育更為精進與健全發展，反之則否。因此，教育人員所做的任何

教育決定，能夠深思熟慮，經過審愼過程，將有助於確保教育持續發展。

參、教育行政決定的類型

教育行政決定類型，與一般決定類型大同小異，從其決定性質、層次、技術等，各有其不同的類型，茲說明如下：

一、依性質區分

教育行政決定，依其性質而言，可分爲策略性決定和運作性決定。前者決定重視大原則和大方針的政策決定，影響教育發展深遠，一般都由教育首長，甚至更高的首長進行決定，例如：十二年國民基本教育政策推動，就屬於策略性決定；後者則屬於實際業務執行的決定，偏重於例行性的業務推動，一般是由基層人員做決定即可，例如：十二年國民基本教育推動活化教學業務，承辦人員依相關規定進行執行決定簽核即可。

二、依層次區分

教育行政決定，依其層次區分，可分爲個人決定和集體決定。前者是個人以職位身分做出的任何決定，一般屬於較小的組織，都依賴此類決策，例如：小型學校有些事項可能由校長做決定即可；後者是由一個組織的群體或集體做出決策，例如：在私立學校董事會所做的決定，就屬於集體決定，這類型的決定，偏重於政策性或策略性的決定。

三、依技術區分

教育行政決定，依其技術區分，可分爲程序性決定（programmed decisions）和非程序性決定（nonprogrammed decisions）。前者決定

是屬於結構化程序方式決定，係透過遵循特定的標準程序來處理的，通常由較低的組織階層人員做出的決定，例如：人事室處理員工請假事宜，或者是總務處依規定程序辦理招標或採購；後者決定非結構化問題，這些問題不屬於例行或日常發生的事項，無法運用標準程序或流程加以處理。例如：因應疫情決定學校教學政策，因疫情瞬息萬變，較難採用程序性決定，必須採用非程序性決定，通常由組織的高階人員做決定。

第二節　教育行政決定的過程

　　決定的情境，有時是屬於確定性，決定者可以掌握；有時則具有不確定性，甚至具有危險性，決定者不一定能掌握，此時大大考驗決定者的能力和經驗，因此決定者要進行最佳的決定，誠屬不易，所以決定是一種技術，也是一種藝術。

　　就傳統的理性觀點，決定者要做好最佳的決定，其過程必須遵循一定的程序。霍伊（Wayne K. Hoy）和米斯格（Cecil G. Miskel）提到決定是一個活動環（action cycle），包括下列五大步驟：認識及界定問題、分析現在情境的困難、建立一個適當解決方案的標準、發展一個行動計畫或策略、執行行動計畫（Hoy& Miskel, 1996）。葛利芬（Ricky W. Griffin）則提出下列六大步驟：確認和界定決定情境、確定各種選擇方案、評估各種選擇方案、選定一個方案、執行所選定方案、追蹤和評估結果（Griffin, 2013）。盧尼堡（Frederick C. Lunenburg）和歐恩斯坦（Allan Ornstein）提出決定的過程，亦包括下列六個步驟：確認問題、產生各種選擇方案、評估各種選擇方案、選定其中一個方案、執行決定、評估決定（Lunenburg, & Ornstein, 2022）。根據以上學者的看法，茲將決定的過程之步驟分述如下：

壹、確認和界定問題

　　教育行政機關或學校在處理各項業務時，難免會遇到困難或問題，此時必須設法加以解決，行政人員必須有所決定，才不會讓問題擴大或惡化，影響到組織發展。例如：國中教育階段學生學習壓力問題，高等教育和技職教育學用落差問題，顯然這些問題都需要決定如何解決，行政人員意識到這些問題的存在，就必須進一步予於確認和界定，以利後續決定才有立足點，不會產生失焦的現象。

　　教育問題有小有大、有簡單有複雜，例如：某位教師班級經營不佳，可能問題較小；而大學多元入學考試的考科問題，就屬於大問題。小問題比較容易確認和界定，而大問題則複雜性較高，需要多層面且深入瞭解，才能掌握問題的核心。一旦問題經過概念化之後，有助於爾後的分析和解決之道，因此，確認和界定問題乃成為決定的第一個步驟。

貳、蒐集資料和分析現況

　　問題經過確認和界定之後，下一個決定步驟，就要進入蒐集資料和分析現況，以提供未來研擬各種方案的參據。一般而言，所蒐集的資料要考慮下列四個要件：一是資料必須與界定問題具有關聯性；二是資料必須可以蒐集到；三是資料必須是客觀的；四是資料必須為可用的。蒐集資料能夠符合上述四要件，則資料分析才會有正確性，對於未來進行決定，價值性就大大提高。

　　當然，除了蒐集與問題有關的資料或訊息之外，對於問題本身的內外在環境也要進行分析，以利瞭解問題產生的背景及前因後果，這樣對於未來做決定，才能進行全盤性考量，而未來所研擬的各種選擇方案，也更具周延性與完備性。

參、研擬及評估各種選擇方案

　　經過蒐集與分析相關資料，而對於問題現況有完整瞭解之後，下一個步驟就是要決定研擬各種選擇方案，它是做決定過程的核心。當然，選擇方案的研擬，不宜由單位主管或承辦人員提出，宜經過諮詢的過程較佳，例如：透過座談會、說明會或小組會議等方式，大家腦力激盪、周詳考慮和集思廣義，則所研擬各種選擇方案，較具適切性。

　　當然，所研擬的選擇方案，不能只有一個，否則就無決定選擇的空間，至少要有二個以上方案，提供選擇。每一個方案的提出，也必須預測方案實施之後可能產生的後果，亦即所謂的利弊分析，進行評估，以作為未來決定方案的依據。

肆、選定最佳可行方案

　　各種選擇方案經過研擬及評估利弊分析之後，決定的下一個步驟，就是選定最佳可行方案，作為未來執行方案之依據。基本上，最佳可行方案的選定，通常會考慮下列標準：一、可行性高，能符合組織的條件、需求及目標；二、經濟性高，付出較低的成本，可收到較大的效益；三、風險性低，未來執行阻力小，能有助達成組織目標；四、公平性高，符合多數人的利益，而非讓少數人獲益。

　　最佳可行方案的選定，涉及到領導人員的智慧和經驗，必要時可再次藉由徵詢過程，最後綜合判斷後再決定方案，則方案將更具有效性，未來就可順利執行方案，以發揮方案的效果。

伍、執行選定方案

可行方案經過選定之後，下一個步驟就是要執行該方案。一般而言，新的方案涉及到變革，多少具有不確定性，難免會帶給成員不方便，增加成員負擔，甚至造成成員恐懼感，導致成員抗拒變革。因此，領導人員在執行方案時，還是要預期成員的可能抗拒，並做好各種因應的準備，才能有效執行方案。

為了降低成員的未知恐懼感及增加成員對方案的瞭解與認同，執行方案的宣導與溝通是必要的過程，同時也要說明方案的執行，不會損及相關人員的利益，讓成員能夠樂於執行所選定的方案。

陸、追蹤及評估結果

選定方案經過執行之後，為了瞭解其效果，是否達成預期的目標，就必須落實追蹤及評估的工作，此為決定過程最後的步驟。瓊斯（Gareth R. Jones）和喬治（Jennifer M. George）提出此一步驟應包括下列三方面：一、將實際發生的事情與預期決策結果應發生的事情進行比較。二、探討所做的決定是否有符合期望。三、研訂有助於未來決定的指導方針（Jones & George, 2022）。

一般而言，執行方案需要投入很多的人力、時間、經費和資源，倘若未做好追蹤及評估工作，就很難掌握方案產生哪些效益。因此，方案的追蹤與評估主要目的在於瞭解方案執行成效及其缺失，從中獲得回饋，以提供未來方案改進參考，讓後續滾動式修正方案有更好的依據。

基於以上的說明，茲將教育行政決定的過程，歸納如圖 8-1 所示。

圖 8-1

教育行政決定的過程

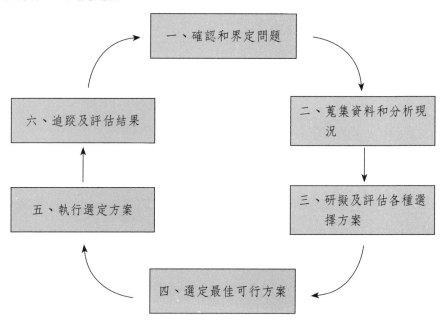

補給站
～～～～～～～～～～～～～～～～～～～～～～～～～～～～～～

有限理性

　　有限理性（bounded rationality）概念，主要倡導者為諾貝爾經濟學獎得主西蒙（Herbert Alexander Simon），他針對古典經濟學家所提出之「理性決定」模式加以批判而產生，當初論點考慮決定者受到龐大訊息處理能力的約束，決定時會受到限制。

　　後來，有限理性衍生為個體做出決定時，受到理性的知識和能力限制，加上也可能受到時間、資源和訊息的限制，只能選擇令人滿意的決定，而非最佳的選擇。

有限理性和完全理性看法可說極為不同，前者認為環境不確定
性高、訊息無法完全掌握，只能做滿意決定；而後者認為環境是可控
制、訊息可以掌握，可以做出最佳的選擇決定。

第三節 教育行政決定的模式

決定模式是詮釋做決定的方法及其法則，它涉及誰做決定？成員
如何參與決定？如何做決定？何時做決定？決定內容是哪些？等內
涵。由於學者們對決定的基本假設有所差異，因此提出各種不同的決
定模式。由於決定模式種類繁多，僅擇下列常見的決定模式說明之。

壹、行政模式

行政模式（Administrative model）為西蒙（Herbert Alexander
Simon）所倡導，他認為決定者受到資訊處理過程有限性及組織環境
的限制下，往往選擇的是「滿意」的決定，而非「最佳」的決定，因
而又被稱之為「滿意模式」。依西蒙看法，決定者有兩種類型：一是
行政人（The administrative man）：做決定時關注滿意度而不是最佳
結果，基於習慣、或經驗法則進行決定；一是經濟人（The economic
man）：假設人們是理性的，其決定基於數學分析，可以做出理想的
決定。而西蒙認為人的決定不是經濟人，而是行政人，是故被稱之為
「行政模式」。

行政模式基於影響行政人員如何做出決策的行為過程，它不是規
定應如何做出決定，而是更側重於描述它們是如何做出的。因此，
行政模式的決定過程，主要來自於下列三方面：一、利用不完整和

不完美的資訊；二、受到有限理性的限制；三、傾向於滿意的決定
（Griffin, 2013）。行政模式的決定過程，如圖 8-2 所示。

圖 8-2
行政模式的決定過程

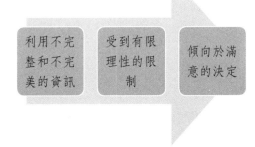

資料來源：Griffin, R. W. (2013). *Management: Principles and practices*. South-
　　　　　Western. p. 222.

　　行政模式提出雖有一段歷史，其所持的論點認為人是有限理性決
定論，仍具有參考價值。因為人非萬能，任何決定不可能達到完美狀
態，難免會受到個人能力和現實環境的限制；但隨著資訊科技的發
展，資料導向決定（data-based decision making）逐漸受到重視，加
上大數據分析趨於精確，行政人員所做的決定會有實證基礎，趨於較
完美地步。

貳、漸進模式

　　漸進模式（Incremental model）最初是在 1950 年代由美國政治學
家林德布洛姆（Charles E. Lindblom）所倡導，此模式強調決定過程
參與者的多元化與互動性，透過相互調適與妥協的方式進行決定，而
決定者會建立在過去的經驗之上，逐漸修正而做決定，所以它專注於

漸進而非整體變革。

　　林德布洛姆認為理性決定在現實環境中，是一種無法實現的理想，因此決定需要分析的簡化（simplification），亦即將焦點限制在現有情況的微小變化進行決定，才能最大限度地利用可用的知識（Lindblom, 1959）。主要特色如下：一、決定者依過去的活動、計畫或政策作為基礎，逐步增加、減少或修正原有的活動、計畫或政策；二、非依理性模式對選擇方案及其後果進行徹底的分析，而是依賴連續性的有限比較（successive limited comparisons），僅比較有限數量的選擇方案，以利簡化決定；三、決定須考量決定者的有限理性、現實環境限制，以及參與者的互動狀況，進行逐步微調，而不做大幅度改變。

　　漸進模式雖然提出較為完整的決定理論，開創決定論新的見地，所做的決定屬於微小變化，較具穩定性，但它仍有下列的缺點，例如：不適用於基本性、革命性的決定，不適用於對一個嶄新問題的解決、過分貶抑傳統理性決定分析的可能性等（黃昆輝、張德銳，2000）。因此，漸進模式在適用性上仍有其限制。

參、垃圾桶模式

　　垃圾桶模式（Garbage can model）係 1972 年由科恩（Michael D. Cohen）、馬奇（James G. March）和奧爾森（Johan P. Olsen）所提出，3 位所採用的垃圾桶並非真正的垃圾桶，而是一種隱喻，亦即在一個混亂或不確定的環境下要進行做決定，很難採用理性模式做決定。

　　依科恩、馬奇和奧爾森的論點，認為組織常處於無政府狀態（organized anarchy），而「無政府狀態」組織的決定情境有下列三項特徵：一、問題的偏好（problematic preferences）：在組織中，很難估算出一組偏好對決定情境的影響，能夠滿足選擇理論的標準之一致性要求，尤其在鬆散組織結構中，只能在各種不一致和不明確

的偏好基礎上運作。二、技術不明確（unclear technology）：組織成員對營運過程不甚瞭解，通常是在嘗試錯誤（trial-and-error）程序中進行，以及在經驗中學習。三、參與者流動（fluid participation）：參與者在不同領域投入的時間和精力各不相同，參與程度每次都有差異，而組織的邊界也是不確定的和不斷變化中（Cohen et al., 1972）。

基於上述三種組織特徵，科恩、馬奇和奧爾森提出了組織決定取決於下列四股流量（streams）：一是問題（problems）：問題可能來自於組織的內外部，是人員所關心的；二是解決（solutions）：它是積極尋找問題答案的方式與結果；三是參與者（participants）：參與者來來去去，參與的差異源自於其他參加者時間的要求；四是選擇機會（choice opportunities）：一個組織被期望產生的決定行為（Cohen et al., 1972）。

霍伊（Wayne K. Hoy）和米斯格（Cecil G. Miskel）曾對垃圾桶模式歸納如下的特色：一、組織目標自發產生，不是事先設定好的；二、手段和目的是獨立存在的，機會或偶然性將它們聯繫在一起；三、當問題與解決方案相匹配時，就會做出正確的決定；四、決定依賴更多的機會甚於理性；五、行政人員掃描現有的解決方案、問題、參與者和機會，以尋求匹配（Hoy & Miskel, 1996）。

總之，垃圾桶模式是一種非理性的決定方式，通常發生在「不知道問題、不確定方法、參與者不固定」的情境下，配合當下情境隨機應變所進行決定方法，類似在垃圾桶中隨機碰撞而產生的決定。

肆、混合掃描模式

混合掃描模式（Mixed-scanning model），係由艾茲奧尼（Amitai Etzioni）所提出，該模式係綜合理性模式（rationalistic models）和漸進模式（incremental approach）而成。基本上，理性模式對決定者而言，傾向於高度控制決定情境，而漸進模式則是屬於漸進調適

（muddling through）方式，較少對於環境的控制，而混合掃描模式
將兩者加以結合，艾茲奧尼將之稱爲「第三種決定模式」（A "Third"
Approach To Decision-Making）（Etzioni, 1967）。

　　艾茲奧尼認爲理性模式關注於尋求詳盡無遺的資料，但可能需要
付出大量的人力和時間，壓垮了決定者行動能力；而漸進模式關注於
某些特定的訊息，則可能忽略了意想不到的訊息，導致決定產生偏
頗（Etzioni, 1967）。因此，決定者需要有所取捨，當面對決定情境
時，首先採取理性方式立下基本的決策方向，然後以漸進的方法制定
詳細的執行辦法，此可兼顧長遠目標及現實環境需求，是一種較爲適
切的決定模式。

　　霍伊（Wayne K. Hoy）和米斯格（Cecil G. Miskel）曾將混合掃
描模式特色歸納如下：一、廣泛的組織政策，爲試探性的漸進決定提
供了方向；二、良好的決定具有令人滿意的結果，它符合組織政策和
使命；三、尋找選擇性方案僅限於那些接近問題的人；四、分析基於
以下假設，缺少重要訊息，但必須採取行動；五、理論、經驗和連續
比較一起使用（Hoy & Miskel, 1996）。

　　混合掃描模式提供決定模式另外一個方向，讓決定更有彈性，不
拘泥於理性模式，也不受限於漸進模式，具有其參考價值；但艾茲奧
尼並未明確具體說明理性模式和漸進模式如何有效結合，其實際應用
性多少受到挑戰。

伍、直覺決定模式

　　直覺決定模式（Intuitive decision-making model）的倡導較晚，
已成爲一種重要的決定模式。卡尼曼（Daniel Kahneman）在 1982 年
提出直覺判斷源自非正式和非結構化的推理模式，但不包括任何經過
有條理的計算（Kahneman, 1982），它依賴經驗而判斷的法則，類似
心理學上稱爲「捷思法」（Heuristics），可以簡化決定程序，做出

較爲滿意的決定。

直覺決定模式係指在無意識（unconscious）理性的情況下做出決定，亦即行政人員具有時間壓力、大量不確定性、高風險的結果，以及在不斷變化的條件下做出決定，他們沒有充裕時間，完成理性決定的所有步驟。

直覺決定模式通常不會考慮多個選擇方案，透過經驗和直覺採取一個可行方案，然後付出實施，以達到結果爲止。羅賓斯（Stephen, P. Robbins）和賈巨（Timothy A. Judge）提到直覺雖然不是理性的，但不一定是錯的，也不總是與理性分析相矛盾，兩者可以相得益彰（Robbins & Judge, 2022）。顯然，直覺決定不一定經過全盤思考和深思熟慮，但在緊急狀況下要做決定，直覺決定模式亦可爲決定的選項之一。

基本上，直覺決定模式是否能做成滿意的決定，倒是值得存疑。因爲直覺很難分析與測量，而且未經客觀的理性分析過程，有時難免會產生決定的偏誤或迷思，即使是專家的直覺決定，仍會出現決定的盲點。因此，直覺決定模式的應用性，實有其限制。

第四節　團體決定常用的方式

在教育組織中，團體決定（group decision-making）是相當常見的方式之一，即使是採取首長制的組織，也會運用團體決定，而在委員制的組織，更是採用團體決定，例如：教育行政機關所組成的申訴評議委員會或校長遴選委員會，或者學校的教師評審委員會、教師成績考核委員會等都是如此。

當前愈來愈多的組織，重要的決定都是由團體決定，或者是小組決定（team decision making）而非個人決定。而團體決定的方式，葛利芬（Ricky W. Griffin）曾提出常用的有下列三種：互動性群體

（interacting groups）、德懷術（Delphi technique）和名義群體技術（nominal group technique）（Griffin, 2013）；至於盧尼堡（Frederick, C. Lunenburg）和歐恩斯坦（Allen Ornstein）則提出下列六種：腦力激盪（brainstorming）、名義群體技術（nominal group technique）、德懷術（Delphi technique）、魔鬼擁護法（devil's advocacy）、辯證式探詢法（dialectic inquiry）和對話式探究（dialectical inquiry）（Lunenburg & Ornstein, 2022），由於一般人對腦力激盪較為熟悉，本文僅就互動性群體、德懷術、名義群體技術、魔鬼擁護法和辯證式探詢法等五種方式說明之。

壹、互動性群體

互動性群體，又稱互動團體，它是決定最常用的方式之一。維文（Andrew H. Van de Ven）和德爾貝克（Andre L. Delbecq）曾提到互動性群體係由領導者提出一個問題，然後小組群體透過會議形式加以討論；沒有預先安排的結構格式，允許小組成員以任何方式進行交互討論，然後匯集參與成員的判斷，會議結果通常基於優先性進行投票表決，或者協商共識的決定（Ven & Delbecq, 1974）。

互動性群體的優點，是透過成員之間的互動，有助於激發新創意或新點子；而其最大缺點則是政治協商的過程發揮太大的作用（Griffin, 2013）。

貳、德懷術

德懷術，又稱德（爾）菲法或專家預測法，是蘭德（RAND）公司在 1950 年代開發的，當時用於預測技術對戰爭的影響。後來，它已被廣泛應用於醫療保健、教育、管理和環境科學等方面。

德懷術，基本上在於發展專家意見的共識。其做法是讓專家們以

多次匿名回答問卷，每一次問卷的結果都會提供給其他專家參考，以決定是否調整自己的想法，最後再歸納共識。

　　德懷術不僅用在教育決定上，在教育行政研究的指標建構研究亦相當常見，其步驟大致如下：

一、組成德懷術專家小組，至少 5-10 位。

二、傳送第一回合的問卷。

三、整理第一回合問卷，並將問卷的成果再傳給其他專家。

四、專家參考其他專家意見，調整、修正或維持自己原先的想法。

五、反覆上列四項動作及提供結果，一般可能至少三回合，直到小組專家有共識為止。

　　德懷術可針對複雜問題提供不同的分析和訊息，就其優點而言，包括具有方便簡單可行，可避免面對面人際的摩擦，且沒有一個人能控制群體的意見，具有其客觀性；至於其缺點就是所花的時間較長，可能超過二週以上，甚至一個月，時間較不經濟，以及需要有充分的溝通。此外，專家的共識未必是正確的答案或解決方案。

參、名義群體技術

　　名義群體技術，又稱名義群體法，係源自於維文（Andrew H. Van de Ven）和德爾貝克（Andre L. Delbecq）在 1972 年所發表之〈名義群體技術作為探索性健康研究之研究工具〉（The nominal group technique as a research instrument for the exploratory health studies）。該文中指出名義群體過程是一個結構化的會議，旨在提供一個有順序的程序，以便從與問題領域最密切相關的目標群體，獲得質性的訊息（Ven & Delbecq, 1972）。因此，名義群體技術係在決定過程中，透過群體成員的獨立思考提出想法，提供未來決定的參考。

　　一般而言，名義群體技術的方法，通常採取下列五個步驟：

一、陳述問題，確保每位成員都能瞭解問題。

二、成員集合成一個群體，每位成員默默地思考解決問題的方案或想法，大約 5-10 分鐘。

三、每位成員說出自己一個想法，並提交給群體。主持人將每位成員的想法記錄在活動掛圖上，期間不允許討論，甚至不允許澄清問題。

四、群體成員現在開始進行討論，以便把每個想法理解清楚，並做出評價。

五、每位成員獨立地把各種想法排出次序，排序最高想法作為最終決定。

　　名義群體技術主要優點在於具有會議性質，但不限制每位成員的獨立思考或個體思維；至於其缺點則是該方法一次只能處理一個問題，因此缺乏靈活性和彈性。

肆、魔鬼擁護法

　　魔鬼擁護法，又稱魔鬼代言人。在會議中，有人被指定扮演「魔鬼」的角色，專門負責對團體所做出的選擇方案提出批評或給予挑戰，其目的在於找出所有的原因，為何所偏好的選擇方案無法被接受（Jones & George, 2022），這樣有助於減少決定的盲點。

　　魔鬼擁護法決定方法，是以正當的心態提出批評，用以刺激團體想法，期望激發出更具創造力的方法，有助於防止團體迷思（groupthink）和降低認知的偏見，並增加做出高品質決定的機會，是為其優點；而其主要缺點則是有時會流於冗長爭辯，造成會議中斷或沒有成效的延誤。

伍、辯證式探詢法

　　辯證式探詢法，又稱辯證法，將小組分為兩個子小組，每個子小

組都提出一項相互對立的看法或建議，彼此為自己的立場進行辯護。

　　基本上，辯證式探詢法會將所有可能的正反觀點或矛盾觀點都納入考慮在內，在未得到結論之前，對這些不同觀點都會進行徹底分析，以決定更好的方案。因此，其目的就是幫助組織能夠決定高品質的方案，而且亦可降低團體迷思。

　　一般而言，辯證式探詢法要比魔鬼擁護法需要花更多的時間和力氣，因而執行起來較為不易，是故在團體決定方式的應用上，亦不如魔鬼擁護法的好用。

補給站

團體決定的價值

　　在組織環境中，經常要進行各種決定，而團體決定乃是最常用的方式之一，它具有下列的價值：

一、提升決定品質：在團體決定過程中，透過充分討論，思慮較為周延，降低決定的失誤，可以獲得更有效的決定，有助於提升決定的品質。

二、激發決定創意：在團體決定過程中，不同的參與人員，會有不同的觀點與見解，提供決定更寬廣視野，有助於激發更多的決定創意。

三、提供豐富訊息：在團體決定過程中，成員會分享和釋放各種意見與想法，這些所累積的豐富訊息或知識，有助於決定的判斷與選擇。

四、增加成員支持：團體決定的結果，是透過民主和參與的過程中產生共識，較容易獲得成員的認同與支持，成員接受性高，對於未來執行決定，亦可減少阻力。

補給站

團體迷思

　　團體迷思（groupthink），又稱團體思維，係指團體在決定過程中，由於成員傾向順從團體的觀點，讓自己的觀點與團體一致，導致團體缺乏不同的思考角度，無法得到創意的點子或客觀分析，造成決定的盲點。

　　團體迷思理論最早是由社會心理學家賈尼斯（Irving Janis）在其 1972 年的《團體迷思的受害者：外交政策決定和慘敗的心理學研究》（*Victims of Groupthink: A Psychological Study of Foreign-Policy Decisions and Fiascoes*）一書中提出的，該研究重點研究了珍珠港爆炸、越南戰爭和古巴豬玀灣入侵事件等外交政策決定背後的心理機制，以及預防團體決定迷思。

　　1986 年 1 月 28 日，美國國家航空暨太空總署（NASA）挑戰者號太空梭，在發射離地 73 秒後，便燃燒成火焰，造成 7 位太空人的全數罹難。事發後，調查發現這場爆炸是一系列錯誤的抉擇造成的。在發射前一天，資深工程師就曾警告 NASA 挑戰者號有很明顯的結構問題，絕不能發射；但 NASA 的專業人員們卻決定忽視這位工程師的疑慮，造成慘痛的悲劇發生，這就是一種團體迷思值得深思的案例。

　　在組織團體決定過程中，即使部分成員不贊同團體的最終決定，但在團體壓力下就被忽略了，可能導致團體做出不合理或很壞的決定，成為團體迷思可怕的現象。

第五節　有效教育行政決定的策略

　　教育行政人員做決定，是執行業務的重要任務之一。然而教育行政人員面對教育內外複雜和不確定的環境時，常常充滿著很大的挑戰。倘若，所做的決定政策不符合人民的需求時，不僅帶來民怨，而且政策也難以推動。因此，決定對行政人員亦屬相當大的考驗。茲就有效教育行政決定的策略說明如下：

壹、建立教育決定系統，確保決定過程嚴謹

　　決定有各種不同模式，適合組織及情境亦有所差異。就教育組織而言，它的穩定性較高，除非遇到緊急狀況，才需進行應變處理及決定，否則大都偏重於常態性的決定，有些屬於問題的解決，有些則是創新的作為。

　　為了使教育決定更具有效性，建立一個系統性的教育決定過程，是有其必要。而在此過程中，必須確定目標所在及問題脈絡，作為引導決定的依據；其次尋求各種不同選擇方案，預估各種不同選擇方案的價值；然後再決定一個最佳的方案，並將方案轉化為實際行動。倘若領導者能依此教育決定系統而行，則決定過程必將更為嚴謹，所做的決定亦可看到其效果。

貳、掌握適切充分資料，進行客觀理性分析

　　決定不能無中生有，需要有資料作為基礎，才能讓決定有著力點。一般而言，資料過少或過多，都會造成決定的難題。過少的資料，決定可能會掛一漏萬；資料過多，需要耗費時間消化，加重決定的負擔。因此，有效挑選及掌握適切充分的資料，實屬相當重要，才

能有助於對問題背景的瞭解及未來所做的決定。

　　基本上，資料必須與問題背景有關，而且資料內容應具正確性和可靠性，才有價值性。根據所蒐集的資料加以歸納統整成爲訊息，以利進行客觀理性的分析，而不是流於個人主觀臆測。透過客觀理性分析所得的訊息，對各種選擇方案的利弊評估，將有助於進行有效的教育行政決定。

參、善用組織成員知能，擴大成員參與決定

　　教育人員，具有一定學識和專業素養，是組織重要的資產。在決定過程中，能夠善用組織成員知能，擴大成員參與決定機會，深信對決定品質必會產生加分的效果，因爲多一點人員參與決定，可降低決定的誤判或偏差。

　　尤其現在是一個開放和民主的社會，各項決定講求透明化，避免黑箱作業。因此，讓更多的成員參與教育行政決定，提供多樣性的觀點，對提升決定品質是有積極性的作用。當然，在決定過程中，除了重視內部成員的參與外，必要時，也要引進學者專家及利害關係人的加入，結合組織內外人員的力量，將能提升教育行政決定品質。

肆、鼓勵正反意見討論，從中選擇合適方案

　　在一個組織或教育組織中，常常擔心異議者或唱反調者，造成組織的不和諧，阻礙組織發展。事實上，組織能提供異議者正常的發聲管道，譬如：開會形式或座談形式，讓不同聲音也有表達的機會，對組織的各種決定，會做更周詳的考慮，有利於決定品質。

　　一般而言，在教育行政決定過程中，最怕出現一言堂現象，很容易造成決定的迷思，反而難以獲得較佳的決定，影響到未來執行決定的可行性。因此，透過充分討論，讓正反不同的意見俱陳，然後進行

綜合判斷，從中選擇一個合適方案，才能彰顯決定的品質。

伍、慎防個人過度自信，避免造成決定失誤

　　組織領導者在決定過程中扮演著關鍵性角色，其行事風格和專業素養都會影響決定的品質。倘若一個領導者展現過度自信，常常會高估自己的知識和能力，對自己控制事情和解決問題都處於過度樂觀，而且亦過於堅持己見，很容易誤判形勢，造成決定的失誤。

　　一般而言，過度自信的領導者往往自我感覺良好，認為自己看法都是正確的，比較不容易聽進各種雅言或建言，這種心態可說是有效行政決定的殺手。只有領導者能虛心接納各種不同聲音，轉化為決定的助力，才有助於做成更有效的決定。因此，領導者慎防個人過度自信，在教育行政決定過程中，誠屬重要。

陸、落實決定影響評估，提升決定執行價值

　　有效的教育行政決定，不只是選定一個最適切或最佳的方案，更重要的仍在於未來是否具有可行性，並發揮決定的預期效益。因此，決定的風險評估或衝擊評估等影響評估，亦為有效決定的重要條件。若能落實決定影響評估，深信有助提升決定執行價值。

　　決定影響評估就是對於所做決定可能產生的不利影響和需要採取的措施，預先進行一下評估，作為未來決定執行的參據。教育行政決定影響到教育品質和教育發展，對於決定影響評估，實有其必要性，一方面有助做好預防工作，另一方面可讓決定方案更能有效推動。

補給站

決定的倫理考量

　　教育行政任何的決定，都關係到學生學習福祉和未來教育發展。因此，決定的倫理考量，是有品質決定的不可或缺之要件。

　　范熾文（2002）提到倫理決定係行政人員面對一系列的相對價值，在決定的過程中，會涉及價值的考慮，必須思考有哪些的規範及原則，可提供基本的指引，其決定對別人產生重大影響。

　　基本上，教育行政決定的倫理考量，應以對所有人最大的好處為基礎，不能因所做的決定，傷害到少數人的利益。此外，所做的決定亦應遵守法律與道德規範，凡是屬於非法或違反道德的決定，都不符合倫理的決定。因此，教育行政人員做決定時，必須認清並消除不道德的選擇，並選擇最佳合乎道德的選擇，朝向選擇最合理的、公平的、正義的、誠信的價值，才能做好倫理決定。

本章摘要

一、教育行政決定係指機關或學校為解決實際教育問題或創新教育作為，在各個方案中選擇一個最佳方案的行動過程。

二、教育行政決定的功能，計有下列四項：㈠引導未來教育行動；㈡促進行政作為實踐；㈢協助研訂良好政策；㈣確保教育持續發展。

三、教育行政決定的類型，依性質區分，可分為策略性決定和運作性決定；依層次區分，可分為個人決定和集體決定；依技術區分，可分為程序性決定和非程序性決定。

四、教育行政決定的過程，主要步驟如下：確認和界定問題、蒐集資料和分析現況、研擬及評估各種選擇方案、選定最佳可行方案、執行選定方案、追蹤及評估結果。

五、行政模式為西蒙（Herbert Alexander Simon）所倡導，他認為決定者
　　受到資訊處理過程有限性及組織環境的限制下，往往選擇的是「滿
　　意」的決定，而非「最佳」的決定，因而又被稱之為「滿意模式」。

六、漸進模式最初是在 1950 年代由美國政治學家林德布洛姆（Charles E.
　　Lindblom）所倡導，此模式強調決定過程參與者的多元化與互動性，
　　透過相互調適與妥協的方式進行決定，而決定者會建立在過去的經驗
　　之上，逐漸修正而做決定，所以它專注於漸進而非整體變革。

七、垃圾桶模式係 1972 年由科恩（Michael D. Cohen）、馬奇（James G.
　　March）和奧爾森（Johan P. Olsen）所提出，3 位所採用的垃圾桶並
　　非真正的垃圾桶，而是一種隱喻，亦即在一個混亂或不確定的環境下
　　要進行做決定，很難採用理性模式做決定。

八、混合掃描模式（Mixed-scanning model），係由艾茲奧尼（Amitai
　　Etzioni）所提出，該模式係綜合理性模式和漸進模式而成。

九、直覺決定模式係卡尼曼（Daniel Kahneman）在 1982 年提出直覺判
　　斷源自非正式和非結構化的推理模式，但不包括任何經過有條理
　　的計算，它依賴經驗而判斷的法則，類似心理學上稱為「捷思法」
　　（Heuristics），可以簡化決定程序，做出較為滿意的決定。

十、團體決定方式，主要有下列六種：腦力激盪、互動性群體、德懷術、
　　名義群體技術、魔鬼擁護法和辯證式探詢法。每種方式，各有其價值
　　性，但亦有其缺點。

十一、有效教育行政決定的策略，包括下列六項：㈠ 建立教育決定系統，
　　　確保決定過程嚴謹；㈡ 掌握適切充分資料，進行客觀理性分析；㈢
　　　善用組織成員知能，擴大成員參與決定；㈣ 鼓勵正反意見討論，
　　　從中選擇合適方案；㈤ 慎防個人過度自信，避免造成決定失誤；㈥
　　　落實決定影響評估，提升決定執行價值。

評量題目

一、請就您所知，說明教育行政決定的意義及其功能。

二、一般而言，教育行政決定過程應遵循一定的步驟，請提出主要的步驟為何？

三、請比較決定之行政模式與漸進模式之差異。

四、請說明團體決定中採用魔鬼擁護法之價值及其缺點。

五、教育行政決定關係到教育健全發展，請提出有效的教育行政決定策略有哪些？

案例研討

先免後特 vs. 先特後免

　　張勇對十二年國民基本教育入學制度想要有所瞭解，但對「先免後特」和「先特後免」之意涵並不太清楚，特別問倪老師，可否說明一下。

　　「免試入學與特色招生，是十二年國民基本教育兩種重要入學方式，先免後特就是先辦理免試分發入學，再辦理特色招生；而先特後免就是先特色招生，再辦理免試分發入學。」倪老師加以解釋。

　　張勇還是不瞭解當初教育部為何要決定先免後特，而不是先特後免。

　　倪老師說：「大哉問！當初的確有部分人士主張應先特後免，讓想要升入傳統明星學校的國中生先參加特色招生考試，剩下沒有錄取的學生，再參加免試分發入學，這樣對所分發的學生及家長就不會有任何怨言。」

　　「然而教育部經過通盤考量，認為先辦理特色招生考試，很多家長及學生一定不會輕易放棄此一考試機會，此將助長升學風氣，回到過去基測入學考試時代，十二年國民基本教育要減輕學生升學壓力，必將破功，因而堅持先免後特。」

　　第一年實施之後，產生招生作業時程過長，學生遲遲無法就定位，導致部分學生和家長沒有安定感，引起社會質疑不斷，後來調整為「先免後

特，一次分發到位」，總算平息了紛爭，目前依然未改變。

問題討論

一、十二年國民基本教育與九年國民教育的入學制度有何不同？

二、先免後特和先特後免，是教育行政決定的兩難，您贊成哪一種？理由何在？

三、十二年國民基本教育中的高級中等學校入學制度，能有效紓緩國中生升學壓力嗎？

第九章

教育行政溝通

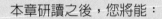

本章研讀之後，您將能：

一、瞭解溝通的意義、過程和功能。

二、熟悉人際溝通障礙的因素與改進途徑。

三、知悉組織溝通主要形式的內涵。

四、認清組織溝通障礙的因素與改進途徑。

學習目標

　　溝通是組織最重要的過程，亦是組織活動的核心，有效的溝通能夠提升個人、群體和組織的表現。因此，任何群體或組織都相當重視溝通的功能與價值。教育行政人員從事各項行政工作，不管是政策的擬定、宣導或執行，都需要藉助於溝通，才能達到效果。

　　本章分別說明溝通的基本概念、人際溝通障礙的因素及改進途徑、組織溝通的主要形式、組織溝通障礙的因素及改進途徑。

第一節　溝通的基本概念

壹、溝通的意義

　　溝通就其中文字義而言，依三民書局（1989）新辭典將其解釋為：係指開溝使兩水相通，後用以指彼此意見、情感的交流。就其英文字義來看，《牛津學習者字典》（*Oxford Learner's Dictionaries*）將溝通（communication）解釋具有下列意思：它是表達想法和感受、或向人們提供訊息的活動或過程，以及發送訊息的方法，尤其是電話、收音機、電腦等意思（Oxford University Press, 2022e）。因此，從中英文字義觀之，意義相當接近，都具有意見、思想、訊息和情感之意。

　　不同學者對於溝通的意義，看法大同小異，例如：瞿立鶴（1992）認為溝通是發訊者與受訊者經由傳播行為，分享組織中有關訊息、事實、觀念、態度、意義，相互瞭解，建立共識，同心同德，和衷共濟，以達成目標，完成預期任務的一種手段、方法、教育或行政歷程。而江文雄（2001）亦認為溝通即交換意見的意思，包括是兩人以上互動的歷程，以及為一種傳遞訊息的程序，藉由這個程序，一個人將其消息與瞭解傳達給另一個人。

　　羅伯茲（Karlence H. Roberts）和韓特（David M. Hunt）認為溝

通是獲得、傳遞和連接訊息的意義（Roberts & Hunt,1991）；而紐斯特羅姆（John W. Newstrom）和戴維斯（Keith Davis）認為溝通係從一個人到另一個人的訊息傳遞和理解（Newstrom & Davis, 2002）；葛利芬（Ricky W. Griffin）亦有類似的看法，認為溝通係從一個人到另一個人傳遞訊息的過程（Griffin, 2013）；至於瓊斯（Gareth R. Jones）和喬治（Jennifer M. George）認為溝通是兩個或以上的人員或群體為達到共同理解的訊息分享（Jones & George, 2022）。

　　基於以上學者的看法，溝通可以界定如下：

　　溝通為人與人之間、群體與群體或組織與組織之間，經由訊息的傳遞與分享，促進彼此意見、經驗、思想與情感交流，以增進相互瞭解的過程。

　　根據以上的定義，再進一步說明如下：

一、溝通的主體：以人、群體或組織為主體，但必須在兩個或以上的人員，溝通始有可能，單獨個人不能算是溝通，只能視為自我對話或省思。

二、溝通的內容：相當廣泛，舉凡 2 人或以上的意見、經驗、思想與情感等方面，都屬於溝通的範疇。

三、溝通的過程：經由發訊者與受訊者訊息傳遞和分享的過程，倘若訊息遭遇干擾，溝通品質會受影響

四、溝通的目的：彼此對於訊息意義的共同理解，並增進相互的瞭解，減少摩擦或衝突現象發生。

貳、溝通的功能

　　人是社會群體的動物，為了與人相處，必須學會溝通；同樣地，組織是由人員和單位所組成，為了能夠有效運作，也必須溝通。所以，溝通在個人社交或組織發展，扮演著極為重要角色。史通（James A. F. Stoner）和傅利曼（R. Edward Freeman）曾將溝通視為

組織的命脈（lifeblood），不良溝通將造成組織的心血管疾病（Stoner & Freeman, 1989），亦說明溝通對於組織運作的重要性。

　　溝通存在於各個組織，一定有其目的或功能。余朝權（2007）提出溝通計有下列目的：一、傳達情報；二、傳達感情；三、獎懲；四、指導；五、管制考核；六、激勵士氣；而梅塔（Runal Mehta）提出溝通八大功能，包括：通知、教導、說服、激勵、審美、治療/情緒表達、規定/控制和社會互動（Mehta, n.d.）；至於羅賓斯（Stephen P. Robbins）和賈巨（Timothy A. Judge）亦認為溝通在群體或組織內有下列五大功能：管理、回饋、情感分享、說服和訊息交換（Robbins & Judge, 2022）。

　　基於以上說明，在教育組織上溝通的功能，可歸納為下列五項：

一、提供訊息：不管是個人或組織都需要面臨抉擇，經由溝通可以獲取所需的知識或資訊，作為決定參考依據。此外，組織亦可透過溝通，提供組織訊息，使成員更有效執行工作和達成目標。

二、激勵成員：組織成員於工作中有良好的表現，可藉由溝通方式給予肯定和回饋，增強成員行為，以激起成員從事挑戰性任務或複雜性工作的意願，使成員更努力於工作。

三、任務控制：組織中政策、目標、執行策略或新的工作要求，都可經由溝通要求成員瞭解與遵守。此外，成員各有其工作任務和角色，倘若成員對於自己工作內容或方式混淆不清，就須藉著溝通方式，澄清其觀念，使成員瞭解其職責。

四、表達情感：組織中的成員，都有喜、怒、哀、樂等情感，經由相互接觸和溝通中，可將自己的喜悅與同事分享。倘若遭遇挫折或打擊，亦可透過溝通獲得撫慰。若有不滿之處，也能藉著溝通宣洩情緒，使苦悶獲得紓解。

五、協調工作：組織中要推動各種業務或工作，常常涉及到組織內或組織外的各單位或人員，為使業務推動順利，必須透過各種溝通的方式，以利增進瞭解、資源有效整合，並減少衝突或對立，爭

取合作，彼此同心協力。

參、溝通的過程

　　基本上，溝通是發訊者發出訊息，經由媒介傳遞給收訊者的過程。例如：校長透過 E-mail 發出訊息給教師，這就是一種溝通；而教師經由口頭發出訊息給學生，也是一種溝通；教育部部長藉著電視宣導教育新政策，亦是一種溝通。所以，發訊者、媒介、收訊者，乃成為溝通過程中最重要的元素。溝通過程是很複雜的過程，其模式如圖 9-1 所示。

圖 9-1
溝通過程模式

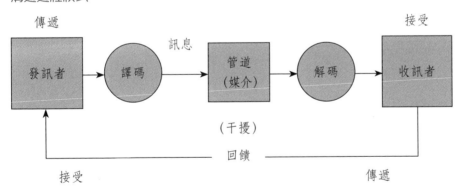

資料來源：Stoner, J. A. F., & Freeman, R. E. (1989). *Management*. Prentice-Hall. p. 524.

　　根據圖 9-1 資料，其要素說明如下：

一、發訊者：可能是個人、群體或組織需要或想要與其他個人、群體或組織聯繫，而發出訊息。例如：校長想要發出學校評鑑績優訊息給教職員，校長就是一位發訊者。

二、訊息：發訊者所發出的資訊，例如：學校榮獲教學卓越獎資訊，

就是一種訊息。訊息愈清晰和具體明確，溝通效果愈好。

三、編碼：將訊息轉化為收訊者所能理解的語言、手勢或文字。所以，發訊者必須對訊息有所知覺，並能加以詮釋成為有意義，以利收訊者理解。

四、媒介：經過編碼過的訊息傳遞給受訊者的途徑。媒介可能是口語溝通，亦可能是非口語溝通（如：肢體語言、手勢），亦可能是書面溝通，亦可能是網路溝通。

五、干擾：溝通過程受到干擾常常發生在解碼和編碼階段，猶如收音機信號受到惡劣天氣所干擾一樣。溝通干擾可能來自於不在意或外在環境的因素，它會影響到溝通效果。

六、解碼：收訊者詮釋發訊者的訊息，或者收訊者設法使發訊者的訊息有意義。解碼有時受到收訊者期望或過去經驗所影響。

七、收訊者：可能是接受訊息的個人、群體或組織。例如：校長發出訊息給學校教職員，教職員即為收訊者。

八、回饋：溝通過程中，收訊者反應發訊者訊息的循環過程。良好有效的溝通，回饋是必要的，它可以確信收訊者已經收到訊息，同時收訊者已經有適當的理解。

補給站

溝通媒介

溝通媒介有各種方式，主要有面對面溝通、電話溝通、書面溝通、網路溝通等，每種溝通媒介提供訊息豐富不一，回饋速度快慢互異，茲將其列表如下：

溝通媒介

方式	回饋速度	媒介
面對面溝通	立即	當面

方式	回饋速度	媒介
電話溝通	立即	電話 手機
書面溝通	較慢	文字 海報 圖案
網路溝通	迅速	E-mail Skype LINE FB Messenger WeChat 視訊

　　俗語說：「見面三分情」，上述溝通媒介仍以面對面溝通最為普遍，亦較為有效，提供訊息較為豐富準確。但隨著網路科技和通訊科技的發達，網路溝通不受時空限制，亦日趨普遍。就其穩定性而言，網路難免受線路或設備影響，但隨著資訊通訊科技的進步，其穩定性愈來愈高。

補給站

視訊會議

　　過去組織進行決定時，採用實體會議較多，隨著資訊科技進步及因應疫情之需，視訊會議（video conference）或線上會議（online meetings）漸漸廣為使用，在家辦公或開會，不受時間和空間的限制，可免除交通往返。此外，亦可降低人員面對面接觸，減少被感染機會，因而視訊會議成為開會的重要形式之一。

　　目前視訊會議的軟體，除各單位自行研發軟體之外，人們普遍使用的視訊會議工具如下：

一、Zoom

二、Google Meet

三、Microsoft Teams

四、Cisco Webex

五、VooV Meeting（騰訊會議）

六、Skype

七、LINE

　　以上這些工具，各有其優缺點，端視組織和個人偏好而定。

第二節　人際溝通障礙及改進途徑

壹、人際溝通障礙的因素

　　人與人之間的溝通方式，主要有兩種：一是單向溝通；另一是雙向溝通。前者只是發出訊息不預期從收訊者得到回饋，後者則是發訊者可以從收訊者得到回饋。基本上，在人際溝通上，雙向溝通效果要比單向溝通為佳。

　　在人際溝通過程中，有人花很多時間在溝通上，但是效果卻相當有限，甚至還產生「話不投機半句多」的反效果，其中必有一些溝通障礙因素干擾到溝通，包括訊息本身、個人認知和情緒、環境、語意等方面影響到溝通效果。茲將人際溝通障礙的因素說明如下：

一、訊息超載：在同一時間內，發訊者發出太多的訊息，導致收訊者
　　無法立即有效的解碼，造成訊息超載，嚴重干擾到有效溝通。例

如：校長在會議期間，發出太多訊息，與會者無法掌握校長訊息的意義，則校長的溝通效果將受到限制。

二、訊息複雜：發訊者發出訊息過於複雜，將會導致收訊者解碼的困難。因為在複雜的訊息下，收訊者必須將訊息細分為各個要素，以及理解訊息各個要素間之關係，萬一其中一個小要素出了問題，將會影響溝通效果。有時聽眾無法理解演講者的內容，部分原因也在於演講者的訊息過於複雜所致。

三、訊息曲解：發訊者發出的訊息並不是好的訊息，或者是收訊者所不喜歡的訊息或負面的訊息，收訊者可能會過濾所接收的訊息並加以扭曲，一旦訊息遭到曲解，人際溝通就很容易造成障礙。例如：部屬報喜不報憂，誤導了上級，即為此例。

四、語言差異：不同種族有不同的文化和語言，對於語言的詮釋可能會有不同，即使是同樣的中國人或臺灣人，由於方言或口音不同，亦會產生語言詮釋的差異。俗語：「雞同鴨講，有聽沒懂」，就是語言知覺差異所造成。

五、噪音干擾：發訊者發出訊息，適逢外界噪音太高，影響到訊息的清晰。例如：有一位好朋友打手機給您，適逢下課時間太吵，難以清楚地收聽到對方所發出的訊息。

六、缺乏信任：人與人之間的溝通，貴在彼此相互信任。倘若一方對於另一方有不信任之感，則所發出的訊息必會大打折扣。因此，發訊者具有一定的知識權威、值得信賴和受人敬重，其溝通效果較佳。

七、回饋不足：溝通不是「您講我聽」或「我講您聽」單方面的一廂情願，它需要訊息的對話與回饋，才容易產生溝通的效果。部分人員之所以產生溝通障礙，缺乏足夠的回饋，亦是原因之一。此外，給予負面的回饋，讓收訊者深感不快，亦會導致溝通障礙。

八、不良傾聽：人際間溝通常犯的毛病之一，就是缺乏耐心傾聽，任意打斷發訊者的談話，無法讓發訊者陳述完整的意見，影響到發

訊者的溝通心情，導致溝通效果不佳。部分主管由於沒有耐心傾聽部屬的意見，常常造成部屬不願與主管真誠的溝通，降低溝通效果。

貳、改進人際溝通障礙的途徑

人際溝通是日常生活的一部分，然而成功有效的溝通，卻不是一件容易之事，很多衝突事件的發生，都是溝通不慎所引起。所以，成功有效的溝通，亦是一門複雜的學問。一般而言，溝通難免會遇到障礙，如何化解溝通的障礙，以增進溝通效果，才是最重要之事。茲提出下列克服人際溝通障礙的途徑，以供參考：

一、訊息必須是清楚明確：訊息是溝通的基本元素，模糊不清的訊息，往往造成收訊者解讀訊息的困難或曲解。因此，任何一位發訊者所發出的訊息，不管是口頭或書面，都應力求訊息的正確性，讓受訊者能夠掌握發訊者正確和完整的訊息。例如：一位教師規定學生家庭作業，必須清清楚楚，學生完理解教師的規定之後，則其所寫的作業才能符合教師的規定，也才能達到溝通的效果。

二、運用適切的語彙字詞：語彙字詞是溝通訊息的重要元素，它傳達發訊者的意念及想法，為了使收訊者能夠掌握和瞭解發訊者的訊息，則語彙字詞的運用，就顯得格外重要。通常發訊者所用的語彙字詞，應該考慮對方的程度及背景，不宜使用過於艱深或學術性用語，尤其一般的人際溝通不像學術研討會，不必為了凸顯自己的學問，大量使用專業用語或矯揉造作，否則將難以達到溝通的效果。

三、溝通不宜太過於匆促：溝通是需要花費時間的，不能過於匆促，發訊者應該讓受訊者有足夠的解碼時間，就像教師上課問問題時，不能要求學生立即回答，至少要有 3-5 秒的候答時間，才會

產生效果。此外，溝通雙方受到時間限制，草草結束溝通，將很難產生溝通效果。其實，溝通目標最簡單的原則是有效，不是快速，這才是切合實際的做法。

四、避免外界噪音的干擾：溝通過程中，難免會有外界的干擾，有些屬於人為的干擾、有些屬於機器的干擾。基本上，這些外界的干擾是較為容易處理。例如：干擾來自於人為，就找出干擾源，請他降低聲量；噪音來自於機器，將機器改善或移走或窗戶關上即可。倘若噪音干擾真的無法避免時，就必須重新找一個溝通地點，以及增加訊息的清晰性或重複性，讓干擾減至最低程度。

五、建立彼此間信賴關係：溝通是一種雙方互動的過程，為了減少溝通的障礙，彼此之間建立相互信賴關係，就顯得相當重要。這種信賴關係，有助於建立溝通的社會支持力量與彼此的尊重，對於溝通效果具有積極正向的影響。所以，溝通過程中，除了發訊者本身要能夠贏得受訊者信任之外，發訊者對收訊者的信任亦屬重要，則可避免溝通的猜忌與疑慮。

六、給予及時適切的回饋：回饋是溝通過程中最後的步驟，其方式有口頭回應、點點頭、甚至進一步訊問等，當然亦有人都不回應。基本上，不回應勢必無法達到溝通效果，最佳的方式，乃是給予對方及時適當的回饋，而且儘量少用批判性或責備性的字眼，否則很容易導致雙方不歡而散。因此，給予及時適切的回饋，可避免溝通出現瓶頸，才能增進溝通效果。

七、保持良好的傾聽習慣：傾聽的技巧，常常是影響溝通效果的因素之一，良好的傾聽技巧，有助於溝通效果；反之則否。一位主動的傾聽者，本身就是溝通高手，他在溝通過程中，能夠集中注意力於對方所發出的訊息，而且亦可使對方有受到尊重的感覺，願意將自己的意見或想法真誠地表達出來，「傾聽，是比表達更難的功課。」的確有幾分的價值性。

第三節 組織溝通的主要形式

　　組織要執行工作和達成目標，就必須不斷地進行溝通，以建立共識和同心協力，促進組織的發展。組織溝通形式，主要有下列四種：1. 向下溝通（downward communication）；2. 向上溝通（upward communication）；3. 平行溝通（horizontal communication）；4. 斜線溝通（lateral communication）。如圖 9-2 所示。

圖 9-2

組織溝通形式

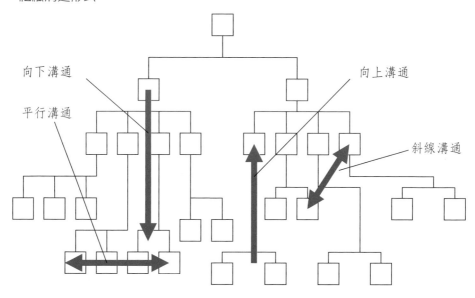

　　茲依據圖 9-2 資料，將組織溝通形式分析如下：

一、向下溝通：係由組織的高階主管傳遞訊息給次一級或較低階人員，這在組織溝通中相當常見。例如：教育局局長將教育部的政策向科長說明，而科長將局長的訊息轉達給學校校長。這種溝通係依層級體系或指揮系統而行，具有方便快速等優點，但是亦有

下列的缺點：1.部屬可能會依上司的個性、動機、形式和給予優先次序的知覺，而有所選擇訊息；2.部屬缺乏足夠的時間和努力學習所接收和理解的訊息；3.上司有時可能關閉訊息的管道，不讓部屬知道需要的訊息；4.偏向於機械式組織，缺乏更為開放和非指揮式的有機式組織的溝通。雖然有這些缺點，倘若上司能夠真誠和善用一般的語彙，將訊息告知部屬，仍有其溝通效果。

二、向上溝通：係由組織的基層人員傳遞訊息給上一級或更高級人員，在組織溝通中亦為相當常見。例如：教育局的科員將意見告訴股長，股長將想法告訴科長，均屬於向上溝通，亦是依層級體系或指揮系統進行溝通，亦具有方便快速等優點，但是亦有下列缺點：1.上級不為部屬所信任時，會降低部屬向上溝通的意願；2.部屬基於報喜不報憂心理，可能只提供正面訊息，故意隱藏負面訊息；3.溝通訊息涉及利害關係時，很容易遭到扭曲。由於向上溝通視部屬溝通意願而定，非上級命令或強迫所能為，所以上級獲得部屬的信任，就顯得格外的重要。此外，定期辦理座談會，亦有助於向上溝通效果。

三、平行溝通：係組織中同一層級中的人員相互溝通。例如：教育局的科員與科員的溝通、股長與股長的溝通、科長與科長的溝通，均屬於平行溝通。這種溝通方式主要目的在於協調事務，有助於推動業務。其主要優點有：1.不涉及階層關係，能夠分享訊息；2.提供同仁之間社會支持的力量；3.平行溝通頻率愈高，衝突比率愈低。由於平行溝通不是由層級體系或指揮系統所支配，它偏重於非正式溝通，所以必須慎防造成謠言，影響組織士氣。

四、斜線溝通：係指組織中的溝通不是依上下垂直線或平行線而行，它是依斜線方式而進行溝通，一般所稱的葡萄藤溝通（grapevine communication），即屬之。例如：主管中等教育科科長與負責國民小學科員之間的溝通，彼此之間無隸屬關係，但可能基於業務需要而進行溝通。這種溝通方式通常較具彈性，亦較不具威脅

性；但有時會影響組織正式溝通路線，且組織亦難以控制，是為其缺點。

此外，在一個組織或群體內經由溝通傳導而形成一套的管道，此即為溝通網路（communication network），這些溝通網路會隨著組織或群體結構而有所不同。一般而言，溝通網路有下列四種形式：環式（circle）、鏈式（chain）、Y 式、星式（star），如圖 9-3 所示。

圖 9-3
溝通網路的形式

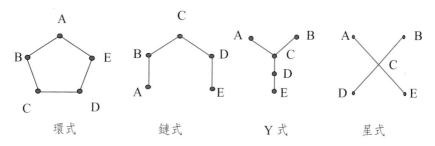

環式　　　　鏈式　　　　Y 式　　　　星式

資料來源：Stoner, J. A. F., & Freeman, R. E. (1989). *Management*. Prentice-Hall, p. 537.

茲將上述四種溝通網路形式說明如下：
一、環式：屬於同層次或水平的溝通狀況，任何人都可以擔任溝通者的地位。通常是在一個圓桌會議討論或同樣的背景、經驗的人員聚在一起討論，隨時可以與鄰近的成員相互交換意見。組織中的任務工作小組（task force），基於特定目的討論特定主題，解決某種特定問題，最常採用此種溝通形式。圖 9-3 的環式中，A 隨時可以與 B 和 E 溝通，而 C 亦可隨時與 B 和 D 溝通，其互動性很強。
二、鏈式：在溝通訊息時，通常採層級方式傳遞訊息，由最高主管傳

遞訊息給下一層人員，然後再依序傳遞至最基層人員。這種溝通方式，在工廠的生產線很常見，主管傳遞訊息給領班，領班再將訊息傳給作業員。圖 9-3 的鏈式中，C 傳遞訊息給 B（或 D），B（或 D）再將訊息傳遞給 A（或 E），屬於階層性很強的溝通方式，具有其時效性，惟須嚴防訊息傳遞過程中的失眞、過濾或誤解。

三、Y 式：此種溝通型態屬於鏈式溝通的修正，在組織中某一位主管人員傳遞訊息給所屬成員，另一位主管人員亦可傳遞訊息給所屬成員，然後依層級傳遞訊息給下一層成員。例如：教育局兩位副局長分別傳遞訊息給所屬成員。

四、星式：此種溝通型態，又稱爲輪式（wheel），在組織中成員將訊息傳遞給所屬成員。例如：教育局的科長居於核心地位，股長將訊息向科長報告，這種溝通方式，具有較高的集中性，成員無法彼此交流意見。圖 9-3 的星式中，C 居於核心位置，A、B、D、E 將訊息傳遞給 C。

此外，在溝通網路中，亦有學者（Robbins & Judge, 2022）提出全管式溝通（all channel），組織成員處於平等地位，無上下隸屬之分，隨時可以相互溝通，這種溝通方式，成員滿意度較高。全管式溝通，如圖 9-4 所示。

圖 9-4
全管式溝通

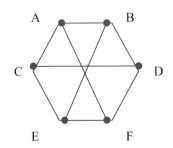

綜合以上說明，溝通網路效果可以歸納如表 9-1 所示。

表 9-1
溝通網路效果

效果	環式	鏈式	Y 式	星式	全管式
速度	慢	普通	普通	很快	慢
正確性	普通	高	普通	高	普通
集中性	低	普通	普通	高	低
互動性	高	低	低	普通	高

第四節　組織溝通的障礙與改進途徑

　　組織發展需要有效的人際溝通，良好的人際溝通有助於組織溝通，它是增進組織溝通效能關鍵所在。由於不同組織有其不同的主管領導方式、結構、文化和氣氛等方面，所以採行組織溝通方式或其網路，皆有其差異。茲從組織溝通的障礙及改進途徑分別說明之。

壹、組織溝通的障礙因素

　　組織溝通係由不同部門和人員所組成，溝通過程中涉及人員的觀念和組織結構等因素影響，難免會面臨一些障礙。依史通（James A. F. Stoner）和傅利曼（R. Edward Freeman）認為影響組織溝通的因素，計有下列四項：1. 正式溝通管道；2. 組織權威結構；3. 工作專門化；4. 訊息的擁有（Stoner & Freeman, 1989）；而盧尼堡（Frederick C. Lunenburg）和歐恩斯坦（Allan Ornstein）亦提出組織溝通的障礙有六點：1. 參考架構；2. 過濾；3. 結構；4. 資訊超載；5. 語意；6. 地

位差異（Lunenburg & Ornstein, 2022）。雖然不同組織有不同的溝通障礙，但是仍可歸納為下列共同的障礙因素：

一、組織階層結構

在一個組織中，若有長官與部屬人員，必有階層存在，而階層多寡常常影響到組織溝通。一般而言，組織階層愈多，結構愈嚴密，則其溝通訊息效率愈低，亦即透過一層一層的傳遞訊息，最後收到訊息者可能遭遇扭曲或誤解。所以，水平式組織結構的溝通效果要比垂直式組織結構為佳，因為水平式組織結構，層級少，成員可以很快得到上級的訊息。目前教育行政機關，由於層級甚多，所以組織溝通效果不盡理想。

二、資訊大量超載

組織溝通猶如人際溝通一樣，若是同時間發出過多的訊息，亦會影響到組織溝通效果。例如：教育局同時間對於各級中小學要求太多的事項（配合家庭教育推動和協辦社區發展、各項公職人員選舉宣導……），學校人員面對如此眾多的訊息，無法有效處理，只好採取應付心理，或者乾脆充耳不聞，其他如教育部全面推動高級中等學校學習歷程檔案，給予教師、學生和家長太多的訊息和準備，導致教師、學生和家長無所適從，增加沉重負擔。

三、主管權威心態

主管是組織溝通的靈魂人物，其心態深深影響到組織溝通效果。倘若一位主管屬於權威性性格，將會大大減低部屬溝通的意願，不利於雙向溝通；反之，主管具有開放和民主的心胸，部屬溝通的意願一定大為增強，則其溝通效果必大為提升。基本上，溝通不能一廂情願，必須兩情相悅，才能達到溝通目標。所以，不管是教育行政機關首長或學校校長，若是具有權威或封閉心態，都不利於溝通效果。

四、溝通管道不足

　　組織當中有不同的溝通管道和網路，然而並不是每一個組織都能善用多樣的溝通管道，因而溝通產生障礙。例如：某些教育行政機關或學校偏重於向下溝通，忽略了向上溝通和非正式溝通的價值，導致無法蒐集到基層人員的心聲或意見，這種組織溝通的方式，就無法達到預期效果。所以，組織溝通管道不足，成員意見缺乏宣洩出口，很容易造成衝突或謠言紛起，相當不利於組織發展。

貳、改進組織溝通障礙的途徑

　　組織溝通最主要功能，在於激勵和協調個人與群體的努力，以有效達成組織目標。所以組織溝通障礙並不足懼，最令人擔心的，乃是溝通障礙因素未能有效化解，造成組織溝通反效果。所以，有效的組織溝通，乃是找到組織溝通障礙因素，並加以克服，以達到溝通效果，才是探究組織溝通之重要目的。茲提出改進組織溝通障礙的途徑，以供參考。

一、彈性調整組織設計，創造利於溝通條件

　　教育組織結構，都具有層級制的特性，在業務處理或溝通時難免會受到層級的限制，導致溝通效果受到影響。基本上，教育組織結構較不易改變，但在組織設計可以彈性調整，依業務性質及實際需求，增加任務編組，讓組織結構不會流於過度僵化，擴大成員溝通機會。

　　為使組織有更好的溝通條件，建立及時向上溝通管道、鼓勵跨單位之間的溝通，並落實分層負責，讓每位成員權責分明，皆有助於讓組織溝通更為順暢，降低組織溝通的阻力，並提升組織溝通的效果。

二、提供適切溝通訊息，增進良好溝通品質

　　訊息是溝通最重要的來源，明確完整的溝通訊息，乃是有效溝通

要件之一，不管是個人或組織溝通皆是如此。爲了避免組織溝通產生障礙，提供完整適切的訊息，是相當必要的。基本上，在教育組織中，能夠訂定標準化工作手冊，成員皆能從手冊上得到所需的正確訊息，在業務處理或溝通時就有所依據，此可減少溝通時的誤解，以及降低溝通不良品質，進而提升溝通效果。

此外，教育組織有重大政策宣示或辦理重大活動時，除了各單位之間事先要建立共識外，也要適時宣布訊息，讓社會大眾或利害關係人有所瞭解，爭取認同與支持，亦可增進組織溝通效果，以利未來政策執行或活動辦理。

三、形塑主管開明作風，鼓勵成員表達意見

領導者的領導風格及作爲，在組織溝通扮演著重要角色。就法理而言，領導者具有法職權，但要提升領導效能，必須結合專家權和人格權，降低權威式領導，才能促進組織溝通。基本上，在權威式領導下，感受不到領導者的關懷，較不容易表達自己的想法，成員心中戒愼恐懼，深怕發言不愼，遭致長官責備或同仁批判，很容易造成溝通障礙，自然不利於組織溝通。

一位開明領導者，充滿著人性關懷，能夠放下身段，傾聽成員的聲音，且能鼓勵成員表達意見，無論向下溝通或向上溝通，都不會產生障礙，對促進組織發展和達成組織目標具有助力。

四、發展溫馨組織氣氛，創造有利溝通情境

組織氣氛攸關組織溝通和組織效能甚鉅。在支持性環境的溫馨組織氣氛中，鼓勵成員積極參與、訊息交流順暢，能創造一個有利的溝通情境。而在防禦性組織氣氛中，成員不太願意表達他們的需求，言行都變得相當謹愼，很容易形成溝通的障礙，影響到溝通的效能。

因此，爲利於有效的溝通，建立溫馨和友善的組織氣氛，乃爲必要條件之一。倘若組織出現逐漸對立或衝突的現象，應設法加以化解

或排除，避免持續惡化，影響組織成員和單位間的溝通。這種情境的塑造，涉及到領導者與成員的互動關係，以及成員與成員的互動關係，倘若彼此互動能夠建立在眞誠、尊重和信任的基礎上，則有助於積極性的溝通氣氛和行爲。

五、善用多元溝通方式，暢通各種溝通管道

組織溝通具有各種不同的型態，有正式溝通和非正式溝通。雖然正式溝通有其傳遞訊息和激勵士氣等多項功能，但是有時候非正式溝通傳遞的訊息或意見比正式溝通還快，所以必要時應加以利用，以補正式溝通之不足。但傅肅良（1991）指出非正式溝通亦有對抗正式溝通、傳播謠言、抑制才能與效率及引致衝突等負功能，處理時不得不加以小心因應。

隨著科技和網路的發達，溝通管道愈來愈多，除了面對面的溝通之外，E-mail 亦是很常用的方式。爲了突破時空障礙，善用網路溝通，亦不失爲一種很好的組織溝通方式。此外，建立完善的申訴制度，當員工遇有不平事項時，若有申訴管道，就能藉以發洩及表達不滿或抱怨。此外，建立工作建議制度，亦可使上下意見得以交流，增進溝通效果。

六、辦理組織溝通研習，增進人員溝通能力

溝通是一種技術，亦是一種藝術。爲了增進自己的溝通能力，無論領導者或成員都需要學習有效溝通，讓溝通成爲人際互動的潤滑劑。因此，參與溝通的訓練、研習或工作坊，透過人際關係與溝通、口語表達技巧、情緒管理、壓力管理、職場溝通、溝通協調、溝通談判、傾聽技巧等相關課程，皆有助於提升自己的溝通能力。

雖然組織有些成員很擅長溝通，但不完全是來自天生，大都還是來自後天的學習、歷練和經驗，才能持續累積厚實自己的溝通能力。一個人具有良好的溝通能力，不僅能夠促進彼此的瞭解，而且亦可增

進情感交流，讓自己過得更自在，亦可提高工作效率與效能，展現溝通的力量與價值。

補給站

人際關係

　　教育行政人員在處理業務過程中，多少會與人接觸，可能是主管、同事、學校人員、家長、民意代表、記者或其他單位人員，為使業務推動順利，達成預定目標，建立良好的人際關係是相當重要的一環。

　　王以仁（2007）提及人際關係是指人與人間互相交往而彼此影響的一種歷程，溝通則是2人或2人以上，透過語言和非語言的互動，共同分享意義的過程。將人際關係與溝通兩者加以互相結合，則可視為因人與人的接觸而形成了人際往來，一旦有了人際的互動，就會需要相互之間的溝通。因此，良好的溝通技巧，乃是增進人際關係關鍵之所在。

資料來源：王以仁（2007）。人際關係與溝通。心理。

溝通小祕訣

有效的溝通技巧

　　有效的溝通，對於個人生活、工作或組織都是很重要的，可以減少不必要的時間浪費。如何增進自己的溝通技巧呢？Coursera（2022）提出下列四點：

一、考慮您的聽眾：瞭解您溝通對象的背景，才能掌握他們的溝通需

　　求。

二、練習積極傾聽：在溝通交流中保持全神貫注，並給予積極的回饋。

三、訊息保持清晰：善用 5C ——清楚（Clear）、正確（Correct）、
　　完整（Complete）、簡潔（Concise）、慈悲（Compassionate）。

四、使用正確的媒介或平臺：視溝通目的和內容，選擇適合溝通的媒
　　介。

資料來源：Coursera (2022). *What is effective communication? Skills for work,
　　school, and life. https://www.coursera.org/articles/communication-
　　effectiveness

本章摘要

一、溝通係指人與人之間或群體與群體之間，經由訊息的傳遞與分享，促
　　進彼此意見、經驗、思想與情感交流，以增進相互瞭解的過程。

二、教育組織上溝通的功能，可歸納為下列五項：提供訊息、激勵成員、
　　任務控制、表達情感和協調工作。

三、溝通過程是很複雜的過程，其要素包括發訊者、訊息、編碼、媒介、
　　干擾、解碼和回饋。

四、影響人際溝通障礙的因素，主要有下列八項：訊息超載、訊息複雜、
　　訊息曲解、語言差異、噪音干擾、缺乏信任、回饋不足和不良傾聽。

五、組織溝通形式，主要有下列四種：向下溝通、向上溝通、平行溝通和
　　斜線溝通。

六、溝通網路形式，主要有下列四種：環式、鏈式、Y 式、星式。另外，
　　有學者亦將全管式溝通列入溝通網路。

七、組織溝通障礙，主要有下列因素：組織階層結構、資訊大量超載、主
　　管權威心態、溝通管道不足。

八、改進組織溝通障礙的途徑，主要有下列六項：㈠彈性調整組織設計，創造利於溝通條件；㈡提供適切溝通訊息，增進良好溝通品質；㈢形塑主管開明作風，鼓勵成員表達意見；㈣發展溫馨組織氣氛，創造有利溝通情境；㈤善用多元溝通方式，暢通各種溝通管道；㈥辦理組織溝通研習，增進人員溝通能力。

評量題目

一、請說明溝通對於個人及組織的重要性。

二、溝通是一個相當複雜的過程，請說明溝通包括哪些要素？

三、在教育組織溝通難免會遇到障礙，請就您所知，提出改進組織溝通障礙的有效途徑。

案例研討

教師言語不當　法官判賠 20 萬元

屏東縣一名國小三年級導師 2015 年 9 月至隔年時，被控對班上成績不好同學說「生雞蛋沒有，放雞屎一大堆」，考不好的學生是「朽木不可雕也」，還以「笨蛋三人組」稱呼該男學生和 2 名友好同學。

當時男童父母曾到學校和老師理論；事隔一年多，某日男童下課回家後，又向媽媽哭訴導師在校行為，要他回家問「你媽媽為什麼要告老師」；男童父母認為孩子遭受霸凌，名譽、健康受損，提告向女導師求償 200 萬元。

女導師喊冤，稱自己只是機會教育，告訴小朋友民主社會不是想告誰就告誰，另主張男童父母二年後才提告，超過《民法》請求權時效。

屏東地院審理時傳喚其他同學出庭，發現導師不僅罵過男童，也以「朽木不可雕也」、「生雞蛋沒有，放雞屎一大堆」，罵過其他成績不好

學生。法官認為男童名譽權受損，判導師應賠 2 萬元，家長可上訴。後經高雄高分院認為導師對男童的不當責備讓同學對她產生負面觀感，造成男童難以抹滅的心靈傷害，判導師須賠償男童 20 萬元定讞。

資料來源：張議晨（2022 年 5 月 23 日）。小三生考差在校遭師罵「朽木」家長怒告求償獲 20 萬。聯合新聞網。https://udn.com/news/story/7321/6331955

袁庭堯（2022 年 5 月 22 日）。女師課堂罵小三生笨蛋慘害排擠霸凌　家長怒告結果出爐。中時新聞網。https://www.chinatimes.com/realtimenews/20220522001650-260402?chdtv

問題討論

一、案例中的導師言語溝通，有哪些可議之處？

二、一位導師言語溝通時，如何有效拿捏，不會損及學生自尊心？

三、本案對於教師進行師生溝通時，有哪些啟示作用？

第十章

教育視導

本章研讀之後,您將能:

一、理解教育視導的意義及功能。

二、熟悉教育視導各種模式之意義及價值。

三、認清中央與地方教育視導制度的重要內涵。

四、確認增進教育視導效能的有效策略。

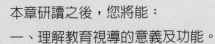

學習目標

　　教育行政效率與效能的提升，需要透過適切的管理機制，視導（supervision）即爲重要機制之一。因此，教育視導對於教育事務推動和教育事業發展，扮演著關鍵的角色，善用教育視導作爲，將有助於達成教育目標，本章將分別就教育視導的基本概念、教學視導的模式、我國教育視導制度和增進教育視導效能的策略分別加以說明。

第一節　教育視導的基本概念

　　教育視導是提升教育品質的要件之一，張正藩（1977）特別提到教育視導制度爲教育行政核心，此乃彰顯教育視導的重要性。本節將分別就教育視導的意義和功能說明之。

壹、教育視導的意義

　　「視導」一詞，就其中文意思，有視察、指導和輔導之義；而《劍橋字典》（*Cambridge Dictionary*）對視導（supervision）解釋有下列兩種意思：一是觀察一個人或一個活動，並確保一切都正確、安全地完成等行爲：二是管理一個部門、項目等，並確保事情正確且按照規則完成的活動（Cambridge University Press, 2022f）。是故，中英文對視導的解釋略有差異，英文偏重視察和督導正確地完成工作，而中文則兼顧指導和輔導，更有其積極的意涵。

　　至於「教育視導」一詞，孫邦正（1970）將教育視導定義如下：「教育視導是根據一定標準，對於教育事業的實施情形，作精密地觀察，將教育事業的實況認識清楚；再根據觀察的結果，加以正確地判斷，然後對被視導者予以積極的、建設的指示和輔導，使教育事業得以進步」（第2頁），這是國內早期對於教育視導的看法。教育部《重編國語辭典修訂本》則將教育視導解釋爲：教育行政人員根據教

育政策及目標，對教育活動和措施加以觀察、評量和指導，給予輔導和協助，以改進教育的設施或效能（國家教育研究院，無日期）。此外，吳培源（2005）亦將教育視導界定如下：「教育行政機關為瞭解其揭櫫的教育政策及措施達成目標的程度，指派視導人員到學校或相關機構實地視察其執行的情形，以作為評估政策及擬定後續計畫的依據，並就所發現的問題或學校的困難及建議事項向機關首長反應，並提供人力、物力、財力，協助解決問題。」（第6頁）

　　舍己維尼（Thomas Sergiovanni）和斯塔拉特（Robert Starratt）認為教育視導重點在提高教師的知識、技能和能力，以做出非正式的決定和有效地解決問題（Sergiovanni & Starratt ,1993）。而達斯（Anangahana Das）將教育視導定義為「為學生提供設施和培訓教師，以使兒童成為更好的學習者的過程。」（Das, 2020, p. 982）。

　　從以上學者的看法，國內所論及教育視導偏重於行政視導，而國外則偏重於教學視導；而隨著教學視導的觀念傳播，國內亦逐漸重視教學視導。基於上述論點，茲將教育視導界定如下：

　　教育視導係指教育視導人員（特別是督學）對於被視導者（可能是學校、校長或教師）透過視察、指導和輔導方式，瞭解被視導者實際狀況，並協助被視導者改進缺失，精進被視導者教育或教學品質，以提升學生學習效果，有效達成教育目標。

　　廣義的視導人員，應該包括依法具有督導學校權限的教育行政人員，例如：教育部部長、司長和督學；教育局（處）長、科長、督學等。在英美國家學校校長對教師而言，他可以督導教師，也可視為一位視導人員。至於狹義而言，則專指教育行政機關的督學，而臺灣具有特色的輔導團亦可列入。本章為利於說明教育視導制度，仍以狹義的視導人員為主。

貳、教育視導的功能

　　教育視導之存在目的，在於透過專業的視導提升教育品質，對於學校和教師提出改進建議，以利持續精進。當然，教育行政機關透過視導，亦可促進專業成長，並預防學校資源浪費和學校意外事件發生。基萊科（Hershey Kilayko）曾提到學校視導主要有下列功能：督察、研究、培訓、引導和評鑑（Kilayko, n.d.）。一般而言，國內之視導以行政視導為主，但也會顧及教學視導，不像英美國家偏重於教學視導，因而國內視導主要功能可歸納為下列四項：

一、協助督導教育政策推動

　　教育政策之推動，需要學校和教師有效執行，才能彰顯教育政策的功能。為瞭解學校和教師執行教育政策實際狀況，透過視導方式，是很常見的做法。例如：教育行政機關想要瞭解學校 108 課綱的實施情形，就有賴督學到學校現場瞭解；其他如校園反毒、反霸凌等政策實施成效之瞭解，也需要藉助督學的視導。因此，督學成為協助督導教育政策一股重要力量。

二、指導學校教育正常運作

　　學校事務從教務、學務、總務、輔導、人事、會計等，可說相當繁多，常導致行政人員疲於奔命，而教師為配合行政業務，也忙得不可開交。因而在執行工作中難免會出差錯，甚至還會產生衝突情事，影響到學校和諧；嚴重的話，駐區督學必須到校瞭解原因，以化解衝突。此外，督學發現學校執行業務有偏差時，就必須加以導正，倘若執行業務遇到困難，則及時給予協助或回報首長處理，讓學校有效運作，才能善盡督學的責任。

三、提升教師課程教學品質

　　學校教師課程與教學品質高低，影響學生學習效果相當深遠。一般而言，在英美國家教育行政單位透過教育視導方式，提升教學品質，增進學生學習成效，是相當重要的做法之一，其教育視導的目的在確保教師和其他教職員工正在做他們應該做的事情，並且學生正在接受最好的教育（Learn.org, n.d.）。國內的教育視導對教師課程與教學品質愈來愈重視，除了透過聘任督學協助教師解決教學問題外，而且也成立輔導團，協助教師專業成長，以提升教師課程與教學品質。

四、促進教育事業健全發展

　　學校是執行教育事業的第一線，在推動教育事業過程中，受到內外在環境挑戰，以及不可預知的突發事件，難免會遇到困難或問題，有些學校可以自行解決，但有些需要上級機關協助，此即有賴教育視導人員的介入，尤其是督學，經由仔細地觀察、調查和指導，以瞭解教育實施現況，發現教育問題，協助學校改進，讓學校在穩定中持續發展，此將有助促進整體教育事業健全發展，提高教育效能。

　第二節　 教育視導的模式

　　教育視導雖然具有實務導向，但也需要理論的指引。為了建構適切教育視導理論架構，學者們致力發展各種模式，以提供實際應用之參考。霍克（Kazi Hoque）等人提到教育視導的模式，主要有下列五種：臨床視導（clinical supervision）、發展性視導（developmental supervision）、差異化視導（differentiated supervision）、情境式視導（contextual supervision）和同儕視導（peer supervision）等（Hoque et al., 2016）；而國內學者（吳培源，2005；邱錦昌，2002；呂木琳，1998）提到教育視導模式或教學視導模式時，都會提到臨床視導、差

異化視導（又譯為區分化視導）、同僚視導和發展性視導等。基本上，在歐美都以教學視導為主，因而學者們所提出的教育視導模式，大都以教學視導為內涵。因此，乃結合教學視導觀點說明教育視導模式如下：

壹、臨床視導

臨床視導中的「臨床」（clinical）概念，不是指諮商或治療的形式，而是指密切的觀察、詳細的資料分析，以及視導人員與教師間面對面的互動關係（吳清山，1990）。臨床視導起源甚早，早在1969年歌德哈默（Robert Goldhammer）出版《臨床視導》專書，說明教師視導的特殊方法（Goldhammer, 1969），到了1972年科根（Morris L. Cogan）也出版《臨床視導》一書，提到教師和臨床視導人員應共同努力，透過改進教師的教學來提高學生的學習能力（Cogan, 1972），他們兩位可說是臨床視導的開創者。後來高爾（M. D. Gall）和艾奇遜（Keith A. Acheson）在1980年出版《臨床視導和教師發展》一書，闡析臨床視導在師資職前培育和在職進修的應用（Gall & Acheson, 1980），臨床視導愈來愈受到教育界重視。從這些作者的專書而言，臨床視導乃是一種旨在幫助教師改進教學的方法（Grimmett, 1981）。

我國首先引進臨床視導的觀念與應用，為作者在1990年發表〈臨床視導在教育實習上的應用〉論文以後，即有學者包括張德銳教授、呂木琳教授、丁一顧教授等人陸續發表專文或專書，引起學術界、實務界的重視，亦有多篇學位論文從事臨床視導的研究。

臨床視導，顧名思義，就是視導人員在教學實務現場直接觀察教師的教室教學行為，蒐集教室中教師教學和師生互動的資料，並加以分析，以瞭解教師教室教學中所表現行為，並指導和輔導教師改進其教室教學行為，進而提升學生學習成效。

一般而言，臨床視導最重要的過程在於其步驟，不同學者看法不盡相同，歌德哈默（Robert Goldhammer）提出臨床視導五個步驟：觀察前會議、進行觀察、分析與策略、觀察後視導會議，以及會議後分析（Goldhammer, 1969）；而科根（Morris L. Cogan）則提出八個步驟，分別是：建立視導者與教師關係、與教師一起計畫課程、計畫觀摩的策略（如：目標、過程及教室安排）、從事教室教學觀察、分析觀察教師教與學的過程、計畫與教師開會的策略、與教師開會、更新計畫和規劃未來（Cogan, 1972）；至於高爾和艾奇遜（M. D. Gall & Keith A. Acheson）則簡化為三個步驟：計畫會議、教室觀察、回饋會議（Gall & Acheson, 1980）。

綜合以上說明，以歌德哈默提出臨床視導五個步驟較為常用，茲扼要說明如下：一、觀察前會議：視導人員與被視導者見面，討論視導方式；二、進行觀察：視導人員進入教室，觀察教師教學和師生互動行為；三、分析與策略：將觀察所得的資料加以分析，並試著研擬初步策略；四、觀察後視導會議：視導人員與被視導者進行觀察後討論，視導人員多聽被視導者的聲音，以瞭解被視導者的真正想法；五、會議後分析：視導人員用來評估自己的視導行為和表現，以作為未來視導改進參考。

就臨床視導價值而言，的確有助於改進教師教學方法與技巧，能有效提升教師教學專業表現。然視導人員若缺乏臨床視導的認知與技巧，其效果可能相當有限。

貳、發展性視導

發展性視導的理論發展要比臨床視導為晚，是在 1981 年由葛利克曼（Carl D. Glickman）所建立。當年他出版《發展性視導》一書，特別重在幫助教師改進教學的各種選擇性的實務，亦即教師有不同的發展階段（stages），視導要配合教師不同發展階段採取適當的視導

取向（orientations）（Glickman, 1981），目的旨在幫助教育視導人員思考視導運用發展性的方式，並與教師保持一種開放良好的互動關係，以增進視導效果。

　　依葛利克曼的看法，發展性視導選擇適當的視導策略，必須考慮教師兩個發展標準（criteria），一是投入程度（level of commitment）、一是抽象思考能力程度（level of abstraction）。所謂投入程度，包括對學生的關心、工作時間的花費、優先保持工作等，如表 10-1 所示。

表 10-1

教師投入程度的高低

低	高
・不太關心學生 ・不願花時間和精力 ・優先考慮保持工作	・高度關心學生 ・願意花額外的時間和精力 ・優先考慮替其他人做更多的事

資料來源：Glickman, C. D. (1981). *Developmental supervision: Alternative practices for helping teachers improve instruction.* ASCD. p. 50.

　　至於教師的抽象思考能力程度，則是指教師對問題的思考和反應，分為低、中、高三種程度，如表 10-2 所示。

表 10-2

教師抽象思考的程度

低	中	高
・對問題感到困惑 ・不知道要做些什麼 ・對問題有一、二種習慣性反應	・能界定問題 ・能思考針對問題一、二種可能的反應 ・對綜合性計畫有困難	・能從不同角度思考問題 ・能產生很多的變通性計畫 ・能選擇一種計畫並思考每一個步驟

資料來源：Glickman, C. D. (1981). *Developmental supervision: Alternative practices for helping teachers improve instruction.* ASCD. p. 53.

　　根據教師發展標準的高低，葛利克曼提出下列三種視導取向（Glickman, 1981）：

一、指導型視導取向（directive orientation to supervision）

　　指導型視導取向，乃是視導人員居於主導地位，給予教師較多的指導，教師能自主思考相當有限。所採用的視導行為包括澄清、展示、演示、指導、標準化和增強等，最後的結果將是教師在指定時段內執行的任務。

二、協作型視導取向（collaborative orientation to supervision）

　　協作型視導取向，乃是視導人員與教師共同合作，鼓勵教師表達其想法。所採用視導行為包括傾聽、展示、解決問題和協商。最終結果將是視導人員和教師雙方共同達成，描述教師在後續教學改進的結構、過程和標準。

三、非指導型視導取向（nondirective orientation to supervision）

　　非指導型視導取向，乃是視導人員居於從旁協助者地位，交由教師自行決定其行動，但並不意味著視導是被動的，允許教師完全自主。相反的，視導人員積極使用傾聽、澄清、鼓勵和展示的行為，引導教師自我發現。最後結果，視導人員離開後，將可看到教師改變發生。

　　就上述三種視導取向來看，對投入程度較低、抽象思考能力較弱的教師，使用指導型較為有效；而對投入程度和抽象思考能力中等的教師，採用協作型較為有效；至於投入程度和抽象思考能力具有高度的教師，採用非指導型較為有效。

　　葛利克曼所提出發展性視導，能夠符合教師不同發展階段的需求，有其創見和價值；然而要評估每位教師發展需求，則須投入較多

時間，做好配對，才會產生效果。此外，對投入程度低、抽象思考能力高；投入程度高、抽象思考能力低；投入程度中等、抽象思考能力高；投入程度高、抽象思考能力中等之教師，適用哪種視導取向，並無明確說明。

參、差異化視導

差異化視導是格拉索恩（Allan A. Glatthorn）於 1984 年在《差異化視導》（*Differentiated supervision*）一書所提出。他特別提到「視導是促進教師專業的過程，主要是透過向教師提供有關課堂的互動回饋，並幫助教師利用這些回饋，以使教學更有效。」（Glatthorn, 1984, p. 9）成為他建立差異化視導模式的基礎，而其基本假設有下列三項：一、行政人員和視導人員的標準化視導作為，往往是不合適和無效的。二、對所有教師進行臨床視導既不可行，也沒有必要。三、教師有不同的成長需求和學習方式。

因此，格拉索恩認為教師應可從臨床視導、合作性專業發展（cooperative professional development）、自我指導式發展（self-directed development）、行政督導（administrative monitoring）中，選擇一種適合自己的視導方式接受視導。其中合作性專業發展，則是 2 名或多名教師同意為自己的專業成長而共同努力的合作過程，通常是透過觀察彼此的課程，互相提供關於觀察的回饋，並討論共同的專業問題；而自我指導式發展則是個別教師獨立從事專業成長計畫，且能發展和遵守一個目標導向的專業改進計畫，以及能夠接觸達成目標的各種資源，當然自我指導計畫的結果，不能用來評估教師專業表現；至於行政督導屬於臨時性的視導，由校長或副校長進行短暫性或非正式的觀察，然後提供回饋意見給教師參考（Glatthorn, 1984）。

為利於實施差異化視導，通常要採取下列步驟：一、建立視導指引；二、提供教師適切訊息；三、成立視導任務小組；四、方案規劃；

五、執行和評估。至於效果評估，則以學生回饋、影片分析和反思性
日誌（the reflective journal）爲主，以供教師參考改進之用。

　　差異化視導，開啓教育視導另一個新思維，認爲沒有一體適用
（one-size fits all）的視導方式，端視教師不同的成長和學習需求而
定，是有其價値性，但要兼顧每位教師個別需求，可能加重行政的負
擔。

肆、情境式視導

　　情境式視導是拉爾夫（Edwin G. Ralph）在 1998 年《情境式視
導》的專書中所提出，他認爲視導風格與教師的發展水準或執行特定
教學任務的準備度（readiness）相匹配，才能發揮視導效能（Ralph,
1998）。

　　拉爾夫所提出情境式視導的概念，源自於賀賽（P. Hersey）與
布蘭查（K. H. Blanchard）的情境領導理論（situational leadership
theory），重視視導人員風格與教師的準備度之適配情形，而提供不
同的視導風格，其中準備度取決於教師的信心和能力，能力是教師的
知識、技能和執行某項任務的能力的程度，而信心是參與該任務的自
信、意願、動機、興趣或熱情的程度。

　　因此，情境式視導提出下列四個象限，用於確定教師的準備度及
視導人員視導風格（Ralph, 1998）：

　　第一象限：高信心和低能力。教師對教學充滿活力，但對所教的
內容並不完全精通，視導人員提供教師低支持和高任務，給予教師在
學科領域更多的指導。

　　第二象限：低信心和低能力。教師對教學沒有精力，對特定學科
領域也不精通，視導人員爲教師提供高支持和高任務。

　　第三象限：低信心和高能力。在這個象限中，教師對其教學能力
沒有信心，但對所教授的學科知識淵博，視導人員會爲教師提供高支

持和低任務。

　　第四象限：高信心和高能力。教師熱心教學，且精通學科領域教學。如果教師有任何擔憂或問題，視導人員只會給予教師一些回饋。

　　拉爾夫的情境式視導，提供教育視導的另一個面向，有助於視導人員瞭解教師的準備度情形，此種模式顧及教師個別差異，能提供更適切的視導方式，幫助教師教學改進和專業成長。由於教師人數眾多，此種模式要精確判斷教師的準備度並不容易，可能加重視導人員的工作負擔，影響到視導效果。

伍、同儕視導

　　同儕視導並不是一個新觀念，早在艾方索（Robert J. Alfonso）於1977年在《教育領導》（*Educational Leadership*）期刊發表〈同儕視導有用嗎？〉（Will Peer Supervision Work?）（Alfonso, 1977），開啟同儕視導的先河，引起當時學術界一些討論，後來海勒（Daniel A. Heller）在1989年提出同儕視導是專業化教學的一種方式之專書，提出同儕視導在教育上的應用，並列舉同儕視導的案例研究，頗有參考價值。

　　海勒認為在視導的情境下，組織內同一層級的人員提供相互支持的幫助關係之過程，即為同儕視導（Heller, 1989）。因此，同儕視導不是相互評鑑，而是一種相互協助和互蒙其利的關係。

　　基本上，同儕是學校系統中的同事，不必在同一年級、學科領域、經驗水準，甚至不必在同一所學校，皆可視為同儕，倘若涉及到同儕評鑑教師的實際表現，則不能視為同儕視導。

　　同儕視導過程類似臨床視導，仍須透過觀察和會議方式，亦即教師同儕之間與他人進行觀察和會議，分享他們的專業知識和經驗，彼此提供回饋、支持和反思實踐的機會。

由於同儕視導偏重於自願性，且不帶有評鑑的意味，教師的接受程度較高，較易獲得教師合作，有助於教師改進與提升其專業，增加教師工作承諾和自尊。然而，視導仍須有專業的知能，同儕教師之間未必個個具備視導專業知能，則其視導效果恐怕有其限制。

第三節　我國教育視導制度

我國教育視導制度，起源於光緒 32 年（1906 年），是年頒發「學部官制職守清單」規定：設置學官，專任巡視京外學務，惟當時並未執行，視察職務則由各司員中臨時派充（孫邦正，1970）。1943 年，國民政府訂定《教育部督學服務規則》，作為督學外出視導依據，以及確立教育部督學負責全國教育之視察與指導事宜，到了 2022 年教育部將該規則廢止，改以《教育部督學視導及協助推動重要教育事務要點》取代。

基本上，我國教育視導制度，可分為中央和地方視導制度，前者是以國立高級中等以上學校為主；後者則是各縣市所屬中小學為主，但中央教育視導制度，大專校院歸教育部本部督學掌理，而國立高級中等學校則歸教育部國民及學前教育署視察掌管。基本上，中央與地方視導制度係各自獨立運作，並無隸屬關係，因此將分別予以說明。此外，師資培育機構亦具有地方教育輔導之責，將一併加以說明。

壹、中央教育視導制度

中央教育視導制度，分別由教育部督學、教育部國民及學前教育署視察和中央課程與教學輔導諮詢教師團各司其職，茲說明如下：

一、教育部督學

　　依《教育部處務規程》，並無督學室單位之設置，但規定督學權責如下：㈠公私立專科以上學校、附設進修學校及部屬機關（構）之定期視導。㈡公私立專科以上學校、附設進修學校及部屬機關（構）之特殊視導及專案訪查。㈢其他交辦事項。此外，依《教育部編制表》規定，置督學 8 人。

　　有關教育部督學視導目的、方式、實施及視導後處理，係遵照《教育部督學視導及協助推動重要教育事務要點》辦理，茲依該要點說明如下：

㈠ 視導目的

　　教育部督學視導，主要有下列五大目的：

1. 實地瞭解各機關（構）、學校辦理績效，促使各單位有效率、有效果運作。
2. 聯絡溝通並協助各單位解決問題，提升效率。
3. 宣導國家教育法令及政策，並激勵各單位貫徹執行。
4. 專案訪查及協助處理重大偶發事件。
5. 檢視財務及非財務資料。

㈡ 視導方式

　　教育部督學視導方式，主要有下列三大項：

1. 定期視導：得分組分類行之，以每學年度視導一次為原則，由值月督學統籌分工。
2. 特殊視導及專案訪查：依部次長指派行之。
3. 統合視導：率相關機關（單位）進行統合教育事項之整體視導。可分為兩部分：一是地方教育統合視導：就地方教育事務，由教育部率同國民及學前教育署辦理之；另一是大專校院統合視導：

就各項視導項目，由教育部率同各業務單位整合辦理之。

(三) 視導實施

督學或業務單位，事先擬定視導計畫簽請部次長核定後實施，到學校視導，應注意辦理下列事項：1. 到校後應與校長及單位主管晤談，並聽取其簡報，以瞭解學校一般狀況。2. 深入瞭解學校行政、教學、研究、服務等具體成果與資源分配及整合情形。3. 巡視學校環境，對於校區、校舍、實驗室、實習場所、運動場所、宿舍及各項教育設施之安全措施管理尤應詳加檢視。4. 檢視學校各項規章、簿冊、文件紀錄、表報、教師研究成果、學生作業及實習作品。5. 約集有關教職員工生代表座談，聽取意見、發掘問題。6. 追蹤視導、評鑑或訪查結果改進情形，以瞭解教育政策及措施之執行狀況。7. 瞭解教學及行政管理程序之有效性。

若是視導教育部所屬機關（構）及辦理地方教育事務之相關機關，須注意下列事項：1. 至機關（構）後，應與有關主管晤談，並聽取其簡報，以瞭解現況。2. 所訂之施政計畫是否切實執行，預算執行是否符合規定，均應詳予覆核。3. 組織及人員編制是否健全，功能能否發揮，有無應行改進之處。4. 主管業務之推展，組織功能之運用，未來發展之趨勢，予以瞭解，並蒐集有關資料。5. 地方政府推動教育事務是否適法。

(四) 視導後處理

督學視導結束時應繕具詳細報告及表冊，並附改進意見，送請部次長核定後，分請有關單位辦理，遇有特殊事項，得隨時專案報核。

基於上述說明，教育部督學，屬於幕僚人員，不會直接指揮教育部所屬學校及機構，但可透過視導，瞭解各學校及機構的成效及其發生的問題，提供調查意見，供部次長參考。

二、教育部國民及學前教育署視察

　　依《教育部國民及學前教育署處務規程》，並無督學室單位之設置，亦無督學權責之規定，僅在《教育部國民及學前教育署編制表》有設視察人員，至於視導的實施，則依《教育部國民及學前教育署教育視導實施要點》辦理，但只有簡任視察 5 名負責，另有聘任督學協助。茲依據該要點，將視導目標、方式及原則說明如下：

(一) 視導目標

　　視導目標主要有下列三項：
1. 發揮行政視導功能，貫徹執行教育政策及措施。
2. 加強教學視導功能，提升教學品質。
3. 專案訪查及協助處理重大偶發事件。

(二) 視導方式

　　實施採分區視導，聯合教育機構及整合相關資源，建置視導網絡，辦理教育視導業務。主要有下列方式：
1. 定期視導：訂定學年度教育視導重點項目、規劃分區、分類視導，包括：一是行政視導：重大教育施政方案之推動督導及學校校務評鑑缺失後續追蹤輔導。二是教學視導：配合各學科及群科中心等單位、聘請教學卓越獎團隊、教師教學專業社群等教學專長團隊或師鐸獎得獎教師、教學輔導教師，就實施教學演示、教學觀察與回饋辦理成效進行視導，並提供教育新知。
2. 專案視導：部長及署長交辦事項或配合業務主管單位簽辦之專案。

(三) 視導原則

　　視導原則，主要遵循下列要項：
1. 視導與輔導並重：以輔導、視導為方法，協助學校校務之推動。

2. 行政視導與教學視導兼顧：以行政視導加強行政效能，有效支援教學；以教學視導帶動教學的改進。
3. 有效運用專業人才與科學化資訊系統：建置視導相關專業人才資料庫，運用學校現況資訊系統，發揮視導效能。
4. 協助學校發展本位特色：依據學校特性，發展學校本位課程及教學活動，採取適當之教學視導方式，以提升學校辦學績效。
5. 尊重分權及自主精神：尊重地方自治權責與學校自主管理，落實推動教育政策。

　　從上述說明得知，教育部國民及學前教育署只有簡任視察 5 名負責，而聘任督學並無法職權，屬於協助性質，顯然要肩負如此繁重的視導工作，勢必力有未逮，整體視導功能可能相當有限。

三、中央課程與教學輔導諮詢教師團

　　中央課程與教學輔導諮詢教師團，為教育部國民及學前教育署主政，設立目的主要在建構中央課程與教學輔導體系，協助國民教育階段課程及教學政策之推展，輔導直轄市、縣（市）國民教育輔導團發揮功能，有效提升教育品質。

　　為使中央課程與教學輔導諮詢教師團順利運作，特訂定《教育部國民及學前教育署中央課程與教學輔導諮詢教師團隊設置及運作要點》，作為執行依據。

　　依該要點規定，工作主要目標包括下列四項：㈠ 落實課程及教學政策，以達成政策目標。㈡ 促進教師專業發展，提高教師專業知能。㈢ 精進教師課堂教學，提升學生學習品質。㈣ 建構理論與實務相結合之課程發展模式及三級教學輔導體系。至於其工作項目、組織方式、運作方式，央團教師遴選、聘任及培訓，權利義務等，均有明確規定，讀者想要進一步瞭解，可參閱該要點。

　　一般而言，中央課程與教學輔導諮詢教師團屬於輔導與諮詢功能，輔導各縣（市）精進課程與教學品質，本身並無法職權，亦無約

束力，屬於協助性功能。

貳、地方教育視導制度

我國地方教育視導制度，由各縣（市）教育局（處）負責。一般而言，都會設置視導單位總其成，但名稱可能不完全一樣，例如：臺北市政府教育局稱為教育視導品保科，其他縣市則稱為督學室，但不管其名稱如何，其視導人員都稱之為「督學」，而督學又分為一般督學以及課程督學，前者屬於編制內督學，依業務屬性分派為視導區督學，後者遴聘在職或退休具課程專業領導能力之教育人員兼任。高雄市又增加一類榮譽督學，遴聘優秀退休教育人員擔任。

各縣（市）教育局（處）為利於強化教育視導工作，乃訂定督學視導要點，作為執行依據。此外，各縣市也會成立輔導團，協助教師改進課程教學。茲分別就教育局（處）督學和地方輔導團說明如下：

一、教育局（處）督學

督學為教育局（處）主力，甚至視為教育首長的耳目。為使督學執行業務有所依據，雖然各縣市環境不同，所訂定的督學視導要點略有差異，但仍具有其共通性。茲以臺北市和花蓮縣為例加以說明。

㈠臺北市教育視導工作

臺北市教育視導工作法令依據為《臺北市政府教育局督學視導要點》，分別就視導內容、事項、視導時及視導後注意事項加以規範。

依據該要點規定督學視導以分區為主，其視導內容有下列五項：1. 教育行政、學校行政。2. 課程教學。3. 學生學習。4. 重要公共政策及教育政策之執行。5. 家長會組織運作相關事宜。

至於督學視導事項，主要包括下列十二項：1. 教育法令推行事項。2. 教育政策執行事項。3. 學校校務興革事項。4. 學校行政事項。

5. 學校教學事項。6. 家長會組成及運作事項。7. 私立學校董事會組成及運作事項。8. 社會教育事項。9. 教育經費運用事項。10. 教育工作人員考核事項。11. 特殊事件視導事項。12. 其他事項。

　　而督學視導時應注意事項如下：1. 遇有違反教育法令事件，隨時糾正及指導。2. 遇學校發生特殊事故時，即時處理並回報。3. 必要時得調閱學校各項簿冊資料及學生各種作業。4. 必要時得指導學校變更行事及授課時間。5. 對學校行政及教學予以輔導。6. 積極協助學校推動校務興革事項。7. 發掘學校優良事蹟，加以研究具有價值者推廣各校參考。8. 聽取學校工作報告並提供改進意見。9. 必要時，請校長召開教育主管人員座談會。10. 接獲學校案件通報時，督導學校依相關法規處理。

　　至於督學視導學校後，就有關應行改進意見，應記載於視導紀錄，以作後續視導及考核之參考。而視導各該區學校後，得召開分區視導檢討會等事項。

(二) 花蓮縣政府督學視導要點

　　花蓮縣教育視導法令依據為《花蓮縣政府督學視導要點》，分別就視導事項、視導時及視導後注意事項加以規範。

　　依據該要點，督學視導事項與臺北市規定一致，而督學視導時應注意事項則有如下規定：1. 巡視學校環境，對於校區教室、實驗室、運動場所、廁所、宿舍及各項教育設施之安全措施管理應詳加檢視。2. 深入瞭解學校行政、教學、研究、服務等具體成果與資源分配及整合情形，並給予輔導。3. 檢視學校各項規章、簿冊、文件紀錄、表報、教師研究成果及學生作業。4. 必要時請校長約集相關教職員工及學生代表座談，聽取意見、發掘問題。5. 追蹤視導、評鑑或訪查結果改進情形，以瞭解教育法令、政策及措施之執行狀況。6. 遇有違反教育法令事件，應隨時糾正，並視情節輕重簽請相關單位依相關法令規定辦理。7. 遇學校發生特殊事故時，應即時處理並報備。

至於督學視導學校後應注意事項，就有關應行改進意見，應記載於學校視導紀錄表內，以作爲繼續視導時考核及改進之參考，並且提出視導報告列舉各校一般優缺點及提供具體改進意見，但對各校反映或視導過程中發掘之問題，應立即提出，陳核後分請相關單位辦理等事項。

而在縣市中比較特別的是，新竹縣和桃園市政府等爲強化教育暨教學視導的功能，建立有效教學領導與輔導機制，訂定聘任督學視導實施要點，規範聘任督學視導目標、視導範圍、視導方式、工作執掌與任務、視導報告、獎懲、聘任原則，這在其他縣市較爲少見，值得其他縣市參考。

二、地方輔導團

地方輔導團在縣市亦扮演著重要角色，尤其在十二年國民基本教育課程實施，對提升教師課程與教學知能更有其影響力。一般而言，各縣市皆會訂定國民教育輔導團設置及運作要點，作爲執行依據，而在該要點中，特別針對輔導團的組織、任務和工作項目加以規範。

就輔導團組織而言，它屬於任務編組，由於各縣市大小及需求不同，其組織規模亦有差異。基本上，都會設置團長，由地方教育局（處）長兼任，並設置執行祕書，由局（處）長指定專人兼任，以及課程督學和輔導員若干人。另外，設置輔導小組，推動輔導團工作。而輔導團之目標、任務、工作項目及輔導方式，各縣市差異性不大，茲說明如下：

(一) 輔導團目標

地方輔導團，顧名思義，主要在於協助與促進各校提升課程與教學品質，依《新北市政府國民教育輔導團設置要點》之規定，主要有下列四大項：1.研發創新教學策略，提升國民教育品質。2.輔導教師研究進修，落實教學輔導政策。3.激勵教師服務熱忱，增進課堂學習

效果。4. 建立學習領域資源，豐富領域教學內涵。

(二) 輔導團任務

輔導團主要任務，各縣市大同小異，茲以《臺北市國民教育輔導團作業要點》為例，規定輔導團任務如下：1. 推動課程政策：宣導國民教育課程與教學相關政策，提供學校多元諮詢管道，輔導學校落實辦理。2. 進行教學研究：依據課程綱要進行課程教學、教材教法、多元評量之教學研究與創新教學技巧，並推廣分享至各校。3. 提供教學資源：經營教學資源網絡平臺，提供課程教材研發、教學資源建置、經驗分享與意見交流之平臺。4. 支持教師教學：激勵教師教學服務熱忱，藉由公開授課、協作備課、觀課、議課等，協助教師提升教學成效。5. 輔導教師增能：協助規劃與辦理教師進修，推動校園學習型組織文化，以輔導教師專業成長，豐富教師教學內涵。

(三) 輔導團工作項目

各縣市輔導團工作項目都會與目標和任務相結合，彼此差異性不大，依《嘉義縣國民教育輔導團設置及運作要點》之規定，主要有下列八大項：1. 整合各學習領域，建置專業教師人力資源庫，研發各領域課程有效之教學方法。2. 協助教育處實施學力測驗、體適能測驗、診斷評量等評鑑工作。3. 辦理演示教學、觀摩教學、諮詢等輔導工作。4. 辦理專案研究及分析各領域能力指標，以建立本縣課程與教學的資料庫。5. 辦理教師研習、專題研討會、發表研究報告及編制各領域優秀教案之範本，提供各科教師參酌使用。6. 建置充實教學輔導網站：開設教學討論區，供教師分享教學心得或研討教學疑難問題，以及蒐集並上傳各領域教學資源，提供教師分享運用。7. 發掘教學優良教師，推廣其教學方法與事蹟，並出版教師優良研究作品教學參考書籍。8. 實施教育調查研究，分析教學現況及問題，研討及反映對策，提供教育行政參考。

在這些項目中，提到學力測驗之工作項目，有些縣市則成立專案辦公室負責，例如：臺北市設立基本學力檢測任務編組，不是由輔導團協助辦理；或者委託國立臺中教育大學測驗統計與適性學習研究中心辦理。

(四) 輔導方式

輔導團的輔導方式，各縣市大都採取下列做法：1.團體輔導：專題演講、分區研討、教學演示、成長團體、通訊輔導、參觀活動、實作研習、教學研究心得分享等。2.個別輔導：教學視導、教學診斷與演示、諮詢輔導、問題座談等。3.專案研究：輔導員除本身進行教育相關研究外，並輔導學校教師進行教學研究。

參、師資培育大學輔導

輔導亦為視導的一環，師資培育大學，係指師範大學、教育大學、設有師資培育相關學系或師資培育中心之大學，其輔導依據係依《師資培育法》第 16 條：「師資培育之大學應有實習就業輔導單位，辦理教育實習、輔導畢業生就業及地方教育輔導工作。」依此規定，教育部訂定《師資培育之大學辦理地方教育輔導工作辦法》。茲將師資培育大學之輔導對象、工作任務及辦理方式說明如下：

一、輔導對象

依該辦法第 2 條規定，師資培育大學之輔導對象，包括高級中等以下學校、幼兒園、特殊教育學校及辦理非學校型態實驗教育者為對象。

二、工作任務及辦理方式

依該辦法第 2 條規定，師資培育大學主要辦理下列地方教育輔導

工作：

㈠結合各級主管機關推動課程及教學政策。

㈡辦理教師在職進修，支持教師專業發展。

㈢進行教材教法研究及推廣，發展各領域或群科教師專長進修課程。

㈣協助高級中等以下學校及幼兒園發展學校本位課程，並進行評鑑及研究。

㈤協助原住民族地區學校與幼兒園、偏遠或特殊地區學校及偏鄉或特殊地區幼兒園，進行教學活化及創新。

㈥提供領域、群科及重大議題之國內外教育資訊及發展趨勢。

㈦其他有助於地方教育發展之工作。

　　上述第三項所提到的群科，是以技術型高中（一般通稱的高職）為主。

三、辦理方式

　　依該辦法第 3 條規定，師資培育大學辦理地方教育輔導工作，採行下列方式：

㈠實地輔導。

㈡駐點服務。

㈢諮詢服務。

㈣資料提供。

㈤教師在職進修課程之開設及師資之提供。

㈥其他相關教育輔導。

　　基於以上說明，師資培育大學負有地方教育輔導之責。為落實地方教育輔導工作，必須研訂地方教育輔導工作計畫，以作為執行依據。

補給站　〜〜〜〜〜〜〜〜〜〜〜〜〜〜〜〜〜〜〜〜〜〜〜〜〜〜〜〜〜〜〜〜〜〜〜

公開授課

公開授課係在《十二年國民基本教育課程綱要總綱》柒、實施要點中的教師專業發展規定：「為持續提升教學品質與學生學習成效，形塑同儕共學的教學文化，校長及每位教師每學年應在學校或社群整體規劃下，至少公開授課一次，並進行專業回饋。」公開授課成為校長及教師專業發展重要的一環。

早期所實施教學觀摩，即具有公開授課之意涵，但在以往課程標準或綱要並無明定。教育部為使各校實施公開授課能更為順利，乃發布《國民中學與國民小學實施校長及教師公開授課參考原則》和《高級中等學校實施校長及教師公開授課參考原則》，規定授課人員於公開授課前，應共同規劃；其規劃事項，得包括共同備課、接受教學觀察及專業回饋；觀課人員，以全程參與為原則。主要實施方式如下：

㈠公開授課時間，每次以一節為原則，並得視課程需要增加節數。

㈡共同備課，得於公開授課前，與各教學研究會、年級或年段會議合併辦理，並得於專業學習社群辦理。

㈢教學觀察時，授課人員得提出教學活動設計或教學媒體，供觀課教師參考；學校得提供觀課教師紀錄表件，以利專業回饋之進行。

㈣專業回饋，得由授課人員及觀課教師於公開授課後，就該公開授課之學生課堂學習情形及教學觀察結果，進行研討。

公開授課對教師專業發展及成長有其助益，但最擔心的事，就是實施一段時間之後，流於形式，可能效果有限。

第四節　增進教育視導效能的策略

教育視導成效與否，深深影響教育發展。國內實施教育視導制度，已有相當長的一段時間，對教育發展亦產生一些成效。然社會對教育視導是否有效發揮其功能，仍有質疑聲音，足見教育視導尚有改進與努力空間。茲將增進教育視導效能的策略說明如下：

壹、提高教育視導法律位階，確保教育視導法律地位

當前無論中央或地方的教育視導工作依據，都是由教育行政訂定「要點」，作為執行依據。就法律效力而言，「要點」屬於行政規章，而不是法律或命令，其效力較低。基本上，行政規章都是行政機關依職權訂定之行政規定、對法令所作之解釋及內部規範，對外產生效力有限。既然教育視導工作如此的重要，就要提高其法律位階，才是正途。

為使教育視導取得法源依據，理想的做法，就是制定「教育視導法」，明確規範教育視導目的、制度、方式、工作項目、人員培育與專業、人員權利與義務等，作為中央與地方執行視導工作依據。至於屬於輔導團部分，在《國民教育法》和《高級中等教育法》增列輔導團相關條文，作為教育行政機關訂定相關辦法的依據，也才有助於輔導團發揮其功能。

貳、落實年度教育視導計畫，每年進行滾動式修正

依《教育部督學視導及協助推動重要教育事務要點》規定，督學或業務單位針對定期視導、特殊視導及專案訪查、統合視導目標、對象、重點、任務分配及期程，應擬定視導計畫簽請部次長核定後實

施。此外，各縣市為執行視導工作，都會發布年度視導工作計畫，針對視導工作目的、範圍、原則、方式、會議、視導結果與應用、工作分配等事項進行規範，以利遵循。

由於每年的狀況不同，而且學校所遇到的問題不一樣，加上政府除了執行延續性政策，經常也會推出各種創新性政策，要求學校配合辦理。因此，為了發揮視導工作效果，除了要落實年度教育視導計畫外，也要針對實施成效進行檢討，並作滾動性修正，才有助於未來視導工作的改進。

參、發行教育視導工作手冊，提供視導人員遵循依據

工作手冊是管理制度一部分，它是企業有效的管理工具，其目的在讓員工瞭解組織的運作、任務和自己的角色、工作職責，以及組織的相關規章，作為員工執行工作的依據或參考。目前國內教育行政機關，尚未發行完備的教育視導工作手冊，因而執行視導任務，無法有效掌握視導的原則和要項，影響到教育視導功能的發揮。

教育視導適切與否，影響到教育行政的領導，以及視導人員的形象。因此，發行教育視導工作手冊，提供視導人員遵循依據，是有其必要性。其內容應兼顧視導理念、理論和實務，尤其對視導的作業程序、注意事項更須明確說明。此外，有關視導的相關法令，也應列入該手冊之內，當然最好能附常見問答、相關案例，則更具參考價值。

肆、強化視導人員專業學習，提升視導人員專業知能

視導工作絕非屬於行政例行性工作，它具有其專業性。戈登（Stephen P. Gordon）曾提到視導是實務工作者的專業（Supervision is a practitioner's profession）（Gordon, 2019），其理在此。視導人員的專業知能，攸關其對教育的視察與輔導。一位具有專業的視導人

員，能夠對學校及教師提供專業的改進意見，有助於學校未來發展，且將贏得學校人員更多的尊重，此乃彰顯視導人員專業知能的重要性。

由於國內並無有系統的視導人員養成教育，一般擔任視導人員，尤其是督學，都偏重於行政知能為主，對課程與教學知能涉獵較少。因此，辦理在職進修，強化行政督學的課程與教學知能，實有其必要性。由於各類教育新知不斷湧現，視導人員更需透過下列方式，例如：自我進修、參加研習、工作坊、學術研討會、加入專業學習社群等，提升自我專業知能，才有助於扮演視導人員角色，提升視導工作效能。

伍、建立視導者合作觀念，確保視導工作能順利推動

教育視導工作是建立在一種視導者與被視導者關係的基礎上，過去部分視導人員，尤其是督學停留在傳統的價值觀，認為被視導的學校及人員皆要聽從視導人員的指揮，而視導人員又不一定比學校人員具有更豐厚的教育專業，因而學校對視導人員的印象，並不很正向。雖然這種現象已逐漸有所改善，但視導人員高高在上的心態，仍有調整的空間。

當前視導人員較為多樣，包括行政督學、課程督學和輔導團團員，因而與被視導者的互動，應建立在尊重與彈性的基礎上，亦即視導者與被視導者秉持平等與合作原則進行視導工作，深信被視導者心理會有不一樣的感受，樂意接受視導人員的視察、指導和輔導，則進行視導工作將更為順利、更具效果。

陸、確立輔導重於視察作為，協助解決被視導者困難

傳統的教育視導任務，都偏重於視察和督導，遇到學校發生違法

或違規事件，教育行政機關就會指派督學前往調查，以瞭解實情，例如：私立學校違法招生、董事會淘空校產，甚至公私立學校違反教學正常化等，都可看到督學的身影，但這種做法都屬於消極性之事件發生後的補救作為，無法達到積極性之預防性的效果。

教育視導的理念與作為，應隨著時代潮流和教育需求有所調整，未來應朝向於預防性和協助性的作為，畢竟視察只是視導的手段，指導和輔導才是視導的目的。基本上，教育行政機關應要求學校做好內控機制，而督學責任則是瞭解學校內控機制是否完備和落實，在學校遇到困難時給予協助。未來視導人員重心應放在學校教學品質的改善和提升，關注教師課程與教學、專業成長的指導和輔導，讓學校和教師致力於提升學生學習效果，才有助於提高視導效果。

柒、善用科學和系統視導方法，提供教育專業判斷

傳統的視導方法，大都依賴經驗法則，進行視導結果的判斷，難免失之偏頗，尤其遇到複雜性的事件，更容易造成判斷失誤，影響到結果的處理，反而要花費更多的時間和心力進行善後處理，難以達到視導解決問題的目的。

視導既然視為一種專業，視導人員更要以專業的手法從事視導工作，才能達到事半功倍之效。隨著知識進步及科技發展，加速教育視導的便利性，運用科學和系統的視導方法，更有其必要性，例如：視導資料的建立、資料的分析與判斷等，都可藉助於資訊科技，讓判斷更為準確。因此，視導人員的專業學習，除了教育專業領域部分外，其他如資訊科技、系統思考和資料導向決定方法等，亦屬重要一環，此將增添教育視導的利器，有助提高教育視導效能。

本章摘要

一、教育視導係指教育視導人員（特別是督學）對於被視導者（可能是學校、校長或教師）透過視察、指導和輔導方式，瞭解被視導者實際狀況，並協助被視導者改進缺失，精進被視導者教育或教學品質，以提升學生學習效果，有效達成教育目標。

二、視導主要功能有下列四項：㈠ 協助督導教育政策推動；㈡ 指導學校教育正常運作；㈢ 提升教師課程教學品質；㈣ 促進教育事業健全發展。

三、教育視導的模式，主要有下列五種：臨床視導、發展性視導、差異化視導、情境式視導和同儕視導。

四、臨床視導，係指視導人員在教學實務現場直接觀察教師的教室教學行為，蒐集教室中教師教學和師生互動的資料，並加以分析，以瞭解教師教室教學中所表現行為，並指導和輔導教師改進其教室教學行為，進而提升學生學習成效。

五、發展性視導，係指視導要配合教師不同發展階段，採取適當的視導取向，視導人員與教師保持一種開放良好的互動關係，以增進視導效果。

六、差異化視導，係指依教師不同的成長和學習需求，就臨床視導、合作性專業發展、自我指導式發展、行政督導中，選擇一種適合自己的視導方式接受視導。

七、情境式視導，係指視導人員風格與教師的準備度之適配情形，而提供不同的視導風格，其中準備度取決於教師的信心和能力，能力是教師的知識、技能和執行某項任務的能力的程度，而信心是參與該任務的自信、意願、動機、興趣或熱情的程度。

八、同儕視導，係指在視導的情境下，組織內同一層級的人員提供相互支持的幫助關係，促進教師專業成長的過程，它不是相互評鑑，而是一種互蒙其利的關係。

九、我國教育視導制度，起源於光緒 32 年（1906 年），是年頒發「學部官制職守清單」規定：設置學官，專任巡視京外學務，惟當時並未執

　　行。

十、我國教育視導制度，可分為中央和地方視導制度。其中，中央視導制
　　度包括教育部督學、教育部國民及學前教育署視察和中央課程與教學
　　輔導諮詢教師團；至於地方視導制度包括教育局（處）督學和地方輔
　　導團。

十一、師資培育大學，依《師資培育法》規定，負有地方教育輔導之責
　　　任，協助推動地方教育輔導工作。

十二、增進教育視導效能的策略，計有下列七項：㈠ 提高教育視導法律
　　　位階，確保教育視導法律地位；㈡ 落實年度教育視導計畫，每年
　　　進行滾動式修正；㈢ 發行教育視導工作手冊，提供視導人員遵循
　　　依據；㈣ 強化視導人員專業學習，提升視導人員專業知能；㈤ 建
　　　立視導者合作觀念，確保視導工作能順利推動；㈥ 確立輔導重於
　　　視察作為，協助解決被視導者困難；㈦ 善用科學和系統視導方法，
　　　提供教育專業判斷。

評量題目

一、請說明教育視導的意涵及其功能。
二、何謂「發展性視導」和「情境式視導」？請比較兩者之差異。
三、請說明教育部設置中央課程與教學輔導諮詢教師團的目的何在？
四、請說明增進教育視導效能的策略有哪些？

案例研討

督學到校視導　要不要提前通知學校

　　督學到校視導，是為法定責任，亦屬權責所在；然而是否要提前通知
學校，讓學校及早準備，卻有不同看法。

「我認為不應提前通知學校，因為學校會有所因應，結果督學所看到的常常與事實不符，例如：學校是否有教學正常化，學校會告知同學如何回答督學所問的問題，導致督學所聽到跟學校的現況不一樣，所以我認為督學到校不應及早通知，應該不定期或無預警地到校，並抽查學生，才能掌握真實情形。」黃明同學說出自己的看法。

「我贊成黃同學看法，記得我曾看過媒體報導，監察院曾針對教學正常化視導工作進行調查，發現督學到校訪視前，如果提早十五天通知和提早一小時通知，結果落差會高達將近三十倍。」張廷附和黃明的看法。

然李本源同學卻有不同意見：「督學要視導的案件，不是只有教學正常化而已，例如：校園營養午餐學生中毒事件處理，或者學校爆發師生衝突事件處理，督學不及早通知學校，學校無法準備相關資料，亦無法通知當事者到場，會影響到督學對事件的瞭解。」

何老師聽了同學們的意見之後，好像各有道理，值得另找時間好好討論。

問題討論

一、督學到校視導及早通知，各有哪些利弊？

二、國中受到升學主義影響，常常發現學校仍有未按課表授課之「借課」、「早自習考試」、「第 8 節課後輔導教授新進度」等情事，只靠督學視導能有效杜絕教學不正常的情事嗎？

三、督學到校視導是否及早通知，要依據哪些原則行事較佳？

第十一章

教育評鑑

本章研讀之後，您將能：

一、瞭解教育評鑑的基本概念。

二、認清教育評鑑的法令依據。

三、理解各類教育評鑑模式。

四、熟悉我國教育評鑑制度發展。

五、洞悉提升教育評鑑效能的策略。

學習目標

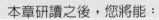

　　追求教育品質與卓越，為教育行政重要的努力目標。世界先進國家，紛紛致力建立適切的教育評鑑機制，並有效落實，以提供學生優質的教育環境。因此，教育評鑑在教育發展過程中扮演著重要角色。本章分別就教育評鑑的基本概念、教育評鑑的法令依據、教育評鑑模式、我國教育評鑑制度發展，以及提升教育評鑑效能的策略說明之。

第一節　教育評鑑的基本概念

　　教育評鑑是瞭解整個教育品質與績效不可或缺的一環，其理論發展亦有一段時間，茲就其意義、功能和類型說明如下：

壹、教育評鑑的意義

　　「評鑑」一詞，就其字義而言，有評審及鑑別的意思。根據教育部《重編國語辭典修訂本》將評鑑解釋為：「評審及鑑定事物的計畫和施行結果，以為改進的參考。」（國家教育研究院，無日期）。而「評鑑」的英文為 evaluate，其名詞為 evaluation，係由 e + value 兩字而來，具有引出價值之意，就是一般所說的價值判斷，我們將其稱為評估、評價、估值。因此《劍橋字典》（*Cambridge Dictionary*）將評鑑解釋為：「判斷或計算某物的品質、重要性、數量或價值。」（Cambridge University Press, 2022g）

　　後來，評鑑應用到教育上，作為判斷教育價值的依據，「教育評鑑」一詞，廣受教育界重視，學者們也對教育評鑑進行不同的界定，但仍不失其教育價值判斷之意。在歐美國家，最早對教育評鑑提出定義且較為著名的學者，乃是泰勒（Ralph Tyler）在 1950 年對教育評鑑所下的定義：「確定教育目標實際實現程度的過程」（Tyler, 1950, p. 69），後來學者們也從各種觀點對教育評鑑有所詮釋，例如：教育

評鑑係提供教育決定訊息（Stufflebeam, 1969）、教育評鑑是有系統地調查一些事物之價值（Joint Committee on Standards for Educational Evaluation,1981）等。內沃（David Nevo）則將教育評鑑視為一種有系統蒐集關於教育對象的性質和品質訊息的行動（Nevo, 1995）。

　　吳清山、林天祐（1999）將教育評鑑界定為：對教育現象或活動，透過有系統與客觀的方法來蒐集、整理、組織和分析各項資料，並進行理解與價值判斷，作為改進教育缺失，並謀求教育健全發展的歷程；而郭昭佑（2007）將教育評鑑定義如下：係應用方法蒐集與分析教育客觀資料，並評估其功績與價值，以提供相關資訊予決策參考的歷程；林劭仁（2008）對教育評鑑所持觀點如下：有系統的教育活動，採用各種有效的科學方法與技術，蒐集質與量的資訊，對照預定之評鑑標準，來判斷教育對象之價值與優缺點的過程，結果並作為教育決策之參考；鄭淑惠（2009）亦提出教育評鑑是評鑑人員與學校成員合作，以系統性的方式與步驟，共同研擬評鑑的目的、問題、準則／指標，並進行資料的蒐集、分析、解釋、溝通與應用的歷程。教育評鑑的過程與結果，有助於增進利害關係人對於學校教學活動的理解，提供學校改進的方向與決策的參考，並能維持學校的績效責任。

　　綜合以上學者的看法所述，茲將教育評鑑之意義界定如下：

　　針對教育現象、活動或人員，透過有系統與客觀的方法來蒐集、整理、組織和分析各項資料，並對照預定評鑑效標，進行理解與價值判斷，以瞭解教育成效及改進教育缺失，並提供教育決策參考，以及謀求教育健全發展的歷程。

　　從以上的定義中，茲進一步說明如下：

一、教育評鑑的本質：係進行教育價值判斷，以理解達成教育目標的過程。

二、教育評鑑的對象：係針對教育實施及其人員表現的情形，可能是整體的教育發展、方案或計畫的執行，或者教育人員的表現。

三、教育評鑑的方法：無論採用質或量，必須遵守系統而客觀的方

　　法，不能流於個人主觀的論斷。

四、教育評鑑的依據：必須有賴所蒐集的資料，加以整理、組織和分析，並與預定評鑑效標相對照，作為判斷的依據。

五、教育評鑑的目的：瞭解教育成效及改進教育缺失，提供教育決策參考，以及謀求教育健全發展。

貳、教育評鑑的功能

　　教育評鑑不僅有其工具性，亦有其目的性，而教育評鑑有形成性評鑑（formative evaluation）和總結性評鑑（summative evaluation）之分。內沃提到教育評鑑具有下列功能：一、形成性的改進功能；二、總結性的選擇、認證和績效責任功能；三、心理或社會的激勵和增加察覺功能；四、行政運用權威的功能（Nevo, 1983）。而菲利浦斯（D. C. Phillips）指出教育評鑑有多種功能，不同學者觀點不一，例如：科隆巴（Lee Cronbach）重在教育利益相關人，以便可做出明智的決定；而司開文（Michael Scriven）強調評鑑者價值判斷的功能（Phillips, 2018）。此外，謝文全（2022）亦提及教育評鑑具有診斷組織得失、協助政策及計畫擬定、提高組織運作品質與績效等多項功能。茲將教育評鑑功能列舉如下：

一、診斷教育現象，瞭解教育現狀

　　教育評鑑猶如個人的健康檢查，具有診斷的功能。一份健檢報告書通常都會列出身高、體重、血壓、血液、尿液及身體各部位檢查結果，醫生根據資料進行綜合判斷及建議，以供受檢查者參考。同樣地，教育評鑑主要在於瞭解教育運作的現狀，評鑑者透過客觀的資料，加以分析，以瞭解哪些地方需要改進和強化，然後提出相關建議，作為未來推動教育事務之參考。

二、精進教育改善，提升教育品質

　　教育評鑑不是為評鑑而評鑑，它具有改進的功能，亦即透過有效的教育評鑑，提出有待精進之處和處方，受評單位根據評鑑報告所提出的建議，轉化為實際的行動，落實各種改善作為，並列入追蹤考核，以確實掌握改善情形，讓未來教育發展更具效率、品質與效能，此將有助於提供學生優質教育，增進學生學習效果，以達成教育目標。

三、檢視教育成果，確保教育績效

　　教育評鑑除了診斷和改進功能之外，亦有績效功能，主要在於教育機構從事公共事業，辦好教育工作是為重要責任，因此必須透過評鑑方式，才能瞭解整個教育績效，並為其績效負起責任。基本上，教育評鑑係透過資料檢視、訪談和實地觀察等過程，所蒐集的資料較為完整，此將有利於瞭解整個教育實施成效，除可避免教育資源和人力浪費，亦有助於提升教育績效。

四、提供相關資訊，以利教育決策

　　教育評鑑具有客觀和完整的資訊，它有其決策的功能。史塔夫賓（Daniel L. Stufflebeam）與科林（Chris L. S. Coryn）曾提到在1970 年代，評鑑主要用來專業判斷，後來則認為有效的評鑑能提供有品質的資訊，可用之於進行決策或評估決策（Stufflebeam & Coryn, 2014）。這種決策的功能，擴大教育評鑑的功能，政府機關和學校機構透過評鑑結果所提出的相關訊息，則有助於研訂更適切的教育政策。

參、教育評鑑的類型

　　教育評鑑在教育行政應用甚廣，就其範圍、人員、程序和方式而言，其類型可說明如下：

一、就範圍而言

　　評鑑範圍有大有小，有些屬於整體性、有些屬於局部性，主要有下列五種：

㈠校務評鑑：以整個學校為範圍，評鑑項目與學校整體發展和績效有關。

㈡學門評鑑：以大學所劃分學門為範圍，要比校務評鑑範圍小。針對特定領域之院、系、所或學程評鑑。

㈢系所評鑑：以學校系所為範圍，對院、系、所及學位學程評鑑。

㈣方案評鑑：針對某一個政策、方案或計畫實施評鑑。

㈤專案評鑑：針對於特定目的或需求之進行評鑑。

二、就人員而言

　　從學校層級人員來看，主要有兩種：

㈠校長評鑑：以校長為對象，主要用之於校長遴選。

㈡教師評鑑：以教師為對象，國外都用之於教師敘薪、聘任之依據。國內大學有《大學法》規定教師評鑑，但中小學尚無法律規定辦理教師評鑑，目前所採用的《公立高級中等以下學校教師成績考核辦法》，勉強具有教師評鑑的精神。

三、就程序而言

　　從教育評鑑程序來看，主要有兩種：

㈠形成性評鑑：評估一個方案或課程實施過程中的效果，重在改進之用。

㈡總結性評鑑：評估在一個方案或課程實施後的效果，重在績效之
用。

四、就方式而言

從教育評鑑方式來看，主要有兩種：

㈠內部評鑑：主要以內部人員擔任委員進行評鑑，但亦可邀請校外
委員加入。

㈡外部評鑑：由校外人士擔任委員，組成評鑑小組，進行評鑑，專
業性強。

補給站

自我評鑑

自我評鑑，顧名思義，係指學校自己規劃評鑑機制，訂定評鑑計
畫和執行評鑑工作，以瞭解學校辦學績效和促進學校自我改善。

自我評鑑，在英文中有兩種：一是 self-evaluation：學校根據外
部的標準，規劃評鑑機制、研訂計畫和實施評鑑，並撰寫成評鑑報
告，提供外部評鑑之依據。二是 self-study：學校基於校務發展計畫
之需求，強調由學校所有成員參與，透過各種有效的評鑑機制，對學
校的輸入、過程及結果等內容進行評鑑，以利學校自我改善。

第二節 教育評鑑的法令依據

教育評鑑關係到學校未來發展，必須有法令的依據，才能具有持
久性。有關以學校為主的教育評鑑，其法令依據如下：

壹、《教育基本法》

　　《教育基本法》為國家根本大法，素有「教育準憲法」之稱，該法第 13 條規定：「政府及民間得視需要進行教育實驗，並應加強教育研究及評鑑工作，以提升教育品質，促進教育發展。」正式將評鑑列入法律條文，足見對教育品質及教育發展的重要性。

貳、《大學法》

　　《大學法》第 5 條第 1 項規定：「大學應定期對教學、研究、服務、輔導、校務行政及學生參與等事項，進行自我評鑑；其評鑑規定，由各大學定之。」確立大學必須辦理自我評鑑的法律依據。復依第 2 項規定：「教育部為促進各大學之發展，應組成評鑑委員會或委託學術團體或專業評鑑機構，定期辦理大學評鑑，並公告其結果，作為學校調整發展之參考；其評鑑應符合多元、專業原則，相關評鑑辦法由教育部定之。」依此規定，教育部訂定《大學評鑑辦法》，作為執行大學評鑑依據。

參、《高級中等教育法》

　　《高級中等教育法》第 11 條第 1 項規定：「高級中等學校應定期對教學、輔導、校務行政及學生參與等事項，進行自我評鑑；其規定，由各校定之。」確立高級中等學校必須辦理自我評鑑的法律依據。復依第 2 項規定：「各該主管機關為促進高級中等學校均優質化發展，應定期辦理學校評鑑，並公告其結果，作為協助學校調整及發展之參考；其評鑑辦法，由各該主管機關定之。」依此規定，教育部訂定《高級中等學校評鑑辦法》，作為教育部及地方教育行政機關執行高級中等學校評鑑之依據。

肆、《特殊教育法》

《特殊教育法》第 52 條規定：「高級中等以下學校及幼兒園辦理特殊教育之成效，主管機關每四年至少應辦理一次評鑑，與學校校務評鑑、幼兒園評鑑或校長辦學績效考評併同辦理為原則。

直轄市及縣（市）主管機關辦理特殊教育之績效，中央主管機關應至少每四年辦理一次評鑑。

第一項及前項之評鑑項目應以法令規定者為限，並落實評鑑方式與指標簡化及行政減量；評鑑項目及結果應予公布，對評鑑成績優良者予以獎勵，未達標準者應予輔導及協助；評鑑之項目、評鑑會組成、評鑑程序及其他相關事項之辦法，由中央主管機關定之。

大專校院特殊教育評鑑，中央主管機關應每四年辦理一次，得以專案評鑑辦理。」此為辦理特殊教育評鑑的法律依據。依該法之規定，教育部訂定《高級中等以下學校特殊教育評鑑辦法》，作為教育部及地方教育行政機關執行高級中等以下學校特殊教育評鑑之依據。

雖然幼兒園尚未定位為學校性質，但依《幼兒教育及照顧法》第 46 條規定：「直轄市、縣（市）主管機關應對教保服務機構辦理檢查及輔導，並應對幼兒園辦理評鑑；其評鑑報告及結果，應公布於資訊網站。

教保服務機構對前項檢查、評鑑不得規避、妨礙或拒絕。

第一項評鑑類別、評鑑項目、評鑑指標、評鑑對象、評鑑人員資格與培訓、實施方式、結果公布、申復、申訴及追蹤評鑑等相關事項之辦法，由中央主管機關定之。」依此規定，教育部訂定《幼兒園評鑑辦法》，作為地方教育行政機關執行幼兒園評鑑之依據。

值得一提的是，在各級學校相關法規中皆有評鑑之規定，惟《國民教育法》，並無評鑑之規定，只在《國民教育法施行細則》提到現職校長評鑑績效優良者，得考量優先予以遴聘，實屬美中不足，因而

對國民中學及小學辦理評鑑，難免會受到質疑之聲。

第三節 教育評鑑模式

　　不同學者對於教育評鑑具有不同哲學觀，因而所提出的視導取向和模式相當多樣，難以一一列舉，其中受到教育界重視的教育評鑑模式，包括消費者導向評鑑（consumer-oriented evaluation approach）、CIPP 模式（context, input, process and product model）、回應式評鑑（responsive evaluation）、建構主義評鑑（constructivist evaluation）、審議民主式評鑑（deliberative democratic evaluation），茲說明如下：

壹、消費者導向評鑑

　　消費者導向評鑑出現於 1960 年代，主要倡導者為司開文（Michael Scriven），旨在將評鑑以目標為導向轉變為以需求為導向，重視消費者意見和需要，保護消費者利益，特別提醒評鑑者，以及那些委託和使用評鑑者，應對評鑑的優點、價值和／或意義做出決定，並且評鑑的基礎應該參考消費者的需求。

　　基本上，消費者導向評鑑注重於方案評鑑（program evaluation），認為方案目標是否實現，應採價值中立衡量（value-free measurement）或排除目標（goal-free）哲學觀，此種觀點與泰勒強調評鑑重在目標是否達成的取向顯然不同。司開文認為泰勒目標導向評鑑的方式是狹隘的，可能有缺陷、不完整、不切實際，或者不足以解決社會的缺失，認為排除目標的評鑑能提供另類評鑑方法，評鑑者忽略所預定的目標，反而更能調查和理解在方案中可預期和不可預期的結果，更能適應社會需求，比目標評鑑導向更有價值（Lam, 2013）。

　　消費者導向評鑑所進行方案評鑑，關注方案實施對於行為的影響，是否有副作用（side effect），並與方案實施前進行比較。因此，消費者導向評鑑重視方案評鑑的過程及其影響，但並不意味著評鑑人員是盲目或不想瞭解方案目標，而是要讓評鑑人員避免過於專注在有偏見的目標上（Aliyyah, 2020）。

　　消費者導向評鑑關注消費者需求，具有其應用價值，然消費者需求不一，評鑑能否顧及所有消費者的想法，則不容易。此外，評鑑人員要進行全面性和綜合性評估，對其專業和時間投入，也是一大考驗。

貳、CIPP 模式

　　CIPP 模式是史塔夫賓於 1971 年在美國學校行政人員學會（American Association of School Administrators）年會提出，後來受到大家的重視，開啟當時教育評鑑新思維。史塔夫賓特別提到 CIPP 模式旨在回答四種問題：我們應該做什麼？我們應該怎麼做？我們做得對嗎？它有效嗎？（Stufflebeam, 1971）。

　　依史塔夫賓的觀點，CIPP 模式包括兩個基本向度，一是四種評鑑內涵：背景、輸入、過程、產出，一是評鑑過程中的三個步驟：描繪、獲取和提供訊息，結合這兩個向度，以瞭解受評者的優點、價值等訊息，提供改進及決策之參考。這四種評鑑模式的內涵如下（Stufflebeam, 1971）：

㈠背景評鑑提供有關整個系統的優勢和劣勢的訊息，以幫助在系統的每個層級規劃以改進為導向的目標。必須及時描述、獲取和提供適當訊息，以做出規劃決策。

㈡輸入評鑑提供有關實現預定目標而所選擇和架構替代策略的優勢和劣勢之訊息，必須建立在人事、資源和程序等訊息上。

㈢過程評鑑提供有關所選擇策略在實際執行條件下優勢和劣勢的訊

息，以便強化其策略或執行，必須對實際計畫活動有完整描述。

㈣產出評鑑提供訊息用來確定是否達成目標，以及為達成這些目標
　　所採用的改變程序是否應繼續、修正或終止。其目的是建立結果
　　與目標的關聯性，並根據其效果評估程序的整體價值。

　　史塔夫賓認為透過內部和外部的評鑑，提供滿足決策和績效責任
的需求，的確有其實用價值。國內部分縣市早期辦理校務評鑑，也參
酌 CIPP 模式的精神，獲得不錯的評鑑效果。

　　史塔夫賓所倡導的 CIPP 模式，迄今已超過 50 年，仍為學術界
所討論和實務界所參酌，可見其影響之深遠。該模式主張評鑑最重
要的目的不是證明（prove），而是改進（improve）（Stufflebeam,
2003），提供評鑑獨特見解。而 CIPP 模式重視描繪、獲取和提供訊
息，成為評鑑重要依據，倘能結合當今資訊科技和資料分析方法的便
利性，實用性將更大，展現其在教育評鑑的價值性。

參、回應式評鑑

　　回應式評鑑為史鐵克（Robert E. Stake）在 1970 年代中期所倡導，
它是對教育和社會服務方案進行正式評鑑的一種方法。

　　依史鐵克的觀點，教育評鑑中的回應式評鑑是直接針對方案活動
而不是方案意圖、回應利害關係人對訊息的要求、方案成功的報告呈
現不同價值的觀點（Stake, 1972）；他進一步指出回應式評鑑應預先
評估方案人員（利害關係人）擁有的正式目標、標準化測量工具和價
值觀；同時也須考慮不斷變化的因素：教育問題、方案觀察、利害關
關係人不同價值觀及需求（Stake, 1976）。

　　回應式評鑑與其他評鑑方法相較，它更關注於意義和脈絡，以及
人們的文化多樣性。因此，回應式評鑑需要情境化資料，重視方案的
情境和文化性質，回應方案多元的觀點和價值，關注利害關係人的想
法和對話。

　　回應式評鑑的標準，主要有下列三項：一、利害關係人之間的協商對話；二、利害關係人的多元價值和利益；三、執行的效果和過程。而評鑑過程則包括下列四項：一、依利害關係人觀點爲基礎進行設計評鑑過程；二、利害關係人是評鑑過程的合夥人；三、互動性和對話；四、評鑑人員是一位激勵者（Nissen et al., 2009）。

　　回應式評鑑重視利害關係人的不同價值和需求，強調與利害關係人的對話，關注於方案的意義和脈絡，評鑑過程創造一種合作性氛圍，以及評鑑者和利害關係人之間的持續反饋，確實有助於結果的接受，是有其價值性。然此評鑑方法對評鑑人員要求很高，不容易找到合適的評鑑委員（Marthe & Marc-Andre, 1985），在應用上仍有其限制。

肆、建構主義評鑑

　　建構主義評鑑創立於 1980 年代，爲谷巴（Egon G. Guba）和林肯（Yvonna S. Lincoln）所倡導，他們認爲建構主義評鑑築基於建構主義哲學觀，評鑑形式的基本假設來自建構主義（constructivism）的派典。基本上，建構主義的觀點皆認爲學習者建構知識而不是被動接受訊息理論，此種理論應用到評鑑上，亦認爲評鑑形式和過程是建構出來的，而不是被評鑑者只單方面的接受評鑑訊息。

　　依谷巴和林肯的看法，建構主義評鑑包括兩個階段：發現（discovery）和同化（assimilation）。在發現階段係指評鑑者努力描述「這裡發生了什麼」，而「這裡」是指被評鑑者及其背景；而在同化階段係指評鑑者努力將新發現納入現有的結構，或者在新發現中與現有的結構有差異或衝突，就加以替換，以便讓新的結構能適合（包含新舊涵義）、有用（解釋發生了什麼）、展現關聯性（使核心問題得到解決、改善或更好地界定）和可修正性（對改變持開放態度）。因此，建構主義評鑑過程必須是利害關係人的主張、關注和論點，並

且運用建構主義規範格式（Guba & Lincoln, 2001）。於此而言，建構主義評鑑觀，乃是評鑑者建構知識，並與被評鑑者（利害關係人）合作，而在評鑑過程中，評鑑人員保持開放的態度，能瞭解利害關係人及其背景，且接納利害關係人的意見，並與利害關係人協商對話，以利建立評鑑共識行動。

　　建構主義評鑑，乃是第四代的評鑑，強調評鑑過程的協商對話，具有其時代價值。黃嘉雄（2021）曾提到《十二年國民基本教育課程綱要總綱》強調學校的課程評鑑，應鼓勵教師個人省思與社群專業對話，與建構主義評鑑的理念頗契合。然而建構主義評鑑涉及到評鑑者的建構主義素養，倘若對建構主義評鑑素養不足，則其評鑑將會失焦，達不到評鑑效果。此外，運用建構主義評鑑，需要花費大量的時間和人力，就其效果而言，亦較為不經濟。

伍、審議民主式評鑑

　　審議民主式評鑑為 20 世紀初豪斯（Ernest R. House）與豪伊（Kenneth R. Howe）所創，它是以協商民主理論為基礎，該理論重視利害關係人的參與。基本上，協商民主理論強調發展政治實踐和制度，以緩解公民之間的權力不平衡，從而允許他們自由和平等地參與（Howe & Ashcraft, 2005）。

　　審議民主式評鑑，係在評鑑中納入民主程序，期望於存在衝突觀點的情況下建構有效的結論，有助確保產生更好的結果。相關不同的價值立場都會納入，但並非所有的價值主張都同樣是合乎理由。評鑑人員仍須負責任公正地蒐集和分析資訊，以得出合理的結論。而審議民主式評鑑的主要原則有三（House & Howe, 2000; Howe & Ashcraft, 2005）：

一、包容：方案或政策評鑑充分考慮參與的利害關係人之利益、價值觀和觀點，但不是每個利益、價值觀和觀點均同等重要，必須與

評鑑具有相關性才納入評鑑設計與實施。

二、對話：評鑑人員建構對話平臺，與利害相關人或團體進行廣泛對話，增進彼此瞭解，避免對利害關係人之利益、價值觀和意見產生誤解。評鑑人員沒有必要全盤接受利害關係人的想法，但理解他們的想法是必要的。

三、審議：評鑑人員建構審議並負責結論的有效性。在評鑑得出結論時，應進行廣泛的審議，期望是經過深思熟慮的討論所獲得結論，有時利害關係人可能會參與審議，以發現他們真正關心的利益。

審議民主式評鑑反應出評鑑的民主過程，透過利害關係人的參與、對話和審議，關注利害關係人的利益，在評鑑設計、過程和結論能納入利害關係人的聲音，降低權力不平衡的緊張狀態，更能發揮評鑑的效果。然而，審議民主式評鑑過程相當耗時，而且要顧及不同利害關係人的利益，實屬不易。

綜合以上教育評鑑模式之分析，可以瞭解到這些模式有兩個重點：一是偏重於方案評鑑或政策評鑑，而非屬於機構評鑑或校務評鑑；二是從模式發展來看，教育評鑑重視利害關係人的聲音，評鑑朝向參與、民主、對話、合作等方式，讓評鑑過程更為公開透明、評鑑結論更為有效。

補給站

不同世代教育評鑑發展

教育評鑑，從 1910 年起發展迄今，已經歷經不同世代，茲說明如下：

㈠第一代評鑑（1910-1930）：視評鑑為評量，從「測驗／測量」

角度出發，主張評鑑等同於測驗（test），教師藉以測量學生的特質及能力。㈡第二代評鑑（1930-1967）：視評鑑爲客觀陳述目標，係以學生作爲評鑑的客體，不同於第一代評鑑的測驗觀點，針對特定目標對評鑑對象進行客觀性的陳述，如 R. W. Tyler，其所提出之「目標導向模式」（goal-attainment model）。㈢第三代評鑑（1967-1989）：視評鑑爲判斷，融入將評鑑者視爲「判斷者」之概念，偏重外在效標模式，亦即 Robert E. Stake 所提出的「外貌模式」（countenance model），主張以「回應式評鑑」（responsive evaluation）修正 Tyler 的目標導向評鑑。㈣第四代評鑑（1989 至迄今）：視評鑑爲協商對話過程，持建構主義（constructionism）觀點，重視評鑑的協商與溝通過程，認爲評鑑是一個共同合作的過程，評鑑者的角色爲「合作者」，共享並共同承擔責任，強調所有相關利害關係人的涉入，這些利害關係人在各自的方案利益中相互對待，在資訊的交流中達成共識（Guba & Lincoln, 1989）。

　　至於第五代評鑑的內涵，尚缺乏完整的論述，例如：隆德（Gro Emmertsen Lund）提出第五代評鑑係持社會建構論（social constructionism）觀點，認爲語言和交流創造實體，評鑑也是溝通，組織角色和關係由評鑑中使用的語言決定，定位出評鑑參與者，建立了必定有利於他人的道德權利和義務。因此，在第五代評鑑中，承擔的責任不僅僅是蒐集資訊，但也仔細考慮評鑑方法如何影響社會組織內部的互動（Lund, 2013）；而穆尼奧斯—昆卡（Gustavo A. Muñoz-Cuenca）與馬塔—托萊多（Ramon A. Mata-Toledo）則認爲第五代評鑑是在學習過程內發展評鑑品質的文化，而評鑑品質必須是一種個人決定、生活方式、專業努力、永久的研究過程，以及自由的運用（Muñoz-Cuenca & Mata-Toledo, 2017）。由此可知，第五代評鑑的全貌，尚缺乏共識，理論架構與實務應用上有待建立，但第五代評鑑仍是建立在尊重、合作、對話、多元及平等原則下，讓評鑑更具品質，

對教育決定更具效果。

資料來源：Guba, E. G., & Lincoln, Y. S. (1989). *Fourth generation evaluation*. Sage.

Lund, G. E. (2013). *Fifth generation evaluation*. https://www.researchgate.net/publication/325334758_Fifth_Generation_Evaluation

Muñoz-Cuenca, G. A., & Mata-Toledo, R. A. (2017). *The fifth generation of evaluation: Evaluating for quality*. 2017 Hawaii University International Conferences: Science, Technology & Engineering, Arts, Mathematics & Education. Honolulu, Hawaii, June 8-10, 2017.

第四節　我國教育評鑑制度發展

　　我國教育評鑑制度發展，最早可追溯到隋唐時代科舉制度（張植珊，1979），而盧增緒（1985）則認為更可追溯到周代鄉遂之治的邦比之法（地方官吏視其政績任免或升降），但皆談不上現代教育評鑑的觀念和實施。一般而言，現代化的教育評鑑仍是發源於歐美先進國家。

　　論及我國現代化教育評鑑制度發展，應從政府遷臺之後較為適合，為便於說明及理解，茲將其發展分階段說明如下：

壹、萌芽草創期：1949-1974 年

　　政府遷臺之時，百廢待舉，教育亦尚未完全上軌道，教育行政機關無暇顧及教育評鑑工作。1963 年，教育部與聯合國兒童教育基金會簽署國民教育發展五年計畫實施方案，在該方案中已設計完整的評鑑內容，包括成立評鑑委員會，針對計畫實施方案評鑑，並於 1967 年提出期中報告，1970 年公布完整報告，已具有形成性和總結性評鑑作用，有效掌握經費運用，並強調績效責任，此為我國首次辦理教育評鑑，但對後續評鑑實質影響相當微弱（盧增緒，1985）。

　　而在此時期中，各級教育階段，包括大學、中小學亦未規劃及辦理校務評鑑，更談不上教育評鑑法制化，顯然在此時期教育評鑑尚在萌芽，教育評鑑觀念和做法仍在摸索，各項教育評鑑政策及法制處於構思中。

貳、成長擴展期：1975-2003 年

　　1975 年以後，教育評鑑逐漸展開，大學學門評鑑於 1975 年首次辦理，以數學、物理、化學、醫學及牙醫五個學門系所為對象，1976 年擴大辦理農、工、醫等學院評鑑，1978 年辦理文學院、師範學院評鑑；1988-1991 年分別辦理各大學校院及師範學院評鑑。到了 1994 年《大學法》修正公布第 4 條規定：「各大學之發展方向及重點，由各校依國家需要及學校特色自行規劃，報經教育部核備後實施，並由教育部評鑑之。」雖屬於概括性規定，但可作為大學辦理評鑑之依據。

　　1997-1998 年教育部首次實施以大學整體校務為主的大學綜合評鑑，受評學校達 62 校，評鑑項目包括教學、研究、服務、行政及總結（績效）五大項，並在 1998 年公布「86 學年度大學綜合評鑑試辦計畫評鑑報告」。此外，教育部為鼓勵各大學辦理自我評鑑，建立

自我評鑑機制，於 2001 年訂定「大學校院實施自我評鑑計畫補助申請要點」，連續兩年編列預算，供各校申請（吳清山，2010b）。由此可知，在此時期，大學評鑑逐漸展開，不僅辦理學門評鑑、校務評鑑，而且也鼓勵各校辦理自我評鑑。

國民小學評鑑在 1977 年由臺灣省政府教育廳指定彰化縣政府教育處試辦，臺北市、高雄市分別陸續於 1979 年、1980 年試辦；國民中學評鑑則於 1979 年由教育部指定基隆市、桃園縣試辦，並在該年發布「國民中學評鑑暫行實施要點」，決定自 1979 學年度起全面實施各國中評鑑（張德銳，1990），1998 年臺灣省政府教育廳發布「臺灣省各縣市國民中學 87 學年度校務工作評鑑計畫」，由各縣市遴選若干學校進行評鑑，並給予經費補助。至於高級中等學校評鑑部分，教育部亦自 2000 年起辦理綜合高中評鑑（潘慧玲等，2003）。

在此時期中，大學評鑑要比中小學評鑑為早，而且亦較具規模，擴展亦較快，整個評鑑雛形亦逐漸建立，提供未來教育評鑑的基礎。

參、蓬勃發展期：2004-2018 年

2004 年以後，社會大眾對於教育品質愈來愈關注，評鑑亦日趨熱絡。在這個時期高等教育評鑑之蓬勃發展，主要原因如下：

一、評鑑入法，取得法源依據

2005 年 12 月 13 日修正公布施行的《大學法》，在第 5 條第 1 項規定：「大學應定期對教學、研究、服務、輔導、校務行政及學生參與等事項，進行自我評鑑；其評鑑規定，由各大學定之。」復依該條第 2 項規定：「教育部為促進各大學之發展，應組成評鑑委員會或委託學術團體或專業評鑑機構，定期辦理大學評鑑，並公告其結果，作為政府教育經費補助及學校調整發展規模之參考；其評鑑辦法，由教育部定之。」大學評鑑正式取得法源依據。

2008 年 1 月 16 日修正公布施行的《私立學校法》，在第 57 條第 1 項規定：「私立學校應定期對教學、研究、服務、輔導、校務行政及學生參與等事項，進行自我評鑑；其評鑑規定，由各校定之。」復依該條第 2 項規定：「學校主管機關為促進各私立學校之發展，應組成評鑑會或委託學術團體或專業評鑑機構，定期辦理私立學校評鑑，並公告其結果，作為政府教育經費補助及學校調整發展規模之參考。」規範私立學校應接受評鑑。

2013 年 7 月 10 日公布施行《高級中等教育法》，在第 57 條第 1 項規定：「高級中等學校應定期對教學、輔導、校務行政及學生參與等事項，進行自我評鑑；其規定，由各校定之。」復依該條第 2 項規定：「各該主管機關為促進高級中等學校均優質化發展，應定期辦理學校評鑑，並公告其結果，作為協助學校調整及發展之參考；其評鑑辦法，由各該主管機關定之。」高級中等學校評鑑正式取得法源依據。

二、評鑑機構成立，協助辦理評鑑

社團法人台灣評鑑協會於 2003 年成立，2004 年首次承辦教育部委託全國性大學校務評鑑計畫，2005 年起即接受教育部委託，進行科技大學評鑑，迄今該會繼續接受教育部委託辦理技專校院評鑑。

中華工程教育學會於 2003 年成立，2004 年啟動臺灣工程與技術教育課程認證，為擁有國際承認之教育認證體制機構。

財團法人高等教育評鑑中心基金會於 2005 年由教育部與各大專校院共同捐資成立，主要任務在執行大學評鑑工作、協助政府規劃評鑑指標與相關機制、協助政府規劃與執行各類高等教育專案計畫，自 2006 年起辦理大學校院系所評鑑，2011 年起辦理第一週期大學校院校務評鑑，以及 2011 年起教育部試辦認定大學校院自我評鑑結果審查實施計畫等任務，至今持續進行第三週期大學校院校務評鑑。

在此時期，雖然部分人士對高等教育評鑑有所質疑和批評，但高

等教育評鑑所引發大學的量變到質變，對大學品質及重視學生學習，已發揮一定的功能（吳清山、王令宜，2012）。

有關高級中等教育評鑑，教育部中部辦公室自 2004 學年度起規劃並辦理國立暨臺灣省私立高級中學校務評鑑工作，於 2006-2009 學年度，分 4 年將所有國立暨臺灣省私立高級中學評鑑完竣，並辦理二次的追蹤評鑑。後來為因應十二年國民基本教育的實施，在 2011 年規劃「高級中學學校評鑑實施方案」，依據《高級中等教育法》及《私立學校法》規定，繼續辦理高級中等學校評鑑工作。

至於國民中小學評鑑，則屬地方政府權責，各縣市在此時期分年度辦理國民中小學校務評鑑，亦成為各縣市年度的重點工作，對於教育品質提升亦產生了效果。

肆、評鑑轉型期：2018 年以後

教育評鑑發展面臨瓶頸，2018 年以後，教育行政機關首長對教育評鑑已有不同看法，例如：教育部部長潘文忠在 2017 年 2 月 8 日提出行政減量措施，其中實施多年的大學系所評鑑將「朝停辦方向規劃」，回歸大學自主治理（陳至中，2017）。但因系所評鑑停辦涉及各國高等教育學歷資格認證，我國停辦系所評鑑對學生權益影響太大，後來轉型為自辦品保認定機制因應，由各校自辦或向高等教育評鑑中心申請自辦品保機制與結果之認定。

而針對高級中等教育評鑑，教育部宣布所主管高級中等學校評鑑已完成階段性目標，因此決定停辦 109 年學年度學校評鑑，改以 108 課綱為架構，重新檢討及精進學校評鑑內容、機制及執行方式，以系統性、計畫性分析檢視學校辦學基礎（教育部，2020，4 月 27 日），高級中等教育評鑑轉型勢在必行。

至於國中小學評鑑，臺北市政府教育局局長曾燦金於 2017 年 8 月 16 日主持國小校長會議時宣布，部分學校教師認為校務評鑑加重

行政人員負荷，因此國小校務評鑑 107 年學年度起停辦 2 年（蔡亞樺，2017），後來臺北市校務評鑑也轉型為品質保證制度。新北市政府教育局局長張明文亦於 2019 年 1 月 24 日在校長會議宣布國中小學校務評鑑自 109 學年度下學期（2021 年 2 月）、高中職自 109 學年度上學期（2020 年 9 月）起停辦，轉型為輔導支持系統（翁聿煌，2019）。

　　遷臺之後辦理教育評鑑，已有 60 年光景，對改變學校體質和提升教育品質，也發揮一定的效用；但教育評鑑涉及資料準備及人員工作量，導致評鑑受到各種批評，認為增加文書作業及人員心理與工作負擔，甚至成為行政逃亡潮的原因之一，廢除評鑑之聲，時有所聞。因而教育行政機關基於行政工作減量，採取評鑑轉型的各項措施，作為因應做法。

補給站

認可制與品質保證機制

　　認可制（accreditation），係指合格的認證機構，針對公認的標準或品質要求，對受評機構或學程進行檢測、訪視等方式評估其表現情形，達到標準或符合品質要求者給予通過認證證明。國內的大學評鑑或美國的大學認證，都採取此種方式。

　　品質保證機制（quality assurance of education），係指政府對教育機構或學程進行有系統的測量、監督、檢視等審查，以維持和提高其品質、公平和效率，通常採用學校自評、外評、校長評估、師生評估等方式。歐盟國家和英國都採取此種評鑑方式。

　　無論認可制或品質保證機制，其目的皆在確保一定的品質水準，惟品質保證機制更強調要致力於強化和持續提升品質。

第五節　提升教育評鑑效能的策略

　　教育評鑑在國內發展已經有一段時間，然因教育界對評鑑的實施仍有不同的想法，導致教育評鑑無法被強化，反而有弱化現象，對於提升教育品質及維護學生受教權益，可能會有不利的影響。因而當前國內推動教育評鑑，無論在評鑑專業、人力或方式都受到相當大的挑戰。為了有效提升教育評鑑效能，茲提出下列策略，以供參考。

一、宣導正確評鑑觀念，降低利害關係人之誤解

　　我國教育評鑑實施多年，但利害關係人（特別是學校人員）對評鑑觀念仍有些誤解，經常將學校各種輔導、視察、督導、訪視工作視為一種評鑑，而這些工作又需花費時間準備資料，讓學校人員疲於奔命，導致學校人員有所怨言。基本上，這些輔導、視察、督導、訪視工作，主要目的是上級教育行政機關要瞭解學校相關政策或方案執行情形，並給予學校適當協助，參與人員可能是督學、輔導團團員、學者專家等，與週期性（可能 4-6 年）的校務評鑑截然不同，然學校人員認知不夠清晰，難免對實施評鑑產生反彈。

　　基本上，學校教育評鑑仍以校務評鑑為主。因此，教育行政機關應積極宣導機構評鑑或校務評鑑的觀念、目的和做法，讓利害關係人有明確瞭解，建立正確的校務評鑑觀念，主要在於幫助學校改進，而不是找出學校缺失，才能獲得利害關係人的認同與支持，亦才有助於有效實施教育評鑑工作。

二、落實評鑑法令規定，積極致力提升教育品質

　　國內對教育評鑑規定，包括《教育基本法》、《大學法》、《高級中等教育法》、《幼兒教育及照顧法》、《特殊教育法》等明定辦理評鑑工作；而且也訂定相關子法，例如：《大學評鑑辦法》、《高

級中等學校評鑑辦法》、《高級中等以下學校特殊教育評鑑辦法》、《幼兒園評鑑辦法》等，作為執行評鑑依據。然而國內教育首長未能完全瞭解這些法令規定，只要聽到有人員或團體反映評鑑增加工作負擔，就決定停辦評鑑或轉型，此種行政裁量權實逾越法令之規定。

基本上，依法行政是教育行政最重要指導原則，倘若法令規定不周延或不符合人民需求，應設法修法，而不是裁示不符合法令規定的行政作為，才是應有的態度。教育評鑑有其根本目的，在於提升和強化教育品質，未來教育行政機關應依照法令規定，完備各種教育評鑑機制，讓學校人員有所遵循，才是適切的做法。

三、簡化評鑑書面資料，減輕學校人員工作負擔

當前教育評鑑最為人所詬病之一，就是依評鑑作業程序、項目、標準（效標或規準），必須耗時準備書面資料，提供評鑑委員檢視和審閱之用，即使評鑑只有一天時間，相關人員準備資料可能超過一年半載，尤其大學校務評鑑規定學校要先辦理自我評鑑後，再接受外部評鑑機構的實地訪評，其準備時間拉得更長，人員更為辛苦，無論其程序或資料實有簡化之必要。

基本上，評鑑項目愈多，準備資料就愈多，因此，評鑑項目亦須精簡。此外，有些基本資料，從資料庫或學校網頁可以查到，就不必要求學校準備。再者，有些資料可以存放在電腦上，學校就不必準備書面資料。當然，評鑑委員對學校所準備的書面資料或存放於電腦資料，應利用時間審閱，千萬不能視而不見，否則會造成學校人員失落感，認為用心準備，委員卻未能好好看，等於白白準備資料。

四、強化評鑑參與對話，傾聽利害關係人之聲音

隨著時代的發展，教育評鑑觀念及做法逐漸有所轉變，過去由評鑑人員所主導評鑑的思維與作為，已朝向重視評鑑利害關係人的想法與意見，並與利害關係人相互合作，鼓勵與利害關係人進行對話，彼

此成爲一種夥伴關係，此乃凸顯教育評鑑派典的轉變，亦符合第四代評鑑所重視的協商對話過程。

　　一般而言，評鑑設計與過程，都會有評鑑者與被評鑑者之分，評鑑者扮演著裁判角色，而被評鑑者扮演球員角色，兩者常處於不對等的地位。這種評鑑機制需要調整，應讓評鑑者與被評鑑者處於平等的地位，從評鑑設計、過程到評鑑結果的提出，都要被評鑑者參與，納入被評鑑者的意見，讓評鑑能夠充分反應被評鑑者需求；亦即，必須揚棄過去評鑑者單方面的心態，邁向評鑑者與被評鑑者雙方協作的思維，則評鑑才能發揮其更大的效能。

五、遵守評鑑倫理規範，確保評鑑結果具公信力

　　教育評鑑是一種專業性工作，評鑑人員需要專業的知能，也需要遵守一定的評鑑專業倫理準則，才能符應評鑑專業化的需求（吳清山、王湘栗，2004）。基本上，評鑑專業倫理準則必須建立在評鑑公正、客觀、負責、尊重、保密和誠信的原則下，所訂準則內容才具有實用的價值性。

　　國內高等教育評鑑對評鑑倫理準則較爲重視，例如：財團法人高等教育評鑑中心基金會和社團法人台灣評鑑協會，皆有訂定評鑑委員倫理準則，要求委員於評鑑時加以遵守，以確保評鑑過程之公正無私與評鑑結果之公信力。然而地方政府所辦理的教育評鑑，對評鑑委員的倫理準則重視度較爲不足，偏重於評鑑說明會略加說明應注意評鑑倫理，但其約束力有限，因而中小學的評鑑結果報告難免會受到挑戰。未來辦理評鑑時，還是需要訂定明確的專業倫理準則，要求評鑑委員遵守，才能有效提升評鑑的品質與公信力。

六、辦理後設教育評鑑，持續改進教育評鑑缺失

　　教育評鑑是一個動態循環的過程，完整的教育評鑑，除了評鑑前的準備和評鑑的實施外，評鑑後的檢討和改進，亦屬重要的一部分，此乃涉及到後設評鑑（meta-evaluation），旨在檢視評鑑過程及方法是否適切有效。一般而言，後設評鑑可由評鑑單位在評鑑後進行評鑑實施的檢討，或者由被評鑑者之利害關係人透過訪談或問卷提出回饋，或者由評鑑單位委託第三方針對評鑑實施進行研究，這些方法中，各有其價值，但以第三方的後設評鑑較為客觀。

　　歐美國家對後設評鑑相當重視，認為有助於提升評鑑品質，而國內高等教育評鑑較為重視後設評鑑，通常在評鑑後會委託第三方進行後設研究，但在地方政府所辦理的中小學教育評鑑對後設評鑑並未給予應有的重視，因而對評鑑本身的品質改善有限，未來宜積極辦理後設評鑑，作為檢討改進之用，以強化評鑑品質。

七、確實做好追蹤評鑑，發揮教育評鑑改進功能

　　教育評鑑不能流於「為評鑑而評鑑」，而是「為改進而評鑑」，則評鑑才有意義和價值。評鑑單位對於一些受評單位之評鑑表現未達符合規定或未通過項目，需要進行再一次評鑑，亦即所謂追蹤評鑑，就必須加以列管，要求改善其缺失，繼續接受另外一次的評鑑，以發揮教育評鑑改進的功能。基本上，追蹤評鑑只是一種手段，讓受評單位能夠實質改進，才是目的。

　　此外，評鑑實施後，都會提出評鑑報告書，分別列舉受評單位的優點、缺點和待改善事項。其中受評單位對待改善處理情形，行政機關也應加以追蹤考核，以瞭解受評單位實際改進情形，一則可避免受評單位敷衍了事，二則督促學校有效改進，讓學生能得到高品質的教育。唯有如此，才能彰顯教育評鑑的效果。

補給站

校務研究

校務研究（institutional research），又稱「機構研究」，源自於 1950 年代的美國，當時大學發展快速，社會對學校經營與辦學績效頗多疑慮，希望透過科學化和系統化研究，蒐集和分析與學生學習相關實證性資訊，提供學校校務決策的依據，以有效提升校務經營能力。我國高等教育引進校務研究較晚，到了 2010 年代以後才受到重視，臺灣校務研究專業協會（Taiwan Association for Institutional Research, TAIR）在 2016 年 5 月 10 日立案，而各大學也紛紛成立「校務研究辦公室」，執行建置校務資料平臺、進行校務議題研究、公開學校辦學成果等任務。基本上，校務研究具有規劃、決策和評鑑之功能。

本章摘要

一、教育評鑑係指針對教育現象、活動或人員，透過有系統與客觀的方法來蒐集、整理、組織和分析各項資料，並對照預定評鑑效標，進行理解與價值判斷，以瞭解教育成效及改進教育缺失，並提供教育決策參考，以及謀求教育健全發展的歷程。

二、教育評鑑功能計有下列四項：㈠ 診斷教育現象，瞭解教育現狀；㈡ 精進教育改善，提升教育品質；㈢ 檢視教育成果，確保教育績效；㈣ 提供相關資訊，以利教育決策。

三、教育評鑑就範圍而言，可分為校務評鑑、學門評鑑、系所評鑑、方案評鑑及專案評鑑；就人員而言，可分為校長評鑑和教師評鑑；就程序而言，可分為形成性評鑑和總結性評鑑；就方式而言，可分為內部評鑑和外部評鑑。

四、我國教育評鑑的法令依據，主要有《教育基本法》、《大學法》、《高級中等教育法》、《特殊教育法》及《幼兒教育及照顧法》。

五、教育界重視的教育評鑑模式，主要有消費者導向評鑑、CIPP 模式、回應式評鑑、建構主義評鑑、審議民主式評鑑，這些模式影響到教育評鑑的理念與作為，各有其時代價值。

六、我國教育評鑑制度發展，最早可追溯到隋唐時代科舉制度，但亦有學者追溯到周代鄉遂之治的邦比之法（地方官吏視其政績任免或升降），然現代化的教育評鑑仍是發源於歐美先進國家。

七、政府遷臺以後教育評鑑發展，主要可分為四個時期：㈠ 萌芽草創期：1949-1974 年；㈡ 成長擴展期：1975-2003 年；㈢ 蓬勃發展期：2004-2018 年；㈣ 評鑑轉型期：2018 年以後。

八、為提升教育評鑑效能，下列七項策略可供參考：㈠ 宣導正確評鑑觀念，降低利害關係人之誤解；㈡ 落實評鑑法令規定，積極致力提升教育品質；㈢ 簡化評鑑書面作業，減輕學校人員工作負擔；㈣ 強化評鑑參與對話，傾聽利害關係人之聲音；㈤ 遵守評鑑倫理規範，確保評鑑結果具公信力；㈥ 辦理後設教育評鑑，持續改進教育評鑑缺失；㈦ 確實做好追蹤評鑑，發揮教育評鑑改進功能。

評量題目

一、請說明教育評鑑的意義及其功能。

二、請比較內部評鑑和外部評鑑之差異。

三、請說明回應式評鑑之內涵，並評析其價值。

四、請比較建構主義評鑑與審議民主式評鑑之異同。

五、請分析 2004 年以後，我國高等教育評鑑蓬勃發展之主要原因為何？

六、請提出提升教育評鑑效能的有效策略。

案例研討

校務評鑑知多少

今年我們學校要接受高等教育評鑑中心派一組實地訪評委員到校進行校務評鑑,學校行政人員看起來比以前忙碌。

「今年我們學校的環境和設備感覺起來比去年改善不少,評鑑還是可以督促學校改進效果。」趙振昌同學有感而發。

林正彬同學也呼應趙同學的看法:「我們向學校反映好多年,體育館設備老舊,該淘汰換新,一直沒有什麼動作,直到今年才看到有更新設備,評鑑比我們反映有用。」

「為何學校那麼重視校務評鑑呢?」凌志堅同學好奇的問。

趙同學回答:「您有所不知,評鑑委員到了學校,不只是看資料而已,還會實地參觀,萬一委員看到體育館設備太差,會留下不好印象。此外,委員會安排與學生訪談,學校也怕學生在訪談中反映學校設備老舊,說不定還會影響評鑑成績。」

凌同學繼續問:「那評鑑委員怎麼打成績呢?」。

「評鑑委員會參考評鑑項目及標準,就所看到和聽到的學校實際情形,進行專業的綜合判斷,經過小組討論,決定學校給予通過與否?」趙同學回答著。

凌同學愈問愈覺得有趣,繼續問:「萬一學校有些項目沒有通過呢?」。

「學校評鑑有些項目沒有通過,代誌大條,會影響到學校形象,因為評鑑報告會上網公告,而且還要接受追蹤評鑑!」趙同學不厭其煩回答著,「還有問題嗎?」

「那評鑑報告出來,怎麼知道學校有沒有改進呢?」

「在評鑑報告內容,會列出學校的優點、缺點和待改善之處,學校必須針對待改善部分加以處理,列入追蹤。」

最後一個問題了:「您對校務評鑑怎麼知道這麼多呢?」

「哈哈,您有所不知,我還當過校務評鑑實地訪評小組的兼任助理,

跟隨委員到其他學校進行評鑑，這就是擔任兼任助理的好處，以後不要輕言放棄機會。」

凌同學點點頭，頗有同感。

討論問題

一、大學校務評鑑對學校有哪些正面和負面的影響？

二、大學校務評鑑有助於提高學校競爭力嗎？

三、大學校務評鑑有助於大學招生嗎？

第十二章

教育法令

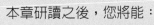

本章研讀之後,您將能:

一、瞭解教育法令的基本概念。

二、認清教育法令的位階與名稱。

三、熟悉教育法制的作業過程。

四、理解教育法令探討的重要議題。

學習目標

教育法令是支撐教育健全發展的關鍵力量，任何教育政策的推動，必須有法令作為基礎，則其執行將更為穩固，而教育法令乃是教育政策的上位概念，它引導教育政策的制定與執行，而「依法行政」亦為教育人員執行業務的重要準繩，此亦彰顯教育法令的重要性與價值性。本章將分別就教育法令的基本概念、教育法令的位階與名稱、教育法制的作業過程，以及教育法規探討的重要議題分別說明之。

第一節　教育法令的基本概念

教育行政和學校行政，皆必須遵守一定規範，才能有效運作，而這些規範都來自於教育法令，茲將其意涵及特性說明如下：

壹、教育法令的意涵

教育法令，是由教育和法令兩字組合而成，教育法令是屬於一般法令的一環，而法令應用在教育場域中，就成為教育法令。

就「法令」而言，它是立法機關通過的法律與行政機關訂定的命令；同樣地，教育法令中的法律必須經過立法機關審議通過，而教育法令中的命令，雖由教育行政機關訂定，但仍須經過一定的行政作業程序，才會產生效力。顏國樑（2022）曾將教育法規定義如下：「是指政府為保障教育的自律性與創造性，推動教育事務的有效運作，促進教育事業的健全發展，經過一定的制（訂）定程序，以國家權力所公（發）布的教育法律和命令。」（第5頁）由此可知，教育法令的制（訂）定是有其特定的規範目的。因此，茲將教育法令的意義界定如下：

政府為引導、促進與健全教育發展，經由一定的法制作業程序，研訂各種教育規範，這些規範包括教育法律、命令和行政規章，作為

教育運作及執行的準則，以利達成教育目標。

　　依此定義，茲進一步說明如下：

一、教育法令研訂單位

　　它來自於政府體制中的立法機關和行政機關，其中法律係由行政機關（行政院）函送立法機關（立法院）審議；而命令訂定則由教育行政機關依其權責訂定，倘若涉及法律明文規定或實際必要時，仍要報請立法院或上級機關（行政院）備查；至於行政規章之訂定，則屬於教育行政機關權責。

二、教育法令研訂目的

　　它是一種教育運作與執行的規範，提供引導、促進與健全教育發展，以利提升教育效能和達成教育目標。

三、教育法令重要內涵

　　它包括教育法律、教育命令和行政規章，其中教育法律位階最高，任何命令和行政規章，不得違背法律，否則無效。

　　基於以上說明，廣義的教育法令，包括法律、命令和行政規章；而狹義的教育法令則以法律為主，一般探討教育法令，都以廣義的教育法令為主，才能有效掌握教育法令的內涵及其精神。

貳、教育法令的特性

　　教育具有其特定目標和功能，其服務對象以親師生為主，不像一般行政機關服務對象以社會大眾為主。因此，教育法令與一般法令亦有差異，旨在規範教育作為，讓教育能夠順利運作，提升教育效能，它具有與一般法令不同的特性，茲說明如下：

一、影響深遠性

　　教育具有培育人才的功能，而教育法令的研訂亦在於透過明確指導，引領教育政策發展，促進學校有效培育人才，將來能爲社會所用，造福社會。因此，在教育法令中，都會對教育政策、學校制度、教育目標組織及運作、課程與教學有所規範，以利教育人員有所遵循。

　　一個人從國小就讀，到大學畢業，將來踏入社會，都可能受到教育法令的影響，例如：1968 年政府公布的《九年國民教育實施條例》，提供實施九年國民教育法源依據，其影響相當深遠；又如2013 年政府公布的《高級中等教育法》，成爲實施十二年國民基本教育法源依據，至今仍可看出對教育相當大的影響力。

二、範圍廣泛性

　　教育法令涉及家庭教育、學校教育和社會教育，從一個人出生的《家庭教育法》、二歲的《幼兒教育及照顧法》，到高齡學習者樂齡學習的《終身學習法》，可說涵蓋了人生各階段的學習層面，亦即一個人出生之後的學習，或多或少與教育法令具有直接或間接關係。

　　以學校教育爲例，有各級各類教育，其中各級教育，從高等教育、中等教育、國民教育到幼兒教育；而各類教育範圍更廣，從師資培育、特殊教育、原住民教育、實驗教育、資訊科技教育、國際教育、雙語教育、校園安全教育、食農教育……都包括在內，都須訂定相關教育法令，作爲推動依據。由此可知，教育法令範圍相當廣泛。

三、內容複雜性

　　教育涉及範圍甚廣，相對地必須研訂更多的教育法令因應，然而教育涉及不同地區、學校、教育人員之需求，則所訂的法令更有其複雜性，不像一般行政機關所訂法令那樣單純。例如：政府爲實現教育

機會均等，因應偏遠地區學校教育之特性及需求，特別制定《偏遠地區學校教育發展條例》，對學校之設置與其組織、人事、經費及運作等事項，另做規定。

此外，教育法令涉及教育行政機關，以及大、中、小學及幼兒園等教務、學務、總務、輔導、人事、主計等業務，使教育法令內容更趨於複雜化，鄰近的日本為讓教育人員理解複雜的教育法令，學者專家還編印《教育小六法》，供教育人員參考。

四、環境變動性

隨著社會快速變遷及科技高度發展，深深改變教育的思維與作為。教育法令不僅要防弊，更重要的是要興利，它更涉及到學生學習機會及權益，因此必須隨著時代進步增修法令，或進行滾動性修正，以利有效因應實際需要。

一般而言，教育法令的研修要比一般法令更為頻繁，例如：《國民教育法》於 1979 年公布至 2023 年，就有高達十五次修正；而《教師法》於 1995 年公布至 2019 年，同樣有高達十四次修正，這種頻繁的修正，具有適應社會發展需要之優點，但因變動性過於頻繁，易造成教育不穩定，恐對教育發展造成不利影響。

第二節　教育法令的位階與名稱

論及教育法令的位階，源自於一般法令位階，可分為憲法、法律和命令，如圖 12-1 所示。

圖 12-1
教育法令位階

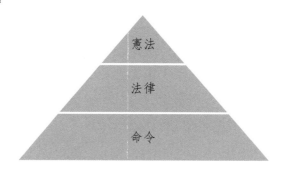

茲就圖 12-1 資料說明如下：

壹、憲法

憲法（constitution），依《牛津學習者字典》（*Oxford Learner's Dictionaries*）解釋爲國家或組織受其管轄的法律體系和基本原則（Oxford University Press, 2022d）。法治斌、董保城（2004）特別提到：「從實質意義的憲法來看，它是指國家之狀態，憲法乃是規定國家最高機關組織及職權、政治程序、國家權力之行使與人民基本權利以及和地方自治團體間之關係，並且解決彼此產生衝突之方法爲內容。」（第 3 頁）。因此，憲法乃是國家根本大法，它是政體的法律基礎，亦決定國家治理方向，具有其根本性、優先性和統治性。

《中華民國憲法》係於 1946 年 12 月 25 日國民大會通過，1947 年 1 月 1 日國民政府令公布，計有 14 章 175 條，其中第十三章基本國策第五節屬於教育文化部分，對於教育部分規定如下：

第 158 條：教育文化，應發展國民之民族精神、自治精神、國民道德、健全體格、科學及生活智能。

第 159 條：國民受教育之機會，一律平等。

　　第 160 條：六歲至十二歲之學齡兒童，一律受基本教育，免納學費。其貧苦者，由政府供給書籍。已逾學齡未受基本教育之國民，一律受補習教育，免納學費，其書籍亦由政府供給。

　　第 161 條：各級政府應廣設獎學金名額，以扶助學行俱優無力升學之學生。

　　第 162 條：全國公私立之教育文化機關，依法律受國家之監督。

　　第 163 條：國家應注重各地區教育之均衡發展，並推行社會教育，以提高一般國民之文化水準，邊遠及貧瘠地區之教育文化經費，由國庫補助之。其重要之教育文化事業，得由中央辦理或補助之。

　　第 164 條：教育、科學、文化之經費，在中央不得少於其預算總額百分之十五，在省不得少於其預算總額百分之二十五，在市縣不得少於其預算總額百分之三十五。其依法設置之教育文化基金及產業，應予以保障。

　　第 165 條：國家應保障教育、科學、藝術工作者之生活，並依國民經濟之進展，隨時提高其待遇。

　　第 167 條：國家對於下列事業或個人，予以獎勵或補助：一、國內私人經營之教育事業成績優良者。二、僑居國外國民之教育事業成績優良者。三、於學術或技術有發明者。四、從事教育久於其職而成績優良者。

　　從《中華民國憲法》對教育之規定，可知當初立法者之先知灼見，至今仍是指導教育發展的基本原則。到了 2000 年 4 月 25 日總統修正公布《中華民國憲法增修條文》，全文計有 11 條，其中第 10 條 10 項規定：「教育、科學、文化之經費，尤其國民教育之經費應優先編列，不受憲法第一百六十四條規定之限制。」修正以往憲法對經費編列之規定。

　　就憲法的位階而言，屬於最高位階，任何法律或命令不得牴觸憲法，否則無效，此在《中華民國憲法》第 171 條規定：「法律與憲法牴觸者無效。」與第 172 條：「命令與憲法或法律牴觸者無效。」

　　倘若對憲法解釋，或法律是否違憲，則可聲請大法官統一解釋法令，亦即大法官釋憲，其效力可能是宣告該法令「合憲」或「違憲」；此在《中華民國憲法》第 171 條第 2 項：「法律與憲法有無牴觸發生疑義時，由司法院解釋之。」及第 173 條：「憲法之解釋，由司法院爲之。」皆明定之。

貳、法律

　　法律（law），依《牛津學習者字典》（*Oxford Learner's Dictionaries*）解釋爲一個國家或社會中的每個人，都必須遵守的整個規則體系（Oxford University Press, 2022f）。而法案（act）則是立法機關通過的法令。依我國《中華民國憲法》第 170 條：「本憲法所稱之法律，謂經立法院通過，總統公布之法律。」此在《中央法規標準法》第 4 條亦有同樣規定。

　　復依該法第 5 條規定：「下列事項應以法律定之：一、憲法或法律有明文規定，應以法律定之者。二、關於人民之權利、義務者。三、關於國家各機關之組織者。四、其他重要事項之應以法律定之者。」茲舉例說明如下：

一、憲法或法律有明文規定，應以法律定之者：例如：《中華民國憲法》第 118 條規定：「直轄市之自治，以法律定之。」《教師法》第 36 條規定：「教師之待遇，另以法律定之。」

二、關於人民之權利、義務者：例如：《所得稅法》、《兵役法》、《考試法》均屬人民權利義務，由法律定之。

三、關於國家各機關之組織者：例如：《行政院組織法》、《教育部組織法》、《教育部國民及學前教育署組織法》等。

四、其他重要事項之應以法律定之者：例如：《終身學習法》、《家庭教育法》、《偏遠地區學校教育發展條例》等。

　　至於法律的名稱，亦依《中央法規標準法》第 2 條規定：「法律

得定名爲法、律、條例或通則。」而各名稱之使用原則，在行政院法規會（2020）出版的《行政機關法制作業實務》一書有所說明，茲舉例說明如下：

一、以法爲名稱：屬於全國性、一般性或長期性事項之規定者，例如：《大學法》、《國民教育法》。

二、以律爲名稱：屬於戰時軍事機關之特殊事項規定，例如：《戰時軍律》（於2002年12月25日廢止），目前已無律之法律名稱。

三、以條例爲名稱：屬於地區性、專門性、特殊性或臨時性事項之規定，例如：《學校型態實驗教育實施條例》、《高級中等以下教育階段非學校型態實驗教育實施條例》、《公立高級中等以下學校委託私人辦理實驗教育條例》等。

四、以通則爲名稱：屬於同一類事項共通適用之原則或組織之規定。例如：《地方稅法通則》。

　　值得一提的是，在教育法律中的《教育基本法》，素有教育準憲法之稱，對其他教育法律而言，它具有根本性和優先性，此在該法第16條規定：「本法施行後，應依本法之規定，修正、廢止或制（訂）定相關教育法令。」由此可知，《教育基本法》效力要高於其他教育法令。

參、命令

　　命令（order），依《牛津學習者字典》（*Oxford Learner's Dictionaries*）解釋爲當人們遵守法律、規則或權威時存在的狀態（Oxford University Press, 2022g），有關英文的法規命令，國內都採用 regulation，就其法制字義，即爲法律的補充（the supplementary to acts）。就國內法制而言，命令可分爲法規命令和行政規章，茲說明如下：

一、法規命令

依《行政程序法》第 150 條規定：「本法所稱法規命令，係指行政機關基於法律授權，對多數不特定人民就一般事項所作抽象之對外發生法律效果之規定。」依此而言，法規命令又稱授權命令，例如：《大學法》第 35 條第 2 項：「政府為協助學生就讀大學，應辦理學生就學貸款；貸款項目包括學雜費、實習費、書籍費、住宿費、生活費、學生團體保險費及海外研修費等相關費用；其貸款條件、額度、權利義務及其他應遵行事項之辦法，由教育部定之。」教育部依此《大學法》授權訂定《高級中等以上學校學生就學貸款辦法》。

而各機關所發布的命令之名稱，則須依《中央法規標準法》第 3 條規定：「各機關發布之命令，得依其性質，稱規程、規則、細則、辦法、綱要、標準或準則。」辦理。而各名稱之使用原則，在行政院法規會（2020）出版的《行政機關法制作業實務》一書有所說明，茲舉例說明如下：

1. 規程：規定機關組織、處務者，例如：《考試院處務規程》。
2. 規則：規定應行遵守或照辦之事項者，例如：《試場規則》。
3. 細則：規定法規之實行或補充事項，例如：《教師法施行細則》。
4. 辦法：規定辦理事務之方法、時限或權責者，例如：《高級中等學校向學生收取費用辦法》。
5. 綱要：規定事件之原則或要項者，例如：《社區發展工作綱要》。
6. 標準：規定一定程度、規格或條件者，例如：《特殊教育學校設立變更停辦合併及人員編制標準》。
7. 準則：規定作為之準據、範式或程序者，例如：《中途學校員額編制準則》。

此外，《中央法規標準法》第 7 條規定：「各機關依其法定職權或基於法律授權訂定之命令，應視其性質分別下達或發布，並即送立法院。」即使法定職權命令，其名稱仍須依前述規定辦理。

　　至於法規命令效力，則依《行政程序法》第 158 條規定：「法規命令，有下列情形之一者，無效：一、牴觸憲法、法律或上級機關之命令者。二、無法律之授權而剝奪或限制人民之自由、權利者。三、其訂定依法應經其他機關核准，而未經核准者。」

二、行政規則

　　依《行政程序法》第 159 條規定：「本法所稱行政規則，係指上級機關對下級機關，或長官對屬官，依其權限或職權為規範機關內部秩序及運作，所為非直接對外發生法規範效力之一般、抽象之規定。」而行政規則主要在於規範下列兩個事項：一、機關內部之組織、事務之分配、業務處理方式、人事管理等一般性規定。二、協助下級機關或屬官統一解釋法令、認定事實、及行使裁量權，而訂頒之解釋性規定及裁量基準。由此可知，行政規章訂頒雖無須法律授權依據，但亦不得逾越其權限或職權，與法規命令效力相較，遠低於法規命令效力。

　　有關行政規章的名稱，在《中央法規標準法》並無明定，惟其命名方式與法規命令不同，依其規範內容及性質，常用之名稱有「要點」、「注意事項」、「基準」、「須知」、「程序」、「原則」、「措施」……，此類具名稱之行政規則，其格式亦常以條列方式處理，因與法規命令類似，因此實務上亦有以「類似法規」稱之者。其撰寫格式不採法律或法規命令的「第○條」呈現，而是採「一、二、……」列點方式呈現。

　　就國內教育法令來看，在學校層級不用制定法律，它是屬於行政機關權責，但就可能使用到法規命令之授權命令及行政規章來看，大學用到授權命令比中小學多一些，主要在於《大學法》中規定，例如：該法第 5 條：「大學應定期對教學、研究、服務、輔導、校務行政及學生參與等事項，進行自我評鑑；其評鑑規定，由各大學定之。」第 14 條：「大學為達成第一條所定之目的，得設各種行政單

位或召開各種會議；行政單位之名稱、會議之任務、職掌、分工、行
政主管之資格及其他應遵行事項，於大學組織規程定之。」而中小學
方面，則在《教師法》規定：「輔導或管教學生，導引其適性發展，
並培養其健全人格，以及擔任導師之辦法，由各校校務會議定之。」
就是授權學校訂定法規命令。

　　基於上述說明，學校層級仍以行政規章為主，因此對於行政規章
的名稱要深入瞭解，沒有法律授權，不要自訂「辦法」之名稱，而是
要以「要點」、「注意事項」、「須知」、「原則」、「措施」、
「規定」等名稱呈現。目前國內中小學有關行政規章之名稱，積非成
是已久，仍須逐步改正。

補給站

行政組織法與行政作用法

　　行政組織法係規範行政機關的組織層級、權限、任務或內部管理
等事項，大多屬於概括或宣示性質，例如：《教育部組織法》、《國
家教育研究院組織法》等。

　　行政作用法規範行政權對外之行政行為，具有實踐性之職權，大
都具有干預或處分性質，例如：《私立高級中等以上學校退場條例》。

　　一般而言，行政作用法須遵守法律保留原則，行政機關訂定涉及
人民權利義務之法規命令，必須有法律授權，方得為之。

第三節　教育法制的作業過程

教育法制的作業過程，必須遵照《中央法規標準法》及行政院 2018 年 3 月 27 日發布的《中央行政機關法制作業應注意事項》規定辦理。在《中央法規標準法》對於法規的制定、施行、適用、修正與廢止均有明確規定。在該法的第 8 條規定：「法規條文應分條書寫，冠以『第某條』字樣，並得分爲項、款、目。項不冠數字，空二字書寫，款冠以一、二、三等數字，目冠以㈠、㈡、㈢ 等數字，並應加具標點符號。

前項所定之目再細分者，冠以 1、2、3 等數字，並稱爲第某目之 1、2、3。」此成爲撰寫條文和說明條文項、款、目很重要的依據。

至於對於法制作業具體明確的規定，仍以《中央行政機關法制作業應注意事項》爲依據，茲依該注意事項摘錄重點說明之。

法規作業過程，主要分爲準備作業和草擬作業兩個階段。

壹、準備作業

在準備作業過程中，須掌握下列四項原則：1. 把握政策目標：無論法律或命令，須以政策需要爲準據。2. 確立可行做法：進行可行性評估，以找到簡便易行之做法。3. 提列規定事項：依《行政程序法》第 159 條第 2 項第 1 款規定辦理。4. 檢討現行法規：檢討現行相關法規，現行法規有適用者，則加以修正；無現行法規可資適用或修正適用者，才草擬新法規。

貳、草擬作業

在準備作業過程中，必須求其周延，以利法規草擬，而草擬作業

必須掌握下列六項原則：1. 構想要完整：法規應規定之事項，須有完整而成熟之具體構想，必要時，應諮詢專家學者之意見或召開研討會、公聽會；倘若增加地方政府之員額或經費負擔者，應與地方協商；此外，也要進行法案衝擊影響評估。2. 體系要分明：制（訂）定、修正或廢止法規，須就其內容，認定該法規在整個法規體系中之地位以及與其他法規之關係。3. 結構要單純：一條文規範一重點，分項書寫之條文，以不超過五項為原則。4. 用語要簡淺：法規用語須簡明易懂，用字須符合法律統一用字（語）。5. 法意要明確：法規涵義須明顯確切，屬授權性質之規定，其授權目的、內容及範圍，應具體明確。6. 名稱要適當：制（訂）定法規及修正現行法規時，要符合《中央法規標準法》及《行政機關法制作業實務》所列出法規名稱。

至於法規命令格式，無論是制（訂）定案或修正案，都要包括標題及總說明，制（訂）定案還包括逐條說明；修正案則須條文對照表。

主政單位教育法規草擬完畢，必要時可舉行座談會或公聽會，蒐集法規草案意見，作為修正參考，確立法規草案後，先提到法規會討論，再提部務會報討論。依規定，教育部研擬之法律及法規命令草案應至少公告周知六十日，使各界能事先瞭解，並有充分時間表達意見，至遲應於提法規會討論或會法制單位表示意見前完成，屬於法律草案之公告周知，公開於教育部網站之方式為之；屬於法規命令草案之公告周知，則須刊登於行政院公報。

法律案經教育部部務會報通過後，函請行政院於行政院會討論通過後，再由行政院函請立法院審議；屬於法規命令者，教育部依其法規性質，本於權責處理。

至於行政規章作業過程比法規命令作業過程單純，但仍須有準備作業和草擬作業兩個階段：一、準備作業：針對政策形成、資料蒐集與整理、訂定行政規章與否或修正。二、草擬作業：草案提出，屬於訂正者，應包括標題、總說明、草案表（每一點及其規定意旨，逐點依式說明）；屬於修正案，應包括標題、總說明、對照表（修正規定

及其修正意旨，逐點依式說明）。

　　行政規章的格式，不可與法規名稱相同，採「要點」、「注意事項」、「須知」、「原則」、「措施」、「規定」等名稱，內容應以逐點方式規定，以「一、二」稱之，不使用「第○條」之字詞。草案完成後，視其性質提相關會議討論通過後，簽請首長核定後實施。

補給站

中小學校研訂行政規章常見的錯誤

　　中小學缺乏法制人員，研訂行政規章常出現一些錯誤，較為常見者如下：

一、不是屬於法律授權的法規命令，採用「辦法」名稱。例如：「○○學校門禁管理辦法」，沒有法律授權，宜採用「要點」，即「○○學校門禁管理要點」；而「○○學校輔導及管教辦法」，則是正確，因該辦法有《教師法》授權訂定。

二、規章標題與內文不一致。例如：「○○學校物品採購要點」，內文條文卻出現本辦法之字眼。

三、要點採用第一條、第二條……形式出現。例如：「○○學校財產毀損賠償要點」，採用第一條、第二條方式，這是錯誤的；此外，也不能採用「壹、貳、……」方式，應採用「一、二、……」形式。若是法規命令，則須採用「第一條、第二條」方式。

四、規章標題採用標點符號。例如：○○學校「編班」實施要點，不能使用「」標點符號，即使是「、，」等符號標題都不能用，正確方式為：「○○學校編班實施要點」。

·········/第四節/ 教育法令探討的重要議題 ···········

　　教育法令乃是教育行政運作之依據，關係到整個教育發展。教育法令探討的議題相當廣泛，茲將其重要議題列舉如下：

壹、教育法令內容詮釋

　　教育法令甚多，有些需要進一步詮釋，才能理解法令的精神與內涵。基本上，在教育法令中的法律，一些條文偏重於概括式或宣示性的規範，要能深入瞭解法律的精義及其應用價值，則須更多探究與詮釋。

　　就以《教育基本法》為例，雖然只有十七條，但其內容包括教育主體及目的、教育責任及實施方式、國民教育機會平等、教育經費及合理分配資源、教育實施中立原則、鼓勵興辦教育事業及公辦民營、教育人員工作等權利義務、學生學習權及受教育權、提供家長教育選擇機會、中央政府教育權限、地方教育審議委員會、延長國民基本教育年限、妥善規劃小班小校、促進教育普及和整體發展、教育實驗及研究與評鑑、學力鑑定之實施、師生受到違法侵害之救濟等，每一項內容都值得深入探究。其他的教育法律，例如：《大學法》、《高級中等教育法》、《國民教育法》、《幼兒教育及照顧法》、《私立學校法》、《教師法》、《師資培育法》、《特殊教育法》等，都有很多內容值得探究。

貳、師生權利與義務

　　權利與義務不是法律的全部內容，卻是重要的內涵。權利與義務關係密切，可謂一體兩面，有權利者必有其義務，有義務者必有其權

利。而師生的權利與義務，乃是教育法令中所不可或缺的內容（吳清山，2008）。

在教育法令中，《教育基本法》第 8 條規定：「教育人員之工作、待遇及進修等權利義務，應以法律定之，教師之專業自主應予尊重。學生之學習權、受教育權、身體自主權及人格發展權，國家應予保障，並使學生不受任何體罰及霸凌行為，造成身心之侵害。」此對教師權利義務及專業自主權、學生學習權及受教育權之維護，可謂相當明確。至於《教師法》第五章教師權利義務，以及《高級中等教育法》第八章學生權利及義務，皆有所規定，此乃顯示師生權利與義務成為教育法令中探究的重要議題之一環。

參、師生申訴與救濟

《中華民國憲法》第 16 條規定：「人民有請願、訴願及訴訟之權。」此在於保障人民訴訟權，亦即人民於其權利或法律上利益遭受侵害時，請求依正當法律程序公平審判，以獲及時有效救濟之機會。依此而言，教師亦有其訴訟權。《教師法》第七章明定申訴及救濟，其中第 42 條規定：「教師對學校或主管機關有關其個人之措施，認為違法或不當，致損害其權益者，得向各級教師申訴評議委員會提起申訴、再申訴。」教育部依此訂定《教師申訴評議委員會組織及評議準則》，作為評議依據，讓教師獲得申訴及救濟機會。

此外，在《大學法》第 33 條第 4 項規定：「大學應建立學生申訴制度，受理學生、學生會及其他相關學生自治組織不服學校之懲處、行政處分或其他措施及決議之事件，以保障學生權益。」和《高級中等教育法》第 54 條第 1 項規定：「學生權益之救濟，依本法所定申訴、再申訴程序行之。」

基於以上說明，師生申訴救濟是維護師生權益的重要管道，亦成為教育法令中值得關注和探究的重要議題。

肆、學生教育權

　　教育權涉及到每個人接受教育的權利，乃屬基本人權之一。《世界人權宣言》第 26 條第 1 項：「一、人人皆有受教育之權。教育應屬免費，至少初級及基本教育應然。初級教育應屬強迫性質。技術與職業教育應廣爲設立。高等教育應予人人平等機會，以成績爲準。」確立學生教育權的根基。而《兒童權利公約》第 28 條第 1 項：「締約國確認兒童有接受教育之權利，爲使此項權利能於機會平等之基礎上逐步實現，締約國尤應：(a) 實現全面的免費義務小學教育；(b) 鼓勵發展不同型態之中等教育，包括普通教育與職業教育，使所有兒童均能進入就讀，並採取適當措施，諸如實行免費教育以及對有需求者提供財務協助；(c) 以一切適當方式，使所有兒童依照其能力都能接受高等教育；(d) 使所有兒童均能獲得教育與職業方面之訊息及引導；(e) 採取措施鼓勵正常到校並降低輟學率。」明確指出確保學生教育權的積極作爲。

　　《教育基本法》第 2 條規定：「人民爲教育權之主體。」《中華民國憲法》第 159 條：「國民受教育之機會，一律平等。」旨在確保人民接受教育的權利。從《世界人權宣言》、《兒童權利公約》、《教育基本法》和《中華民國憲法》的規定，會衍生教育保障、教育目標、教育方式、教育設施與教育權利的關係，這些皆成爲教育法令探究的重要議題之一。

伍、家長教育選擇及參與校務

　　家長與學校具有密切關係，他是學校合夥人，不是局外人，應該有責任與學校合作，幫助孩子更有效學習。在《世界人權宣言》第 26 條第 3 項：「父母對其子女所應受之教育，有優先選擇之權。」以及《教育基本法》第 8 條第 3 項規定：「國民教育階段內，家長負

有輔導子女之責任，並得爲其子女之最佳福祉，依法律選擇受教育之方式、內容及參與學校教育事務之權利。」皆提到家長基於子女福祉，有選擇教育之權利，政府不能強制家長及其子女接受指定的教育方式，家長可依子女能力、性向和需求，選擇公立學校、私立學校、學校型態實驗教育、非學校型態實驗教育或公辦民營教育，這些亦激發教育法令研究議題之一。

　　此外，家長積極參與校務，亦爲頗受教育重視的議題之一。除了《教育基本法》第8條宣示家長參與教育事務之權利，《國民教育法》第47條亦規定：「國民教育階段內，家長爲維護其子女之權益，應相對承擔輔導子女及參與家長會之責任，並爲保障學生學習權及人格權，有參與教育事務之權利；其參與方式、內容、程序及其他相關事項之辦法，由中央主管機關定之。」教育部據此訂定《國民教育階段家長參與學校教育事務辦法》。惟近年來家長團體不斷呼籲要提高該辦法至法律的位階，宜制定《家長參與學校教育事務法》，強化其法律效力。足見家長參與教育，亦是教育法令關注議題之一。

陸、校園安全及意外事件處理

　　校園爲學生學習重要園地，建構安全、友善和健康之校園，乃是確保學生有效學習的要件。而校園安全及災害事件處理，涉及的法律甚多，包括《教育基本法》、《學校衛生法》、《兒童及少年福利與權益保障法》、《性別平等教育法》、《兒童及少年性剝削防制條例》、《家庭暴力防治法》、《性侵害犯罪防治法》、《傳染病防治法》、《災害防救法》、《身心障礙者權益保障法》等，足見確保校園安全的重要性。

　　教育部爲了確保校園安全，分別訂定《校園霸凌防制準則》、《校園性侵害性騷擾或性霸凌防治準則》、《維護校園安全實施要點》和《校園安全及災害事件通報作業要點》等法令規章，作爲執行

校園安全的重要依據。然而這些法令規章都不屬於法律位階，其效力仍屬有限。長久之計，宜整合現有的校園安全及災害事件處理之相關法規，制定一部完整的「校園安全維護及處理法」，對執行校園安全更具效果。由於校園安全、校園事故或意外事件處理，關係到學生學習及安全，亦受到教育法令研究之關注。

柒、中央與地方教育權限

教育權限，涉及到權力支配及分配，必須有法律規定，才能減少爭議。有關中央與地方教育權限之規定，主要來自於《教育基本法》、《地方制度法》、《教育部組織法》等。

《教育基本法》第9條規定：「中央政府之教育權限如下：一、教育制度之規劃設計。二、對地方教育事務之適法監督。三、執行全國性教育事務，並協調或協助各地方教育之發展。四、中央教育經費之分配與補助。五、設立並監督國立學校及其他教育機構。六、教育統計、評鑑與政策研究。七、促進教育事務之國際交流。八、依憲法規定對教育事業、教育工作者、少數民族及弱勢群體之教育事項，提供獎勵、扶助或促其發展。前項列舉以外之教育事項，除法律另有規定外，其權限歸屬地方。」

《地方制度法》第18條規定：「四、關於教育文化及體育事項如下：㈠直轄市學前教育、各級學校教育及社會教育之興辦及管理。㈡直轄市藝文活動。㈢直轄市體育活動。㈣直轄市文化資產保存。㈤直轄市禮儀民俗及文獻。㈥直轄市社會教育、體育與文化機構之設置、營運及管理。」確立地方教育權限；至於《教育部組織法》第1條：「行政院為辦理全國教育業務，特設教育部。」掌理教育權限，但仍須依《教育基本法》規定辦理。

從上述的法律規定中，有關教育權限之掌理與運用，亦成為教育法令探究的重要議題之一。

捌、學術自由

學術自由（academic freedom）是促進學術發展和知識創新的關鍵。在民主先進國家，對於學術自由，都會透過立法加以保障（吳清山，2008），避免學術研究受到不當侵害或迫害，以確保學術研究的自主性。董保城（1997）提到學術自由不僅保障從事學術之個人享有個人防禦性基本權，以防止個人在研討學術與追求真理的過程中遭受國家不法侵害，而且國家有提供必要的人員、經費與組織設備等基本資源之義務。此一看法，擴及到國家對於學術自由之保障。

廣義的學術自由，包括講學自由、研究自由和學習自由；而狹義的學術自由，則以講學自由和研究自由為主，前者層面包括教師與學生，後者則以教師為對象。有關學術自由，較早明定於《中華民國憲法》第 11 條規定：「人民有言論、講學、著作及出版之自由。」基本上，論及學術自由，大學的自由度要比中小學為大，因而在《大學法》對於學術自由有所規範，該法第 1 條第 2 項規定：「大學應受學術自由之保障，並在法律規定範圍內，享有自治權。」司法院大法官釋字第 380 號提到《中華民國憲法》第 11 條關於講學自由之規定，係對學術自由之制度性保障；就大學教育而言，應包含研究自由、教學自由及學習自由等事項，而《大學法》自治權之範圍，應包含直接涉及研究與教學之學術重要事項。因此，學校自由與教育法令之關係，長久以來，都是教育探究的重要議題之一。

玖、教育經費保障

教育經費為推動教育發展的重要支柱，在法律中對於教育經費更為重視，例如：《中華民國憲法》第 164 條規定：「教育、科學、文化之經費，在中央不得少於其預算總額百分之十五，在省不得少於其預算總額百分之二十五，在市縣不得少於其預算總額百分之三十五。

其依法設置之教育文化基金及產業，應予以保障。」後來《中華民國憲法增修條文》因應社會及教育需求，在第 10 條第 10 項規定：「教育、科學、文化之經費，尤其國民教育之經費應優先編列，不受憲法第一百六十四條規定之限制。」有所修正。

　　另外，《教育基本法》第 5 條規定：「各級政府應寬列教育經費，保障專款專用，並合理分配及運用教育資源。對偏遠及特殊地區之教育，應優先予以補助。教育經費之編列應予以保障；其編列與保障之方式，另以法律定之。」據此規定，制定《教育經費編列與管理法》，維護教育健全發展之需要，提升教育經費運用績效。

　　此外，《國民教育法》第 8 條規定：「直轄市、縣（市）主管機關辦理國民教育所需經費，應優先編列預算支應；其財源如下：

一、直轄市、縣（市）政府一般歲入。

二、直轄市、縣（市）政府依平均地權條例規定分配款。

三、為保障國民教育之健全發展，直轄市或縣（市）政府，得依財政收支劃分法第 18 條第 1 項但書之規定，優先籌措辦理國民教育所需經費。

中央主管機關應視直轄市、縣（市）主管機關辦理國民教育經費之實際需要補助之。」

　　從這些法律規定中，教育經費或財政分配及其運用績效，都是教育法令探究的重要議題。

補給站

大法官解釋──學生權利受損救濟

　　大法官解釋在不同時間對學生權利受損救濟，會隨時代思潮有所改變，茲舉例如下：

一、釋字第 784 號解釋文：各級學校依有關學籍規則或懲處規定，對

學生所為退學或類此之處分行為，足以改變其學生身分並損及其受教育之機會，自屬對人民憲法上受教育之權利有重大影響，此種處分行為應為訴願法及行政訴訟法上之行政處分。受處分之學生於用盡校內申訴途徑，未獲救濟者，自得依法提起訴願及行政訴訟。行政法院四十一年判字第六號判例，與上開意旨不符部分，應不予援用，以符憲法保障人民受教育之權利及訴訟權之意旨。理由書可上網，如下網址查詢：https://law.moj.gov.tw/LawClass/ExContent.aspx?ty=C&CC=D&CNO=382

二、釋字第784號解釋文：本於憲法第16條保障人民訴訟權之意旨，各級學校學生認其權利因學校之教育或管理等公權力措施而遭受侵害時，即使非屬退學或類此之處分，亦得按相關措施之性質，依法提起相應之行政爭訟程序以為救濟，無特別限制之必要。於此範圍內，本院釋字第382號解釋應予變更。理由書可上網，如下網址查詢：https://law.moj.gov.tw/LawClass/ExContent.aspx?ty=C&CC=D&CNO=784

由上述解釋文可以瞭解，學生認其權利因學校之教育或管理等公權力措施而遭受侵害時，即使非屬退學或類此之處分，仍可提出救濟，無特別限制之必要，對維護學生權利邁進一大步。

本章摘要

一、教育法令係指政府為引導、促進與健全教育發展，經由一定的法制作業程序，研訂各種教育規範，這些規範包括教育法律、命令和行政規章，作為教育運作及執行的準則，以利達成教育目標。

二、教育法令，計有下列特性：影響深遠性、範圍廣泛性、內容複雜性、環境變動性。

三、教育法令的位階，源自於一般法令位階，可分為憲法、法律和命令。

　　憲法為國家根本大法，它是政體的法律基礎，具有其根本性、優先性和統治性，任何法律或命令，不得違背憲法，否則無效。

四、法律為經立法院通過，總統公布之法律，其名稱如下：法、律、條例或通則。

五、法規命令，係指行政機關基於法律授權，對多數不特定人民就一般事項所作抽象之對外發生法律效果之規定，其名稱如下：規程、規則、細則、辦法、綱要、標準或準則。

六、行政規則，係指上級機關對下級機關，或長官對屬官，依其權限或職權為規範機關內部秩序及運作，所為非直接對外發生法規範效力之一般、抽象之規定，其名稱如下：要點、注意事項、基準、須知、程序、原則、措施等。

七、教育法制的作業過程，必須遵照《中央法規標準法》及行政院發布的《中央行政機關法制作業應注意事項》規定辦理，其作業過程可分為準備作業和草擬作業。

八、法制草擬作業必須掌握下列六項原則：㈠ 構想要完整；㈡ 體系要分明；㈡ 結構要單純；㈢ 用語要簡淺；㈣ 法意要明確；㈤ 名稱要適當。

九、教育法令探討的重要議題，計有下列九項：㈠ 教育法令內容詮釋；㈡ 師生權利與義務；㈢ 師生申訴與救濟；㈣ 學生教育權；㈤ 家長教育選擇及參與校務；㈥ 校園安全及意外事件處理；㈦ 中央與地方教育權限；㈧ 學術自由；㈨ 教育經費保障。

評量題目

一、請說明教育法令的意義及其特性。

二、請比較教育法律與命令之差異。

三、請說明在教育法制作業過程中，在草擬教育法令的階段，需要遵循哪些原則？

四、請說明教育權的意義，並分析其與教育法令的關係。

案例研討

學童違規過馬路　應否開罰單？

新北市板橋區一名國小四年級學童於 2022 年 9 月 27 日晚上九點多因違規穿越馬路，被轄區警員開罰單，學童拿著紅單回家且嚇到大哭，家長心疼，將此事貼文到臉書社團，質疑警員不能用勸導方式嗎？

轄區板橋分局表示，該案件非屬可勸導項目內容，不論成人或兒童，未依規定穿越馬路，除了危險外，也容易造成交通事故。針對家長批評，未來會加強警員執勤技巧，採用較柔和、委婉的方式取締。

對於學童違規過馬路，應否開罰單？正反各有不同意見，贊成者認為警方依法開單沒有錯，被罰錢才會印象深刻，只有口頭勸導，轉頭就忘，錯就是錯，剛好是一種機會教育；反對者則認為警方應先勸導，直接開罰單會嚇到孩子，小學生真的會留下一輩子的陰影，並非良策。

問題討論

一、學童違規過馬路，警方開罰單，對學童身心是否會受到影響呢？

二、警方看到學童違規過馬路，除了開罰單外，是否另有能符合教育價值的做法呢？

三、本案對學校教育和家庭教育有哪些啟示作用？

第十三章

教育人事

本章研讀之後，您將能：

一、瞭解教育人事行政的基本概念。

二、認清教育人事行政的業務。

三、熟悉教育人力資源管理。

四、理解精進教育人事行政的策略。

學習目標

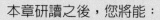

　　教育行政機關和學校是教育組織的一環，而教育組織任務需要人員執行，才能達成教育目標，爲使教育組織運作順暢，人力有效發揮，對於人員遴用、激勵與管理，就成爲教育人事行政的要務。由於教育人事行政涉及到教育行政機關、社教機構和學校，加上又採取公教分途雙軌方式，因此要比一般人事行政複雜。因此，本章主要內容以教育行政機關和學校爲主，將分別就教育人事行政的基本概念、教育人事行政的業務、教育人力資源管理，以及精進教育人事行政的策略等方面說明之。

第一節　教育人事行政的基本概念

　　教育人事行政是教育行政不可或缺的一環，茲就教育人事行政的意義、功能和主管單位說明如下：

壹、教育人事行政的意義

　　教育人事行政，是由教育和人事行政所組成，簡單而言，就是教育機關或機構的人事業務處理。

　　就人事行政而言，《國語辭典》（2022）曾將人事行政解釋如下：一機構對於其人員所作選拔、培育、調度與考核的一套有系統的實務與理論。而韋伯字典（Merriam-Webster Dictionary, n.d.）將人事行政解釋爲：關於人力的參與和有效利用的管理階段，以獲得人力資源的最佳效率。一般而言，在政府機關稱爲人事行政，在企業則稱爲人事管理，目前多稱爲「人力資源管理」。

　　蔡良文（2018）則將人事行政定義如下：「係指政府機關爲達成任務及使命時，對其所需要人員的考試、任用、考績、級俸、升遷、獎懲、保障、撫卹、退休、訓練等行爲與措施。」（第2頁）此乃界

定人事行政的重要業務。基本上，人事行政重視人力和人才的運用，涉及到攬才（考試、遴選）、用才（人力安置、獎懲、考績、升遷、職務輪調）、留才（薪資、保障、退休、撫卹、福利）和育才（教育、訓練、進修）等，而這些方面也是教育機關（機構）重要人事業務。

教育人事行政（personal administration）與人事管理（personal management）常常交互運用。瞿立鶴（1992）曾將教育人事管理界定如下：「教育行政機關或教育機構以科學方法，藝術手腕，選拔人才，任用賢良，獎勵俊秀，發展潛能，以達人盡其才，才盡其用，用盡其事，而事竟其功之行政行為。」（第 433 頁）雖然是詮釋教育人事管理，但卻具有教育人事行政的意涵。

基於上述說明，茲將教育人事行政的意義說明如下：

教育機關或機構對其人員之考試、任用、考績、級俸、升遷、獎懲、保障、撫卹、退休、訓練等進行人力資源運用和人員行為管理，俾使有效發揮其人力資源，以達成其教育任務及目標。

根據以上的定義，茲進一步說明如下：

一、教育人事行政的對象：教育機關或機構的人員，例如：教育行政機關所屬人員，學校機構的教職員工，但不包括家長、社區人士和學生。

二、教育人事行政的業務：舉凡考試、任用、考績、級俸、升遷、獎懲、保障、撫卹、退休、訓練等都包括在內。

三、教育人事行政的目的：運用適切的方法或採行有效的措施，使人員能夠發揮其工作能量，促進組織任務的達成和目標的實現。

貳、教育人事行政的功能

教育人事行政旨在對於教育人事業務的處理，其具有下列的功能：

一、確保教育組織有效運作

　　一個組織的有效運作，必須透過一套人事管理制度，方能使人員能夠適才適所，發揮所長。教育組織亦是如此，在每個單位都會設人事單位或人事人員，處理組織相關人事業務，讓組織能夠運作順暢。因此，人事行政成為教育行政不可或缺的一環。基本上，教育人事行政係透過適切的教育人事制度與管理，有效處理組織人事業務，確保教育組織有效運作，以提升教育效能。

二、激勵教育組織人員士氣

　　教育人事行政除對人員的管理之外，也負有激勵組織人員士氣的功能。換言之，教育人事行政需要有效運用激勵和獎勵的措施，以提高人員工作士氣。在傳統的觀念中，常常誤解人事行政重在「管理」，導致大家對人事行政的好感度未盡理想。事實上，隨著時代的發展及人事行政理念的轉變，逐漸建立以「服務」代替「管理」，降低官僚習氣，儘量對組織人員提供更有品質的服務，此對於激勵組織人員，是有其價值及功能。

三、充分有效運用人力資源

　　教育組織具有各種不同教育需求，所遴用的人員皆賦予不同的職務和任務，有關人力的配置和運用，就成為人事行政的職責之一，讓組織人力都能有效的發揮。因此，人事單位如何有效整合人力、定期檢討人力、避免人力的浪費，就成為重要的功能之一。此外，對於人員的定期考核，主要目的亦在於評估和瞭解人員的工作表現，優異者給予適當獎勵，欠佳者則要求確實改善，讓組織的人力能夠充分發揮其最大效益。

四、提升教育組織人力素質

　　教育業務推動需要高素質的人力，它是確保教育績效的不二法門。因此，人事行政除致力於讓組織人員依其專長就定位之外，也要提供組織人員訓練和進修的機會，甚至安排標竿學習活動，形塑一種學習型組織文化，以不斷地提升組織人員工作能力和人力素質，才有助於發揮其功能。當然，人事單位能夠倡導職業道德，培養人員具有責任、榮譽、團隊和合作的觀念，亦能提高組織人力素質，此將更強化教育人事行政的功能。

參、教育人事行政主管單位

　　在教育組織中，都會設置人事相關單位，負責人事業務的執行。茲分中央層級、地方層級和學校層級說明如下：

一、中央層級

(一) 行政院人事總處

　　負責統籌行政院所屬機關及地方機關之人事行政，掌理事項包含人力規劃、進用、訓練、考核、待遇、福利等，並統籌行政院所屬人事人員管理事項。

(二) 考試院銓敘部

　　掌理公務人員任免、考績、級俸、升遷、保險、退休、撫卹、退撫基金，以及各機關人事機構之管理等相關事項。

(三) 教育部人事處

　　負責教育人事政策之規劃、推動及相關法規之研修，以及教育部、所屬機關（構）及專科以上學校人事事項。

另外，教育部國民及學前教育署設人事室，負責編制任免、考訓及退撫，以及國立高中職與國中小教師介聘等事項。

二、地方層級

地方政府中有屬於直轄市的六都和非六都，其中六都的教育局皆設有人事室，負責組織編制、年度預算、員額編列、任免遷調、考績獎懲、差勤管理、出國進修、退休撫卹、福利待遇、局暨所屬機構人事人員管理及其有關事項。至於非六都，除新竹縣教育局設人事室外，其他都由縣政府的人事處主管，包括教育人員的組織任免、退休福利和考核訓練等事項。

三、學校層級

在各級學校中，大部分都設有人事室，負責掌理學校組織編制、任免、遷調、敘薪、考績、獎懲、差勤、訓練進修、待遇、福利、保險、退休、撫卹、人事資料管理等業務；但部分國中小，因學校學生人數和員額少，無法設人事室，只能置人事管理員，負責相關人事業務。

從教育人事行政組織的管轄而言，地方和學校層級，都要接受中央層級的指示和規定辦理，這是屬於一條鞭的行政管理體制。

第二節　教育人事行政的業務

教育人事行政之業務，包括考試、任用、考績、升遷、待遇與福利、保障與保險、退休、撫卹、資遣、訓練與進修等事項。由於教育人員包括教育行政人員和學校教育人員，分別適用不同法令規範。基本上，屬於教育行政機關的行政人員，適用於一般公務人員法規，而學校教育人員則適用《教育人員任用條例》、《教師法》和《教師待

遇條例》等相關規定。茲就教育人事行政業務扼要說明如下：

壹、考試業務

　　《中華民國憲法》第 85 條規定：「公務人員之選拔，應實行公開競爭之考試制度，並應按省區分別規定名額，分區舉行考試。非經考試及格者，不得任用。」因此，我國公務人員之資格，必須經考試及格，而其考試包括高等考試、普通考試、初等考試、特種考試、專門職業及技術人員考試，這些考試都由考試院考選部辦理。依《公務人員考試法》第 3 條第 1 項規定：「公務人員之考試，應依用人機關年度任用需求決定正額錄取人員，依序分配訓練。並得視考試成績增列增額錄取人員，列入候用名冊，於正額錄取人員分配完畢後，由分發機關或申請舉辦考試機關配合用人機關任用需要依考試成績定期依序分配訓練。」至於公務人員高等考試、普通考試、初等考試的資格，須年滿 18 歲者。

　　至於學校校長方面，大學和高級中等學校校長不必經過考試，但國民中小學校長則依《國民中小學校長主任教師甄選儲訓及介聘辦法》規定，必須參加國民中小學校長甄選合格，經儲訓期滿成績考核及格者，發給證書，分別取得參加校長遴選或受聘之資格，這些業務不是人事單位主導，但人事單位須給予協助。至於教師甄試，則是各校教師開缺之後，由地方教育行政機關辦理教師聯合甄試或各校自行辦理甄試，通常採取筆試、口試和試教等方式進行，甄試錄取者，即可受聘至各校任教。一般而言，有關教師甄試工作，人事單位也都是扮演協辦單位角色。

　　此外，高級中等以下學校教師評審委員會負責教師初聘、續聘及長期聘任之審查，則依《高級中等以下學校教師評審委員會設置辦法》第 13 條規定：「教師評審委員會之行政工作，由學校人事單位主辦，教務、總務等單位協辦。」辦理。

貳、任用業務

公務人員和教育人員的任用，各有不同遵循法規，前者依《公務人員任用法》，後者則依《教育人員任用條例》。

依《公務人員任用法》第9條規定：「公務人員之任用，應具有下列資格之一：一、依法考試及格。二、依法銓敘合格。三、依法升等合格。」以及第10條規定：「各機關初任各職等人員，除法律別有規定外，應由分發機關或申請舉辦考試機關就公務人員各等級考試正額錄取，依序分配訓練，經訓練期滿成績及格人員分發任用。」至於公務人員調任者則依該法第18條規定辦理。

至於教育人員，則依《教育人員任用條例》規定辦理，其中教育人員包括公立各級學校校長、教師、職員、運動教練、社會教育機構專業人員及各級主管教育行政機關所屬學術研究機構研究人員。該法第3條特別強調：「教育人員之任用，應注意其品德及對國家之忠誠；其學識、經驗、才能、體能，應與擬任職務之種類、性質相當。各級學校校長及社會教育機構、學術研究機構主管人員之任用，並應注重其領導能力。」

人事單位執行教育人員任用之業務，都須遵照《教育人員任用條例》規定，例如：中等學校教師應具有下列資格之一：一、師範大學、師範學院各系、所畢業者。二、教育學院各系、所或大學教育學系、所畢業者。三、大學或獨立學院各系、所畢業，經修習規定之教育學科及學分者。四、本條例施行前，依規定取得中等學校教師合格證書尚在有效期間者。此在該條例第13條有明確規定。其他各級學校校長及教師任用，亦可參見該任用條例相關規定。

參、待遇業務

教育人員經過任用之後，進行薪級之起敘，依《公務人員俸給

法》、《公務人員加給給與辦法》和《全國軍公教員工待遇支給要點》辦理。

依《公務人員俸給法》第 3 條規定：「公務人員之俸給，分本俸（年功俸）及加給，均以月計之。」其中本俸係指各職等人員依法應領取之基本給與，而職等共有十四職等，包括委任五個職等、薦任四個職等、簡任五個職等。

在加給方面分下列三種：一、職務加給：對主管人員或職責繁重或工作具有危險性者加給之。二、技術或專業加給：對技術或專業人員加給之。三、地域加給：對服務偏遠或特殊地區與國外者加給之。另外，依《全國軍公教員工待遇支給要點》規定，還有生活津貼支給，包括婚、喪、生育及升學補助，人事單位都必須依規定辦理。

此外，《教師待遇條例》第 2 條規定：「教師之待遇，分本薪（年功薪）、加給及獎金。」其中本薪係指教師應領取之基本給與；加給係指本薪（年功薪）以外，因所任職務種類、性質與服務地區之不同，而另加之給與；獎金則指為獎勵教學、研究、輔導與年度服務績效以激勵教師士氣，而另發之給與。在該條例對於教師薪級表、高級中等以下學校教師薪級起敘基準表均有明確規定，人事單位辦理教師敘薪，必須熟悉及遵守《教師待遇條例》規定辦理，才不會損及教師權益。

肆、考績業務

考績目的主要在於瞭解人員工作績效，作為獎懲依據，以提升人員工作效能。考績涉及到公平，且影響人員權益，人事單位辦理人員考績必須把握「客觀公正、綜覈名實」等原則，才能發揮考績的功能。教育人員的考核，會涉及到《公務人員考績法》、《公立高級中等以下學校校長成績考核辦法》和《公立高級中等以下學校教師成績考核辦法》等，茲說明如下：

一、《公務人員考績法》相關規定

依《公務人員考績法》第3條規定：「公務人員考績區分如左：一、年終考績：係指各官等人員，於每年年終考核其當年一至十二月任職期間之成績。二、另予考績：係指各官等人員，於同一考績年度內，任職不滿一年，而連續任職已達六個月者辦理之考績。三、專案考績：係指各官等人員，平時有重大功過時，隨時辦理之考績。」而第6條亦規定：「年終考績以一百分爲滿分，分甲、乙、丙、丁四等，各等分數如下：甲等：八十分以上。乙等：七十分以上，不滿八十分。丙等：六十分以上，不滿七十分。丁等：不滿六十分。」至於考績結果則依第7條規定辦理：「一、甲等：晉本俸一級，並給與一個月俸給總額之一次獎金；已達所敘職等本俸最高俸級或已敘年功俸級者，晉年功俸一級，並給與一個月俸給總額之一次獎金；已敘年功俸最高俸級者，給與二個月俸給總額之一次獎金。二、乙等：晉本俸一級，並給與半個月俸給總額之一次獎金；已達所敘職等本俸最高俸級或已敘年功俸級者，晉年功俸一級，並給與半個月俸給總額之一次獎金；已敘年功俸最高俸級者，給與一個半月俸給總額之一次獎金。三、丙等：留原俸級。四、丁等：免職。」

由此可知，教育人員中屬於公務人員一旦考績丁等，將遭受免職的懲處。

二、《公立高級中等以下學校校長成績考核辦法》相關規定

基本上，公立大專以上校長不辦理成績考核，只有中小學校長才需要接受成績考核。依《公立高級中等以下學校校長成績考核辦法》第2條規定，校長成績考核類別及方式如下：「一、年終成績考核：以等第評定之。二、另予成績考核：以等第評定之。三、平時考核：以獎懲功過、嘉獎、申誡方式爲之。」

復依第4條規定：校長年終成績考核以一百分爲滿分，其等次及

獎懲規定如下：「一、甲等：八十分以上。除晉本薪或年功薪一級外，並給與一個月薪給總額之一次獎金，已支年功薪最高級者，給與二個月薪給總額之一次獎金。二、乙等：七十分以上，不滿八十分。除晉本薪或年功薪一級外，並給與半個月薪給總額之一次獎金，已支年功薪最高級者，給與一個半月薪給總額之一次獎金。三、丙等：六十分以上，不滿七十分。留支原薪級。」

此外，第 5 條規定校長之成績考核項目如下：「一、執行教育政策及法令之績效占百分之二十五。二、領導教職員改進教學之能力占百分之二十五。三、辦理行政事務之效果占百分之二十。四、言行操守及對人處事之態度占百分之二十。五、其他個案應列入考慮之項目占百分之十。」

由此可知，公立高級中等以下學校校長成績與教師成績考核不同，它是採取等第制，但與教師一樣，沒有免職或解聘之規定，至於校長免職或解聘要件，與教師一樣，皆依《教育人員任用條例》第31 條規定辦理。

三、《公立高級中等以下學校教師成績考核辦法》相關規定

基本上，公立大專以上教師不辦理成績考核，只有中小學教師才需要接受成績考核。依《公立高級中等以下學校教師成績考核辦法》第 4 條第 1 項規定，教師之年終成績考核，應按其教學、輔導管教、服務、品德及處理行政等情形，依下列規定辦理：

㈠在同一學年度內合於下列條件者，除晉本薪或年功薪一級外，並給與一個月薪給總額之一次獎金，已支年功薪最高級者，給與二個月薪給總額之一次獎金：

1. 按課表上課，教法優良，進度適宜，成績卓著。
2. 輔導管教工作得法，效果良好。
3. 服務熱忱，對校務能切實配合。
4. 事病假併計在十四日以下，並依照規定補課或請人代課。

5. 品德良好，能作為學生表率。

6. 專心服務，未違反主管機關有關兼課兼職規定。

7. 按時上下課，無曠課、曠職紀錄。

8. 未受任何刑事、懲戒處分及行政懲處。但受行政懲處而於同一學年度經獎懲相抵者，不在此限。

㈡在同一學年度內合於下列條件者，除晉本薪或年功薪一級外，並給與半個月薪給總額之一次獎金，已支年功薪最高級者，給與一個半月薪給總額之一次獎金：

1. 教學認真，進度適宜。

2. 對輔導管教工作能負責盡職。

3. 對校務之配合尚能符合要求。

4. 事病假併計未超過二十八日，或因重病住院致病假連續超過二十八日而未達延長病假，並依照規定補課或請人代課。

5. 品德無不良紀錄。

㈢在同一學年度內有下列情形之一者，留支原薪：

1. 教學成績平常，勉能符合要求。

2. 曠課超過二節或曠職累計超過二小時。

3. 事、病假期間，未依照規定補課或請人代課。

4. 未經學校同意，擅自在外兼課兼職。

5. 品德較差，情節尚非重大。

6. 因病已達延長病假。

7. 事病假超過二十八日。

　　由以上可知，教師成績考核不像公務人員分為甲、乙、丙、丁之考績區分，而是用符合第4條第1項第1-3款之規定，亦無免職之規定。

　　至於教師免職或解聘要件，則依《教育人員任用條例》第31條規定辦理，該規定如下：「具有下列情事之一者，不得為教育人員；其已任用者，應報請主管教育行政機關核准後，予以解聘或免職：

一、曾犯內亂、外患罪，經有罪判決確定或通緝有案尚未結案。二、曾服公務，因貪汙瀆職經有罪判決確定或通緝有案尚未結案。三、曾犯性侵害犯罪防治法第二條第一項所定之罪，經有罪判決確定。四、依法停止任用，或受休職處分尚未期滿，或因案停止職務，其原因尚未消滅。五、褫奪公權尚未復權。六、受監護或輔助宣告尚未撤銷。七、經合格醫師證明有精神病尚未痊癒。八、經學校性別平等教育委員會或依法組成之相關委員會調查確認有性侵害行為屬實。九、經學校性別平等教育委員會或依法組成之相關委員會調查確認有性騷擾或性霸凌行為，且情節重大。十、知悉服務學校發生疑似校園性侵害事件，未依性別平等教育法規定通報，致再度發生校園性侵害事件；或偽造、變造、湮滅或隱匿他人所犯校園性侵害事件之證據，經有關機關查證屬實。十一、偽造、變造或湮滅他人所犯校園毒品危害事件之證據，經有關機關查證屬實。十二、體罰或霸凌學生，造成其身心嚴重侵害。十三、行為違反相關法令，經有關機關查證屬實。」

　　根據以上說明，茲將公務人員、校長和教師之考績評比方式，歸納如表 13-1 所示。

表 13-1
公務人員、校長和教師之考績評比方式

類別	方式	備註
公務人員	採甲、乙、丙、丁等第方式	甲等：八十分以上。 乙等：七十分以上，不滿八十分。 丙等：六十分以上，不滿七十分。 丁等：不滿六十分。
校長	採甲、乙、丙等第方式	甲等：八十分以上。 乙等：七十分以上，不滿八十分。 丙等：六十分以上，不滿七十分。
教師	採第 4 條第 1 項第 1-3 款方式	無等第、無分數

伍、保險業務

　　凡是屬於公教人員，人事單位必須依《公教人員保險法》，為所屬人員辦理保險業務，安定公教人員生活。

　　依《公教人員保險法》第 3 條規定：保險之保險範圍，包括失能、養老、死亡、眷屬喪葬、生育及育嬰留職停薪六項。而保險費率則依該法第 8 條規定為被保險人每月保險俸（薪）額百分之七至百分之十五。

　　有關保險費的分擔比，則依該法第 9 條規定本保險之保險費，由被保險人自付百分之三十五，政府補助百分之六十五。至於私立學校教職員由政府及學校各補助百分之三十二點五；政府補助私立學校教職員之保險費，由各級主管教育行政機關分別編列預算核撥之。

　　至於保險給付方面，該法第 12 條規定被保險人在保險有效期間，發生失能、養老、死亡、眷屬喪葬、生育或育嬰留職停薪之保險事故時，應給予現金給付。至於給付金額之計算標準，在《公教人員保險法》均有明確規定，人事單位辦理保險給付，應計算正確，避免損及被保險人的權益。

陸、退休資遣撫卹業務

　　公務人員退休資遣撫卹的主管機關為銓敘部，而公立學校教職員退休資遣撫卹主管機關：在中央為教育部、在直轄市為直轄市政府、在縣（市）為縣（市）政府，但這些業務都需要機關或學校的人事單位處理。因此，人事單位對《公務人員退休資遣撫卹法》和《公立學校教職員退休資遣撫卹條例》及其相關規定，必須有所瞭解，在計算退休金、資遣費、撫卹金之給與，才不會產生錯誤，導致當事人權益受損。

　　公務人員和教職員之退休，分自願退休、屆齡退休（教職員任職

滿 5 年，且年滿 65 歲者，應辦理屆齡退休）及命令退休（例如：身
心傷病或障礙無法從事本職工作，具有醫院證明）三種。其中申請自
願退休要件，必須是任職滿 5 年，年滿 60 歲或任職滿 25 年；而因病
重或配合機關裁撤、組織變更或業務緊縮，或者是教職員配合學校停
辦、合併或組織變更，皆可申請自願退休。

　　依法規定准予辦理退休者，可支領退休金，主要有下列三種：
一、一次退休金；二、月退休金；三、兼領二分之一之一次退休金與
二分之一之月退休金。而退休人員採取何種退休金方式，由當事人自
己決定。

　　倘若公務人員有下列情事之一者，應予資遣：一、機關裁撤、組
織變更或業務緊縮時，不符本法所定退休條件而須裁減之人員。二、
現職工作不適任，經調整其他相當工作後，仍未能達到要求標準，或
本機關已無其他工作可予調任。三、依其他法規規定，應予資遣。至
於教職員資遣要件則是有下列之一情事者：一、因系、所、科、組、
課程調整或學校減班、停辦、合併、組織變更，現職已無工作又無其
他適當工作可以調任。二、不能勝任現職工作，有具體事實，且無其
他適當工作可以調任，經教師評審委員會或教練評審委員會審議認定
屬實。三、受監護宣告或輔助宣告，尚未撤銷。

　　至於撫卹要件必須是在職死亡者，由其遺族或服務機關申辦撫
卹。其原因必須是下列情事之一者：一、病故或意外死亡。二、因執
行公務以致死亡。其撫卹金給與之種類有二種：一、一次撫卹金。
二、一次撫卹金及月撫卹金。

　　教育人事行政除了上述業務之外，在一般教育行政機關也要負責
人員的培訓與進修業務；而學校人事單位，則主要負責任用、考績、
升遷、待遇與福利、保險、退休、撫卹、資遣等人事業務。至於教師
進修與成長活動，大學由教師專業發展中心負責，而中小學則由教務
單位負責。

..................／第三節／　教育人力資源管理　..................

　　人力為組織重要資產，因而人力資源規劃、管理和發展，成為組織重要的課題。蔡良文（2018）曾提到人力資源是組織中最具價值的資產，如何開發、運用人力資源是刻不容緩的議題。茲分別從教育人力資源管理的意義、功能及要素說明如下：

壹、教育人力資源管理的意義

　　人力是推動經濟和社會發展的動力，對於整個國家建設影響相當深遠，對於任何組織亦是如此。因此，不管是國家或組織都要對人力進行有效的管理，才能使人力發揮最高的效能。是故，有效的人力資源管理乃是人事行政的重要課題。

　　人力資源管理的意義，各學者之看法角度雖有不同，但其內涵仍是大同小異。吳復新等人（2011）將人力資源管理界定如下：「人力資源管理是指一個組織對人力資源的獲取、維護與激勵，以及運用與發展的全部管理的過程與活動。」（第 7 頁）而葛利芬（Ricky W. Griffin）則將人力資源管理定義如下：「係指在吸引、發展和維持有效勞動人力的一系列組織活動。」（Griffin, 2011, p. 415）。至於瓊斯（Gareth R. Jones）和喬治（Jennifer M. George）亦將人力資源管理定義為：「管理人員為吸引和留住員工，並確保員工能高水準地執行及達成組織目標所進行的活動。」（Jones & George, 2022, p. 342）由此可見，人力資源管理涉及到選才、用才、留才、展才等各項的管理活動。

　　教育組織之人力資源管理，就教育行政機關而言，類似一般組織的人力資源管理，但在學校機構以教師為主，因而其人力資源管理亦偏重於教師，這種公教分途的性質，在詮釋教育人力資源管理時必

須有所考量。此外，教育人力資源管理涵蓋的主題亦有其複雜性，斯泰恩（G. M. Steyn）和范尼克爾克（E. J. Van Niekerk）提到主題包括資源和發展（用人、入職培訓、專業發展和人員評鑑）、賦予成員權力（激勵成員、有效溝通、衝突管理和壓力管理），以及激發個人和團隊績效（自我管理、團隊管理和領導力）（Steyn & Niekerk, 2012）。因此，教育人力資源管理的定義頗為不易。茲將教育人力資源管理界定如下：

　　教育行政機關或學校為吸引、招聘、留住人才，而採行各種激勵、溝通、領導、評鑑和增能作為，強化所屬成員的工作品質與效能，以達成組織目標的系列活動。

　　依上述所言，教育人力資源管理進一步說明如下：

一、教育人力資源管理範圍，包括教育行政機關和學校人員的管理。

二、教育人力資源管理活動，包括選才、用才、留才和展才等各種管理活動。

三、教育人力資源管理方法，包括激勵、溝通、領導、評鑑和增能等各種作為。

四、教育人力資源管理目的，在於提高人力素質，強化人員工作知能，以達成組織的任務與目標。

貳、教育人力資源管理的功能

　　人力資源管理是組織發展和組織健康不可或缺的要件，一個組織具有高素質的人力，才能確保組織的競爭力。基本上，人力資源管理具有下列的四大目標：一、社會目標：回應組織及其成員的道德和社會需求或挑戰而採取的措施。二、組織目標：為確保組織效率而採取的行動。三、職能目標：用於保持人力資源在整個組織內正常運作的指導方針。四、個人目標：用於支持每位成員個人發展和滿意的資源（Chai & Sutner, 2022; Edureka, 2022）。雖然所列舉的這四大目標，

是以一般組織為主，但仍然可適用於教育組織。

教育人力資源管理為了達成上述目標，茲將其功能說明如下：

一、促進教育目標達成

教育是以培育人才為目標，尤其學校教育更是以發展學生健全人格和培養學生具有現代化公民素養為目標。因此，教育行政機關或學校善用各種人事管理活動，包括人員的選才、任用、評鑑和專業發展等，以利「人盡其才，才盡其用」，有效提高教育人員素質，並促進教育目標的實現，展現出教育人力資源管理積極性的功能。

二、宣達教育相關政策

教育行政機關或學校為了促進教育健全發展，提供學生良好學習環境，以提升學生學習效果，經常會依社會發展、時代脈動和教育潮流之需求，訂定或發布各種教育政策和相關規章，要求教育人員遵守和執行，此有賴人事單位和相關業務單位加以傳達和宣導，讓這些教育政策和規章能夠有效落實，以提升教育效能，此正彰顯教育人力資源管理的功能。

三、提升成員專業知能

教育人員影響教育發展及學生學習相當深遠，其所擁有的專業知能關係到工作績效。因此，有效提升教育人員的專業和工作知能，實屬重要課題。在教育行政機關或學校，除了重視專才專用，以及透過各種激勵和獎勵措施，激勵成員士氣和開展成員潛能外，亦特別重視成員的培訓和專業發展，主要目的在於提升成員的專業知能。

四、維護職場遵守行為

任何一個組織，為確保職場工作環境有效運作，必須規定成員應遵守的道德、法律和對社會負責的行為，指引成員工作的準繩。教育

單位亦是如此，對於人員所應遵守的工作倫理準則，亦有所規範，避免人員違規或觸犯法令，影響到組織的聲譽和形象。當然，一旦發現成員有違規或觸法行為，亦會依規定加以懲處，讓人員有警惕作用，亦是人力資源管理功能之一。

參、教育人力資源管理的要素

人力資源管理是一個召募人員、培訓和發展、績效評估、薪資報酬和勞資關係的過程。瓊斯和喬治特別提出人力資源管理五大要素：一、召募和選擇：吸引和僱用有能力、技術和經驗的新成員，能幫助組織達成目標；二、維持與發展：確保組織成員發展其能力和技術，使組織成員能有效執行其現在和未來的工作；三、績效評估與回饋：決定如何訓練、激勵和獎勵成員的控制系統，並提供成員回饋瞭解其優劣勢，以利改進和發展；四、薪資和福利：透過高表現高薪資和健康保險等福利可留住優秀成員；五、勞資關係：管理階層與工會發展和維持良好的工作關係（Jones & George, 2022）。

以上這些要素，亦可說明教育人力資源管理的要素，只不過教育組織的勞資關係與一般企業組織不同。一般而言，在企業組織勞資雙方很明確，但在學校場域中，雖可組織教師工會，但其資方並非校長，而是教育行政單位，因而集體協商是教師工會與教育行政機關雙方進行談判，加上國內教師工會的勞資關係與歐美國家不同，因此，教育人力資源管理的要素就招考、任用、績效評估、薪資和福利、專業發展等五項說明之

一、招考

教育行政機關和學校都有其法定的單位和員額編制，一旦人員出缺，必須招考新進人員遞補，而如何採取有效的招考方式，就成為教育人力資源管理重要的一環。

　　一般而言，在招考過程中，都會先訂定招考簡章，明定應考資格、名額及方式（如口試、筆試），最重要的是要透過嚴謹的招考過程，能招考到有能力適合的人員，例如：學校教師甄選，透過筆試、口試和試教過程，瞭解一位教師的專業知能和專業態度，然後透過委員會或小組討論慎重決定，而教育行政機關除了高普考考試分發之外，招考新進人員也必須要相當慎重，讓新進人員能很快地勝任其工作，達成組織任務。

二、任用

　　人員任用乃是人力資源管理的重要過程一環。組織成員經過任用之後，所接受的任務和工作指派，能夠專才專用，且符合其專長，則將有助於發揮人員的潛能和提升工作效能，此可彰顯人力資源管理的效果。

　　一般而言，教育行政機關和學校除了現有人員之外，基於業務需要，也需要錄用一些新進人員，他們同樣要接受各種任務及工作指派。由於新人任職面對新環境，難免遇到很多挑戰，基於教育人力資源管理觀點，對這些新人任用之後，除依專長任用外，必要時可指定一位資深同事擔任師傅從中指導，此不僅能協助其解決工作困難，而且亦可強化新進人員的適應力，以及提升新進人員工作知能。

三、績效評估

　　組織成員執行各項任務或工作，必須進行績效評估，以瞭解其工作表現，成為人力資源管理不可或缺的要素。組織之所以對成員進行績效評估，主要目的可作為薪資和升遷的決定，而另外一種目的，就是透過績效評估的回饋，可幫助成員增進其工作表現，甚至有助於未來生涯發展。

　　教育人員中的行政人員和學校教師之績效評估，雖來自於不同法令規範，但皆有助於瞭解人員實際工作表現。一般而言，私校績效評

估可能與薪資掛勾，而公家機關學校則無此種現象，但會涉及到晉本薪一級及給與獎金。此外，行政人員的考列甲等人數受限，而教師則不受此限。基於教育人力資源管理觀點而言，績效評估必須兼顧平時考核和年終考核，而且考核必須客觀公正，並提供改進回饋資料，才能有效發揮其效果。

四、薪資和福利

任何一個組織，為了留住好人才，薪資和福利是關鍵要素。因此，建立良好的薪資和福利制度，就人力資源管理觀點而言，實屬組織重要的管理活動。當然，成員薪資的決定與個人工作能力、經驗和績效具有密切關係，而福利則屬於間接性的薪資，例如：休假、不休假獎金、醫療保險、進修補助等，至於公家機關可能還包括結婚補助、生育補助、子女教育補助、喪葬補助、年終獎金等。

一般而言，教育人員的薪資和福利都有法令規定，不像企業界較有彈性，難免會影響到人員的工作動機和表現。就以公立中小學人員為例，校長和學校主任、組長工作都比教師繁重，但因教師有超鐘點費和課後輔導費，其薪資可能比主任和組長還高，而且寒暑假又不需要固定到校上班，因而成為學校教師不願意兼任行政職務原因之一，此種現象，顯然不符有效人力資源管理之精神。

五、專業發展

隨著知識社會的來臨，終身學習成為提升組織人力素質重要的動力。因此，不管是公家機關或企業組織都很重視成員的專業發展，透過專業發展活動，促進人員的專業學習與成長，幫助成員建立新觀念、新知識與新技能，有助提升組織的競爭力。是故，人員專業發展成為人力資源管理的要素之一。

就教育行政機關的人員而言，其人員之訓練及進修則依《公務人員訓練進修法》規定辦理，至於每人每年最低學習時數、數位學習時

數及業務相關學習時數，則由行政院人事行政總處報行政院定之。至於教師則依《教師進修研究等專業發展辦法》規定辦理，但無每年最低進修時數之規定。從這些法令規定來看，無論公務人員或教師的專業發展皆相當多元化，且亦有進修之獎勵，對於教育人力資源管理是有其一定的效益。

補給站

公務人員每人每年最低學習時數

依行政院人事行政總處 105 年 12 月 19 日函規定，每人每年最低學習時數如下：

一、自 106 年 1 月 1 日起，各機關（構）公務人員每人每年學習時數規定將聚焦於業務相關之學習活動，業務相關學習時數仍維持 20 小時，其內涵如下：

　㈠其中 10 小時必須完成當前政府重大政策、法定訓練及民主治理價值等課程，並以數位學習為優先：

　　1.當前政府重大政策（1 小時）。

　　2.環境教育（4 小時）。

　　3.民主治理價值課程（5 小時）：

　　　⑴性別主流化（1 小時）。

　　　⑵廉政與服務倫理、人權教育、行政中立、多元族群文化、公民參與等（4 小時）。

　㈡其餘 10 小時由公務人員自行選讀與業務相關之課程，各機關並得依施政重點、業務需要或同仁職能發展自行規劃辦理相關課程。

補給站

專業發展之方式

　　依《教師進修研究等專業發展辦法》第4條規定專業發展之方式，包括下列五種：

一、全時進修或研究：學校或其主管機關基於業務需要，主動薦送或指派教師，在一定期間內進修或研究。

二、部分辦公時間專業發展：

　　㈠進修或研究：學校或其主管機關基於業務需要，主動薦送、指派或同意教師，於留校服務期間，利用授課之餘進修或研究。

　　㈡其他專業發展活動：學校或其主管機關基於業務需要，主動薦送、指派或同意教師，於辦公時間，從事其他專業發展活動。

三、專科以上學校教師休假進修或研究：依學校章則規定辦理。

四、高級中等以下學校教師以公假進行提升教師專業知能之活動：學校主管機關同意教師全時或部分辦公時間從事自主專業成長計畫之研究、參訪交流、公開授課、辦理或參與研習、工作坊、專題講座或其他提升教師專業知能之活動。

五、公餘專業發展：學校基於業務需要，主動薦送、指派或同意教師，利用假期、週末或夜間進修、研究或從事其他專業發展活動。

第四節　精進教育人事行政的策略

　　人事行政係屬教育行政重要的一環，具有品質的人事行政，將能使教育行政更為順暢。因此，教育行政機關或學校如何在既有的基礎之下，持續精進其人力素質，實屬重要課題。茲就教育人事行政精進策略說明如下：

壹、鬆綁教育人事法規，持續修正相關法規

　　教育人事法規相當繁多，主要內容包括組織編制、任用、資格審定、敘薪、借調、兼職、服務、考核、獎懲、差勤管理、訓練、進修研究、出國、留職停薪、申訴與保障、待遇、福利、保險、退休、資遣、撫卹等，這些與教育人員的權利、義務和責任具有密切關係。一般而言，教育人事法規主要目的在於提供教育人員工作的準繩，有助於教育人事運作順暢。

　　然而隨著時代進步及社會快速發展，部分法規規定，例如：兼職、服務、考核、獎懲、差勤管理、進修研究，難以符應教育發展需求，加上缺乏彈性，實有待鬆綁，否則人事行政很難有效發揮其效能。因此，教育行政機關應檢討現行教育人事法規的適用性及價值性，該鬆綁則加以鬆綁、該修正則加以修正，除了「除弊」之外，更要「興利」，才能有效精進人事行政效能。

貳、積極服務代替管理，優化人事人員形象

　　國內行政機關人事和主計兩大幕僚系統，長期採用「一條鞭」式指揮、管理模式，單位首長對人事和主計主管，並無任免權，係由其直屬機關首長任免（例如：學校人事主任，係由教育行政機關的人事

主管任免，而非學校校長），這種一條鞭的人事行政體制，難免有產生自我坐大，慣用管理的思維與作為處理人事業務，導致教育人員對人事人員的服務有所微言，影響到人事人員的形象。

為了增進教育人員對人事人員的良好印象，人事人員應本著「服務」精神，破除「管制」心態，讓教育人員能感受到人事人員提供有品質的服務，才能提升對人事人員的好感度和滿意度，亦有助優化人事人員形象，此將對整個教育組織帶來正面價值，以及組織成員更高的凝聚力和向心力。

參、落實專業發展活動，致力開發人力資源

組織成員具有高度專業知能和良好工作態度，乃是確保組織持續向上提升的動力，亦為組織競爭力的關鍵，教育行政機關和學校也是如此。因此，規劃有系統的成員專業發展活動，並加以落實，以提升成員的專業知能，可說是人事行政重要責任之一。

基本上，人事單位規劃成員專業發展活動，應進行「需求評估」，以瞭解教育人員對專業成長和進修的需求，然後作為規劃和執行的依據，才能使成員從專業發展活動中獲益。當然，在學校場域中，有些教師專業發展活動雖屬教務單位或其他單位辦理，人事單位亦應給予協助。無論教育行政機關或學校，能有效落實成員專業發展活動，對於開發組織人力資源，將可收到良好的效果，對於個人生涯或組織發展都有其效益。

肆、落實公平績效評估，降低優秀人才流動

組織成員中的績效評估或考核，是人事行政的重要業務之一。由於績效評估結果攸關成員權益甚鉅，可能影響到成員敘薪、升遷和獎金，因此成員對績效評估的公平、公正相當在意，一旦成員發現有不

公平情事，心中勢必產生不滿，影響到成員工作情緒；甚至有些優秀人才，因爲感覺到不公平的績效評估，可能會拂袖而去，造成組織的損失。

　　教育行政機關或學校人事單位對成員的績效評估，必須本著公正和客觀的態度，採用事實和正確的成員表現資料，作爲評估依據。必要時，也必須進行多方查證，提供績效評估小組審議參考。基本上，只要考核過程公正，且以事實爲依據，成員都會心服口服，此將有助留住優秀人才，不會經常產生人事變動或流動，對組織發展和穩定性，勢必有所助益。

伍、激勵成員工作士氣，提升成員工作表現

　　組織成員高昂的工作士氣，是提高組織效能的有力保證。因此，如何有效激勵組織工作士氣，乃是人事行政努力的重要課題之一。因此，人事單位經常辦理各種成員表揚活動或舉辦員工聯誼活動，其主要用意皆在於激勵成員工作士氣，以及增進成員之間的情感，對任務推動亦有所幫助。當然，人事單位辦理各種獎勵措施，也要注意公平性，才不會影響成員工作士氣。組織成員士氣會激勵組織人員的工作熱情，對提升組織人力素質亦有其價值。

　　教育行政機關或學校成員的士氣，關係到學生的學習成效。因此，人事單位對成員的士氣應充分掌握，並運用創意思維，提供教育人員多元的激勵措施或活動，讓教育人員願意付出更多的時間和心力，幫助每個孩子的學習與成長，則人事行政的努力必定能被看得見，亦會贏得教育人員、家長和學生更多的尊敬。

本章摘要

一、教育人事行政係指教育機關或機構對其人員之考試、任用、考績、級俸、升遷、獎懲、保障、撫卹、退休、訓練等進行人力資源運用和人員行為管理，俾使有效發揮其人力資源，以達成其教育任務及目標。

二、教育人事行政功能，主要有下列四大項：㈠ 確保教育組織有效運作；㈡ 激勵教育組織人員士氣；㈢ 充分有效運用人力資源；㈣ 提升教育組織人力素質。

三、在教育組織中，都會設置人事相關單位，負責人事業務的執行，包括中央層級、地方層級和學校層級。地方和學校層級，都要接受中央層級的指示和規定辦理，是屬於一條鞭的行政管理體制。

四、教育人事行政之業務，包括考試、任用、考績、升遷、待遇與福利、保障與保險、退休、撫卹、資遣、訓練與進修等事項。

五、教育人員包括教育行政人員和學校教育人員，分別適用不同法令規範。基本上，屬於教育行政機關的行政人員，適用於一般公務人員法規，而教育人員則適用《教育人員任用條例》、《教師法》和《教師待遇條例》等相關規定。

六、學校人事單位，主要負責任用、考績、升遷、待遇與福利、保險、退休、撫卹、資遣等人事業務；至於教師進修與成長活動，大學由教師專業發展中心負責，而中小學則由教務單位負責。

七、教育人力資源管理，係指教育行政機關或學校為吸引、招聘、留住人才，而採行各種激勵、溝通、領導、評鑑和增能作為，強化所屬成員的工作品質與效能，以達成組織目標的系列活動。

八、教育人力資源管理的要素含招考、任用、績效評估、薪資和福利、專業發展等五項；而國內對於勞資關係在教育人力資源管理之處理方式不像歐美環境，因而未列入其中要素。

九、精進教育人事行政的策略，計有：㈠ 鬆綁教育人事法規，持續修正相關法規；㈡ 積極服務代替管理，優化人事人員形象；㈢ 落實專業發展活動，致力開發人力資源；㈣ 落實公平績效評估，降低優秀人才流動；㈤ 激勵成員工作士氣，提升成員工作表現。

評量題目

一、請說明教育人事行政的意義及其功能。

二、請列舉教育人事行政的重要業務。

三、何謂「教育人力資源管理」？並說明教育人力資源管理的要素有哪些？

四、請提出增進教育人事行政效能的有效策略。

案例研討

教師該不該規定每年有最低進修時數

志偉覺得很納悶，教師從事專業的工作，為何沒有規定教師每年有最低進修時數？

「《教師法》規定教師進修是一種權利，也是一種義務，且有教師進修研究等專業發展辦法的規定，故規定教師每年有最低進修時數，意義性不大。」豪傑回應志偉的疑惑。

志偉還是不瞭解，在民國85年訂定的《高級中等以下學校及幼稚園教師在職進修辦法》規定，教師在職期間每一學年須至少進修18小時或一學分，或5年內累積90小時或五學分，立意良好，為何到了民國92年就把它廢止了？

「有些教師團體認為規定教師最低進修時數沒有意義，何況當時也訂定教師進修研究獎勵辦法，兩者有所重疊，於是就把《高級中等以下學校及幼稚園教師在職進修辦法》廢止了。」豪傑想起在上「師資培育研究」課，老師有此一說。

但是志偉還是覺得教師應該像公務人員一樣，規定每年有最低進修時數，以提升教師專業知能；而且志偉也覺得像醫師、護理師、心理師、社會工作師也都規定每5年要達到一定的專業發展進修時數，才能更新其執照，確保專業人員具有與時俱進的知識和能力。

問題討論

一、教師規定每年有最低進修時數，其利弊得失為何？

二、教師該不該規定每年有最低進修時數，其理由何在？

三、處在終身學習的時代，教師該如何提升其專業知能？

第十四章

教育經費

本章研讀之後，您將能：

一、瞭解教育經費的法源。

二、知悉教育經費的來源與編列分配。

三、理解教育經費的支出。

四、熟悉教育經費的管理。

五、認識增進教育經費管理效能的策略。

學習目標

　　教育經費為教育發展的基礎要件，任何教育軟硬體建設，都有賴於足夠的經費配合，才能有效順利推展教育事業。因此，確保教育財源無虞，實屬教育行政重要課題。本章將分別從教育經費的法源、教育經費的來源與編列分配、教育經費的支出、教育經費的管理，以及增進教育經費管理效能的策略分別說明之。

第一節　教育經費的法源

　　教育經費攸關教育未來發展，透過法律的規範，讓教育運作有足夠經費支持，是有其必要性，而教育經費通常係指中央及地方主管教育行政機關與所屬教育機構、公立學校等，由政府編列預算而用於教育之經費。茲將教育經費的主要法源列舉說明如下：

壹、《中華民國憲法》

　　憲法為國家根本大法，有關教育經費之規定，分別見諸於第163條規定：「國家應注重各地區教育之均衡發展，並推行社會教育，以提高一般國民之文化水準，邊遠及貧瘠地區之教育文化經費，由國庫補助之。其重要之教育文化事業，得由中央辦理或補助之。」以及第164條規定：「教育、科學、文化之經費，在中央不得少於其預算總額百分之十五，在省不得少於其預算總額百分之二十五，在市縣不得少於其預算總額百分之三十五，其依法設置之教育文化基金及產業，應予以保障。」

　　從憲法這兩條條文規定，可以瞭解憲法對教育經費的重視，不僅注重各地區均衡發展之教育文化經費，而且還規定各級政府所占教育經費的比例，足見當初立法者之用心與遠見。

　　到了1991（民國80）年憲法進行修正，隨著省、縣地方制度之

調整，以及省虛級化，教育經費規定省所占經費已不適用，加上市縣財政狀況不同，規定市縣所占經費已不合適，於是在增修條文中的第10條第10項另爲規定如下：「教育、科學、文化之經費，尤其國民教育之經費應優先編列，不受憲法第一百六十四條規定之限制。」此項規定正式宣告各級政府教育經費所占的比例，完成階段性任務，不再適用。

貳、《教育基本法》

《教育基本法》有教育準憲法之稱，對於教育經費亦頗爲重視。在《教育基本法》第5條第1項明定：「各級政府應寬列教育經費，保障專款專用，並合理分配及運用教育資源。對偏遠及特殊地區之教育，應優先予以補助。」此項規定與憲法所規定的精神相呼應。

另外，在該條第2項規定：「教育經費之編列應予以保障；其編列與保障之方式，另以法律定之。」更是明定教育經費編列的保障，成爲後來制定《教育經費編列與管理法》的法律基礎。

參、《教育經費編列與管理法》

《教育經費編列與管理法》在2000（民國89）年總統公布施行，迄今歷經四次修正，計有18條。該法第1條明定：「爲維護教育健全發展之需要，提升教育經費運用績效，特依教育基本法第五條第二項之規定制定本法。」說明該法之立法目的及法源依據。陳麗珠、陳明印（2013）曾提到該法所做財政改革爲教育現場帶來衝擊，影響學校教學與行政運作。

而在該法第3條第2項規定：「各級政府教育經費預算合計應不低於該年度預算籌編時之前三年度決算歲入淨額平均值之百分之二十三。」目的在於確保教育經費的穩定性。

　　此外，該法第 4 條第 1 項規定：「直轄市、縣（市）政府應依憲法增修條文第十條第十項規定，優先編列國民教育經費。」第 5 條第 1 項規定：「為兼顧各地區教育之均衡發展，各級政府對於偏遠及特殊地區教育經費之補助，應依據教育基本法之規定優先編列。」此外，第 6 條亦規定：「為保障原住民、身心障礙者及其他弱勢族群之教育，並扶助其發展，各級政府應依據原住民族教育法、特殊教育法及其他相關法令之規定，從寬編列預算。」

　　上述這些規定與《中華民國憲法》、《教育基本法》、《原住民族教育法》、《特殊教育法》對教育經費之規定皆相吻合。

肆、《國民教育法》

　　國民教育是一切教育的基礎，因此對國民教育所需經費，必須有所規範，以確立國民教育所需經費。在《國民教育法》第 8 條第 1 項規定：「直轄市、縣（市）主管機關辦理國民教育所需經費，應優先編列預算支應；其財源如下：一、直轄市、縣（市）政府一般歲入。二、直轄市、縣（市）政府依平均地權條例規定分配款。三、為保障國民教育之健全發展，直轄市或縣（市）政府，得依財政收支劃分法第十八條第一項但書之規定，優先籌措辦理國民教育所需經費。」另外第 2 項亦規定：「中央主管機關應視直轄市、縣（市）主管機關辦理國民教育經費之實際需要補助之。」由此可知，政府對國民教育經費保障之重視。

伍、《特殊教育法》

　　特殊教育對象包括身心障礙及資賦優異之學生，為使這些學生能享有接受適性教育之環境，必須從寬編列經費。在《特殊教育法》第 9 條分別規定：「各級政府應從寬編列特殊教育預算，在中央政府不

得低於當年度教育主管預算百分之四·五；在地方政府不得低於當年度教育主管預算百分之五。」、「地方政府編列預算時，應優先辦理身心障礙教育。」、「中央政府為均衡地方身心障礙教育之發展，應補助地方辦理身心障礙教育之人事及業務經費；其補助辦法，由中央主管機關會商直轄市、縣（市）主管機關後定之。」

由上述規定中可知，特殊教育預算是有固定比例，對推動特殊教育及實現教育正義是有其積極意義。

陸、《原住民族教育法》

原住民族教育係指原住民族之一般教育（對原住民學生所實施之一般性質教育）及民族教育（依原住民族文化特性，對原住民學生所實施之民族知識教育）。在《原住民族教育法》第 11 條第 1 項規定：「中央政府應寬列預算，專款辦理原住民族教育；其比率，合計不得少於中央教育主管機關預算總額百分之一點九，並依其需求逐年成長。」此項規定對於保障原住民族教育之權益，增進原住民族教育機會，促進原住民族教育發展，是有其價值。

柒、《偏遠地區學校教育發展條例》

《偏遠地區學校教育發展條例》之立法目的在於實踐教育機會平等原則，確保各地區教育之均衡發展，並因應偏遠地區學校教育之特性及需求。有關偏遠地區學校教育發展之教育經費，在該法第 9 條第 1 項規定：「主管機關為協助偏遠地區學校，應考量實際需要優先採取下列措施：一、建設學校數位、藝文、體育、圖書及其他基礎設施。二、補強學校教育、技能訓練所需之教學設備、教材及教具。三、協助學生解決就學及通學困難。四、提供學生學習輔導及課後照顧。五、加強教職員工生衛生保健服務。六、合理配置教師、行政人

員、護理人員、專業輔導人員及社會工作人員,並協助其專業發展。七、提供教職員工生住宿設施或安排適當人力等措施。」復依該法第2項規定:「前項所需經費,中央主管機關應依地方政府財力級次及偏遠地區學校級別優予補助,並應專款專用。」從第9條規定中,可以瞭解優先編列教育經費對於偏遠地區教育發展的重要性。

補給站

直轄市及縣(市)政府財力級次

依行政院主計總處中華民國 108 年 8 月 30 日函各直轄市及縣(市)政府財力級次如下,並自 109 年度起適用:

㈠ 第一級:臺北市。

㈡ 第二級:新北市、桃園市。

㈢ 第三級:臺中市、臺南市、高雄市、新竹縣、新竹市、嘉義市、金門縣。

㈣ 第四級:宜蘭縣、彰化縣、南投縣、雲林縣、基隆市。

㈤ 第五級:苗栗縣、嘉義縣、屏東縣、臺東縣、花蓮縣、澎湖縣、連江縣。

註:財力屬於第一級最佳,而第五級則最差。

補給站

學生就學貸款

政府為幫助在學學生求學期間,不用擔心學費問題,提供學生優惠的就學貸款;但畢業後,學生借款者應即擔負起攤還本息的還款責

任。依教育部統計，106-110學年度的學生貸款人數及金額如下表：

學年度	項目	大專校院	高中職	合計
106	貸款人數	262,997	10,428	273,425
	貸款金額	20,110,045,347	252,308,494	20,362,353,841
107	貸款人數	249,660	9,189	258,789
	貸款金額	19,649,339,052	234,568,209	19,883,907,261
108	貸款人數	242,791	7,944	250,735
	貸款金額	19,219,737,225	271,163,736	19,436,900,961
109	貸款人數	236,875	6,922	243,797
	貸款金額	19,062,212,246	200,384,656	19,262,596,902
110	貸款人數	225,196	6,115	231,311
	貸款金額	18,476,414,133	183,872,477	18,660,286,610

　　由上表得知，106-110學年度的學生貸款人數及金額，有逐年下降趨勢，可能與少子化有關，學生在學人數日漸減少。此外，實施十二年國民基本教育，採取有條件免學費政策，高中職貸款人數亦日益減少。我國學生貸款情形與美國不同，美國係實施十二年義務教育，相關學雜費全免，並由政府負擔，對接受高等教育者，則須自行負擔其教育費用，而美國父母認為孩子高中畢業之後，應學會獨立，多數父母不會給予經濟援助（吳簡逸欣，2000），因而大學生就有貸款之需求。

統計資料來源：圓夢助學網（無日期）。**就學貸款**。https://www.edu.tw/helpdreams/cp.aspx?n=9AC8D0E0C33FF2BF&s=1CB31DF183066B41

第二節　教育經費的來源與編列分配

　　教育經費有了法源依據，有助於確保教育經費到位。為了充裕教育經費財源，以及有效運用教育經費，理解教育經費來源與編列分配，實屬重要課題。

壹、教育經費的來源

　　教育經費來源，係由中央與地方共同負擔，中央由教育部編列預算，而地方政府中的六都由教育局編列單位預算，至於非六都之縣市教育預算，則由該府主計處編列。

　　根據 112 年度中央政府總預算案之資料，112 年度總預算案各項政事別支出以社會福利編列 7,154 億元，占 26.3%，居首位；教育科學文化支出編列 4,962 億元，占 18.2%，居第 2 位；經濟發展支出編列 4,831 億元，占 17.8%，居第 3 位；國防支出編列 3,974 億元，占 14.6%，居第 4 位（行政院主計處，無日期）。

　　而教育部及所屬單位，依其施政重點及業務需求，編列年度預算，以教育部 112 年度中央政府總預算單位預算為例，教育部之歲出預算達 140,363,898,000 元，其中屬於教育支出為 119,555,614,000 元，占 85%，其他屬於文化支出等（教育部，2022a）。

　　中央政府教育經費來源，來自於國稅，依《財政收支劃分法》第 8 條規定國稅如下：一、所得稅。二、遺產及贈與稅。三、關稅。四、營業稅。五、貨物稅。六、菸酒稅。七、證券交易稅。八、期貨交易稅。九、礦區稅。至於地方教育經費來源，除了中央統籌分配直轄市、縣（市）及鄉（鎮、市）外，依《財政收支劃分法》第 12 條規定，直轄市及縣（市）稅如下：一、土地稅，包括：㈠地價稅。㈡田賦。㈢土地增值稅。二、房屋稅。三、使用牌照稅。四、契稅。

五、印花稅。六、娛樂稅。七、特別稅課。此外，不管中央或地方，依《財政收支劃分法》規定的營收，尚包括獨占及專賣收入、工程受益費收入、罰款及賠償收入、規費收入、信託管理收入、財產收入、營業盈餘捐獻贈與及其他收入等，亦可提供預算之歲入來源。

此外，《財政收支劃分法》第 18 條規定：「各級政府對他級或同級政府之稅課，不得重徵或附加。但直轄市政府、縣（市）政府為辦理自治事項，籌措所需財源，依地方稅法通則規定附加徵收者，不在此限。」此對於充裕地方政府教育經費亦有所幫助。至於各大學之學費收入，亦是很重要的經費來源之一。

貳、教育經費的分配

教育經費有了法源和財源，如何有效進行教育經費的分配，俾讓教育經費編列具有適切性，實屬相當重要。蓋浙生（1986）曾提到教育經費的分配，應該達到均等、民主、優先、彈性等原則，具有參考價值；然而教育經費仍必須顧及法令規定和公平性，以及經費分配能發揮效益。因此，教育經費編列分配，至少須遵循下列原則，茲說明如下：

一、法定原則

教育經費的分配，必須遵守《教育經費編列與管理法》和《預算法》規定辦理，尤其對於部分法律特別規定中央教育主管機關預算總額之比率，例如：《原住民族教育法》、《特殊教育法》均有所明定，在進行預算編列之分配時，應遵守此法律之規定，才不會導致預算編列產生適法性之問題。

二、公平原則

教育經費編列不能採取雨露均霑之齊頭式平等,而應採用立足點平等,才符合公平正義;換言之,最需要教育經費的地區或學校,應該給予額外的經費分配,例如:對於偏遠地區學校教育及財力等級較弱的縣市,中央應該多編列預算補助,以改善其教育環境和提升教育品質。

三、優先原則

教育經費編列與教育施政重點具有密切關係。雖然教育施政涉及相當廣泛,但在各級各類教育仍有其優先性,例如:十二年國民基本教育的實施,屬於重大政策,其所需經費就必須優先編列;又如:高教深耕計畫,也是教育重大政策之一,也需要優先編列,讓未來執行這些重大政策時,不會產生財源短缺之困境。

四、透明原則

教育經費編列分配不能流於黑箱作業,才能獲得認同與支持。為有效落實透明原則,在經費分配過程中應力求公開透明,透過討論與研商方式所決定的經費分配,比一個人所做的決定,更可降低經費分配的盲點或失誤。此外,各單位之預算應公布於網站,以昭公信,亦屬透明化的做法。

五、績效原則

教育經費分配宜考慮過去執行的情形,具有績效者,經費應延續;而績效欠佳者,在瞭解事實原因後,倘若無法發揮實質教育效果,來年就不應再編列預算,才不至於浪費公帑。因此,各單位進行經費編列分配時,必須考慮績效原則,不能為編列預算而編列,則教育經費才能發揮實質效益。

補給站

地方教育發展基金

地方教育發展基金係依《教育基本法》第 5 條和《教育經費編列與管理法》第 13 條設立。

地方教育發展基金係由地方政府成立，採專帳管理方式，包含地方政府自行分擔之教育經費、一般教育補助、特定教育補助等均應納入基金收入，以附屬單位預算型態編列之，並於各公立學校及幼兒園設立分基金。基金來源主要有：中央補助款財源、市庫撥款收入財源及學校自有收入財源。

一般而言，地方教育發展基金係採集中支付制度，較不影響地方政府統籌調度能力。此外，經費運用靈活，預算執行較具彈性，而且基金膡餘部分可滾存基金，避免消化預算，造成經費浪費現象。

補給站

校務基金

校務基金法源係來自《國立大學校院校務基金設置條例》，主要目的在提升大學教育品質，增進大學教育績效，以及促進大學財務之彈性運作，它是屬於特種基金，由學校編制單位預算。依該法第 3 條規定：校務基金之來源如下：

一、政府循預算程序之撥款。二、自籌收入，其項目如下：㈠學雜費收入。㈡推廣教育收入。㈢產學合作收入。㈣政府科研補助或委託辦理之收入。㈤場地設備管理收入。㈥受贈收入。㈦投資取得之收益。㈧其他收入。

　　至於校務基金用途，依該條例第 4 條規定，主要用途如下：一、教學及研究支出。二、人事費用支出。三、學生獎助金支出。四、推廣教育支出。五、產學合作支出。六、增置、擴充、改良資產支出。七、其他與校務發展有關之支出。

　　校務基金運作多年，的確對於大學經費彈性使用發揮效益，以及經費使用透明化，有助於提高大學辦學績效。

補給站

教育捐

　　教育捐，係指稅收指定用途於教育之用。民國 68 年 5 月公布施行的《國民教育法》第 16 條第 1 項第 3 款規定：「為支應辦理國民教育所需經費，於其省（市）政府就省（市）、縣（市）地方稅部分，在稅法及財政收支劃分法規定限額內籌措財源，逕報行政院核定實施，不受財政收支劃分法第 18 條第 1 項但書之限制。」而當時的《財政收支劃分法》第 18 條第 1 項但書規定：「但直轄市、縣（市）（局）為籌措教育科學文化支出財源，得報經行政院核准，在第十六條所列縣（市）（局）稅課中不超過原稅捐率百分之三十徵收地方教育捐。」遂在營業用房屋之房屋稅及娛樂稅附加教育捐，對充裕國民教育經費具有其時代價值。

　　到了民國 88 年 2 月《國民教育法》第 16 條修正，隨後《財政收支劃分法》第 18 條修正後，已無附加之法律依據，房屋稅及娛樂稅不再附加教育捐，教育捐也完成階段性的任務。

.... /第三節/ 教育經費的支出 ....

　　教育經費支出包括人事費、經常門業務費及獎補助費、債務費、
預備金，以及資本門業務費、設備及投資、獎補助費、預備金等，而
在這些經費支出中，人事費所占比例極高，會排擠其他需求的支出，
例如：校舍改善或教學設備更新，這也是當前教育經費支出面臨的困
境。

　　為利於瞭解教育經費支出，茲從教育經費占國民所得（國內生
產）毛額比率、各級政府教育經費支出和各級學校經費支出等三方面
說明之。

壹、教育經費占國民所得（國內生產）毛額比率

　　就整體的教育經費支出而言，從國際比較的角度來看，我國教育
經費占國內生產毛額比率略低於 OECD 國家平均 5.0，如表 14-1 所
示。

表 14-1

105-110 學年教育經費占國民所得（國內生產）毛額比率

單位：新臺幣千元；%

項目	整體教育經費支出	占國民所得毛額 比率 % to GNI	占國內生產毛額 比率 % to GDP
105（2016）	873,281,648	4.85	4.97
106（2017）	886,970,355	4.81	4.93
107（2018）	907,010,190	4.83	4.94
108（2019）	911,899,756	4.70	4.82
109（2010）	943,197,969	4.63	4.76
110（2011）	978,069,341	4.42	4.51

資料來源：教育部（2022b）。中華民國教育統計。作者。

從表 14-1 資料，可以得知如下結果：

一、105-110 學年整體教育經費支出有逐年增加現象，105 學年整體 教育經費支出為 873,281,648,000 元，110 學年整體教育經費支出 為 978,069,341,000 元，六學年間增加近 11%。

二、105-110 學年教育經費占國民所得及國內生產毛額比率有逐年下 降趨勢。

貳、各級政府教育經費支出

我國各級教育經費支出，可從教育部和地方政府來看，如表 14-2 所示。

表 14-2

各級政府教育經費支出   單位：新臺幣億元

年度	108 年（2019）		109 年（2020）		110 年（2021）
類別	預算	決算	預算	決算	預算
政府教育經費	6,152.45	5,874.24	6,484.50	6,242.51	6,803.41
教育部本部	2,255.43	2,207.43	2,348.84	2,305.32	2,355.22
新北市	579.03	566.45	616.08	617.40	630.72
臺北市	629.57	615.99	641.08	637.52	621.68
桃園市	426.08	388.92	455.54	418.15	460.90
臺中市	504.16	499.83	548.25	548.70	571.39
臺南市	265.75	267.76	302.43	293.18	348.29
高雄市	493.62	474.84	503.95	514.19	561.75
宜蘭縣	87.63	86.26	92.91	91.39	108.97
新竹縣	111.75	104.48	116.90	112.08	146.87
苗栗縣	103.74	97.92	114.23	111.84	131.62
彰化縣	216.36	200.19	229.08	208.03	257.43

年度	108 年（2019）		109 年（2020）		110 年（2021）
類別	預算	決算	預算	決算	預算
南投縣	95.01	95.41	105.78	106.55	120.55
雲林縣	121.90	111.41	150.98	123.59	170.71
嘉義縣	91.89	83.45	101.39	90.17	114.97
屏東縣	159.76	147.58	173.04	163.87	190.01
臺東縣	64.80	61.84	83.60	75.20	110.62
花蓮縣	79.36	72.69	91.00	80.84	96.24
澎湖縣	25.28	23.91	28.65	26.20	30.85
基隆市	68.24	60.12	83.37	66.90	84.71
新竹市	90.73	76.25	111.61	92.08	94.70
嘉義市	52.68	46.16	57.89	51.82	68.81
金門縣	34.94	27.46	35.97	31.00	36.93
連江縣	10.78	5.95	9.70	7.50	8.82

資料來源：教育部（2022b）。中華民國教育統計。作者。

從表 14-2 資料，可以得知如下結果：

一、108-110 年各級政府教育經費支出有微幅增加現象。

二、108-110 年地方政府教育經費中，以臺北市最高，連江縣最低。至於在臺灣本島的非六都中，以嘉義市最低，此與學生人數和學校數有關。

參、各級學校經費支出

各級學校經費支出包括幼兒園、國民小學和國民中學、高級中等學校、大學及學院、特殊學校，其所占比率，如表 14-3 所示。

表 14-3

105-109 學年各級學校經費支出比

單位：新臺幣千元

項目	總計	幼兒園	國民小學 國民中學	高級中等 學校	專科學校	大學及學院	特殊學校
105	720,109,707	55,314,280	304,841,439	109,779,660	5,655,651	240,307,166	4,211,512
106	731,676,280	58,130,354	307,867,393	111,283,948	5,208,252	244,965,773	4,220,560
107	739,030,716	61,279,863	308,043,563	113,733,569	5,303,440	246,333,544	4,336,738
108	743,962,919	64,935,636	311,409,970	110,102,019	5,304,445	247,860,753	4,350,097
109	761,004,012	67,075,091	325,858,631	108,786,587	5,459,182	249,472,980	4,351,542

資料來源：教育部（2022b）。中華民國教育統計。作者。

從表 14-3 資料，加以計算，可以得知如下結果：

一、從 105-109 學年各級學校經費支出來看，105 學年各級學校經費支出計 7,201 億元，而 109 學年各級學校經費支出計 7,610 億元，六學年間增加近 5.4%。

二、在各級學校教育經費比，以國民小學和國民中學所占經費最高，其次為大學及學院。以 109 學年各級學校經費支出為例，國民小學和國民中學支出經費為 3,258 億元，約占總經費的 42.79%，其次為大學及學院，約占總經費的 32.78%。

補給站

零基預算

零基預算（Zero-based budgeting, ZBB），係指一種預算編列技術，在這種技術中，新的時期或年度預算編列都必須從零開始，而不是從以前的預算開始，並根據需要進行調整。因此，現行的計畫或業

務，除非證明有其存續的必要性，否則不應再予編列預算。

　　零基預算於 1970 年由美國德州儀器公司管理人員皮爾（Peter A. Pyhrr）所創，也在該公司試用。這種技術落實績效責任，有助於控制成本，可消除不必要的成本浪費，提高組織利潤。然這種技術一切從零開始，太耗費時間和人力，而且預算編列難免有主觀因素，容易引起各部門之間的矛盾，造成組織的不和諧，因而教育經費編列並不採用零基預算，但會參考零基預算精神，檢討前一年預算執行，屬於無成效或不必要的計畫或業務就不再編列預算。

補給站

基尼係數

　　基尼係數（Gini coefficient），是 20 世紀初義大利統計學家和經濟學家吉尼（Corrado Gini）提出，用來衡量經濟不平等的指標。

　　該係數是從 0 到 1（或 0% 到 100%）之間的任何值。係數為 0 表示人口中收入或財富的分配完全平等；當人口中的一個人獲得所有收入而其他人一無所獲時，係數為 1，表示完全不平等；換言之，吉尼係數愈小，年所得分配愈平均，經濟愈平等；吉尼係數愈大，年所得分配愈不平均，經濟愈不平等。基本上，一個國家係數要達到 1（100%），實屬不太可能。

　　依國家發展委員會（2022）資料顯示：我國 2021 年每人可支配所得差距之基尼係數為 0.277，每戶可支配所得差距之基尼係數為 0.341；其中每人可支配所得差距之基尼係數低於韓國的 0.331、日本的 0.286；而每戶可支配所得差距之基尼係數低於美國的 0.489、香港的 0.524。

......................### 第四節　教育經費的管理 ....

　　教育經費的來源，大部分來自人民的繳稅，而且教育經費運用得當與否，關係到學生學習的環境與品質。因此，有效的教育經費管理，實屬教育財政重要課題之一。一般而言，教育經費的管理，都必須遵守相關經費編列與使用規定，才能讓教育經費發揮效益。茲就預算管理、會計管理、決算管理及審計管理等方面說明之。

壹、預算管理

　　政府預算之籌劃、編造、審議、成立及執行，必須依《預算法》規定辦理，而預算之編制及執行要以財務管理為基礎，不應過於浮濫，以健全預算管理秩序。

　　依《預算法》第 2 條規定教育經費，各主管機關依其施政計畫初步估計之收支，稱概算；預算之未經立法程序者，稱預算案；其經立法程序而公布者，稱法定預算；在法定預算範圍內，由各機關依法分配實施之計畫，稱分配預算。因此，教育經費預算，必須經過民意機關審議通過後，才產生效益，教育經費年度預算才算確定。

　　政府預算，每一會計年度辦理一次，會計年度於每年一月一日開始，至同年十二月三十一日終了，此在《預算法》第 11 條和第 12 條均有所規定。因此，會計年度與學校的學年度起訖時間並不一樣。

　　在《預算法》對於預算的籌劃及擬編、審議及執行均有明確規定，以利預算管理。茲就此三方面說明如下：

一、預算籌劃及擬編

　　預算籌劃及擬編是一個很複雜的過程，在《預算法》第 28 條至第 47 條有詳細規定。無論中央政府或地方政府在預算籌劃時，都要

提出年度的施政方針，作為下年度預算編制之依據，依《中央及地方政府預算籌編原則概算編制應行注意事項共同性費用編列基準》提出初步歲入和歲出概算，並經法定程序（例如：行政院會、縣市府會議）通過後，才能成為預算案。至於預算編列方式，則依《預算法》第 37 條規定：「各機關單位預算，歲入應按來源別科目編制之，歲出應按政事別、計畫或業務別與用途別科目編制之。」而中央政府或地方政府依規定預算書必須公布於網站，例如：教育部 112 年度單位預算書，可至下列網站查閱：https://ws.moe.edu.tw/001/Upload/14/relfile/9245/85742/9b2b38b8-63e7-4503-a77e-4cb53991e0f8.pdf。

　　又如：臺北市政府教育局 112 年度單位預算書，可至下列網站查閱：https://www-ws.gov.taipei/Download.ashx?u=LzAwMS9VcGxvYWQvMzQyL3JlbGZpbGUvMTAxMjMvODkwNDIyMy81YmVkZmQ1ZS1mYTcxLTRkMDktYWQzOS1iMDA4Y2IyMjRjNDkucGRm&n=5pWZ6IKy5bGAMTEy5bm05bqm5rOV5a6-a6aCQ566X5pu4KFBERikucGRm&icon=.pdf。

二、預算審議

　　預算案屬於法律案，必須經過民意機關三讀通過後才生效。在《預算法》第 46 條規定：「中央政府總預算案與附屬單位預算及其綜計表，經行政院會議決定後，交由中央主計機關彙編，由行政院於會計年度開始四個月前提出立法院審議，並附送施政計畫。」至於地方政府則亦須於四個月前提交議會審議，除非該縣市有另外規定。

　　基本上，預算案之審議，民意機關會就歲出規模、預算餘絀、計畫績效、優先順序等方面進行審議。民意機關可就預算案提出刪減，但不能提出增加預算。

三、預算執行

　　預算案經民意機關通過後，必須依《預算法》第 55 條第 1 項規

定：「各機關應按其法定預算，並依中央主計機關之規定編造歲入、歲出分配預算。」及第 2 項規定：「前項分配預算，應依實施計畫按月或按期分配，均於預算實施前為之。」辦理。倘若預算會計年度結束後有膳餘經費，則轉入下年度。

貳、會計管理

　　政府及其所屬機關辦理各項會計事務，均須依《會計法》辦理，該法對會計制度及會計事務程序之管理，皆有明確規定。而為因應資訊科技時代，會計管理也須依《政府支出會計憑證電子化處理要點》辦理。

　　會計管理須建立在會計制度、會計事務程序及內部審核上，才能讓會計管理健全化。因此，在《會計法》第 17 條第 1 項規定：「會計制度之設計，應依會計事務之性質、業務實際情形及其將來之發展，先將所需要之會計報告決定後，據以訂定應設立之會計科目、簿籍、報表及應有之會計憑證。」及第 2 項規定：「凡性質相同或類似之機關或基金，其會計制度應為一致之規定。政府會計基礎，除公庫出納會計外，應採用權責發生制。」由此可知，會計制度乃是各機關執行預算及會計處理等之準據。

　　會計管理會涉及到會計帳簿、會計憑證和記帳憑證，都必須妥善處理和保管。其中會計簿籍主要有二類：一、帳簿：簿籍之紀錄提供給編造會計報告事實用；二、備查簿：簿籍之紀錄僅為便利會計事項之查考，或會計事務之處理者；而會計憑證亦分為二類：一、原始憑證：證明事項經過而為造具記帳憑證所根據之憑證；二、記帳憑證：證明處理會計事項人員之責任，而為記帳所根據之憑證；至於記帳憑證有三種：一、收入傳票；二、支出傳票；三、轉帳傳票。

　　有關會計事務程序，則在《會計法》第 58 條明定：會計人員非根據合法之原始憑證，不得造具記帳憑證；非根據合法之記帳憑證，

不得記帳。其他事務程序在第 59 條至第 94 條，均有詳細規定。會計人員必須依規定執行。

內部審核爲有效經費管理的重要一環，在《會計法》第 95 條第 1 項規定：「各機關實施內部審核，應由會計人員執行之。但涉及非會計專業規定、實質或技術性事項，應由業務主辦單位負責辦理。」而第 2 項規定：「內部審核分爲二種：一、事前審核：謂事項入帳前之審核，著重收支之控制。二、事後複核：謂事項入帳後之審核，著重憑證、帳表之複核與工作績效之查核。」

爲了讓會計人員確實負起責任，在《會計法》第 119 條規定：「會計人員交代不清者，應依法懲處；因而致公庫損失者，並負賠償責任；與交代不清有關係之人員，應連帶負責。」此條文對會計人員具有警惕和嚇阻作用。

參、決算管理

決算根據年度預算執行結果而編制的年度會計報告。依《決算法》第 2 條規定：「政府之決算，每一會計年度辦理一次，年度終了後二個月，爲該會計年度之結束期間。」各機關之決算編造必須依《決算法》規定辦理。

透過各機關單位之主管機關編造決算表，才能瞭解各單位執行施政計畫績效，而且亦可供審計機關審核，確實掌握各單位執行預算結果是否有下列情形：一、違法失職或不當情事之有無。二、預算數之超過或剩餘。三、施政計畫、事業計畫或營業計畫已成與未成之程度。四、經濟與不經濟之程度。五、施政效能或營業效能之程度，及與同類機關或基金之比較。此在《決算法》第 23 條有所規定。

肆、審計管理

　　我國預算案之編制，係行政院之權責，屬財務行政；預算案由立法院審議決定，屬財務立法；預算執行結果之考核，即決算之審核，由監察院審計長司理，屬財務司法，此謂三權財政（審計部，2022）。依此而言，審計是獨立的，且隸屬於監察院，具有決算審核功能。

　　依《審計法》第2條規定，審計職權如下：一、監督預算之執行。二、核定收支命令。三、審核財務收支，審定決算。四、稽察財物及財政上之不法或不忠於職務之行爲。五、考核財務效能。六、核定財務責任。七、其他依法律應行辦理之審計事項。而該法第34條亦規定，政府於會計年度結束後，應編制總決算，送審計機關審核。中央政府年度總決算，應由審計部於行政院提出後三個月內完成其審核，並提出審核報告於立法院。此外，該法第65條亦規定，審計機關辦理公務機關審計事務，應注意下列事項：一、業務、財務、會計、事務之處理程序及其有關法令。二、各項計畫實施進度、收支預算執行經過及其績效。三、財產運用有效程度及現金、財物之盤查。四、應收、應付帳款及其他資產、負債之查證核對。五、以上各款應行改進事項。

　　而在《決算法》第24條規定，審計機關審核政府總決算，應注意下列效能：一、歲入、歲出是否與預算相符，如不相符，其不符之原因。二、歲入、歲出是否平衡，如不平衡，其不平衡之原因。三、歲入、歲出是否與國民經濟能力及其發展相適應。四、歲入、歲出是否與國家施政方針相適應。五、各方所擬關於歲入、歲出應行改善之意見。

　　依《審計法》第12條至第16條規定，審計機關及審計人員爲行使職權，無論書面審核或就地抽查，均得向各機關、公私團體或有關人員查（調）閱資料、檢查現金、財物等，各機關人員不得隱匿或拒

絕。這些規定確保審計機關及審計人員能依法行使職權，善盡審核責任。

　　由此可知，審計管理在教育經費管理扮演著重要角色，有助於教育經費運用發揮課責、廉正和透明的功能。

第五節　增進教育經費管理效能的策略

　　預算管理、會計管理、決算管理和審計管理，可謂環環相扣，彼此建立緊密關係，才能使經費用在刀口上，避免經費的過度浪費，以發揮經費管理的效益，而教育經費管理亦是如此。為使教育經費產生更大的效益，經費管理不能只有除弊，更要興利。因此，乃提出增進教育經費管理效能的策略如下，以供參考：

壹、擴大經費流用範圍，因應特殊發展需求

　　一般而言，各單位的年度預算，都是在前一年的四月左右籌編概算，然後透過層層審核，以及民意機關審議，到了新年度通過預算，相差可能有八個月之久，時空背景已經改變，加上當前處於不穩定的時代，社會變化很大，例如：疫情的發生，教育行政機關或學校必須有所因應，而疫情發生前一年，未必會想到疫情的嚴重性，因而很難在經費概算反映出來。此外，遇到單位首長更換或因應教育發展需求，需要推行新政策，例如：雙語教育政策，未必能及早編列在概算中。倘若會計人員嚴守必須依項目動支，則很多的臨時狀況發生或新教育政策執行，就沒有足夠經費支應。

　　因此，為了因應未來各種臨時性或意外性的災變，以及推動新教育政策或辦理教育活動的需求，會計人員應讓教育行政機關或學校經費使用更具彈性，亦即擴大經費流用範圍，以因應特殊發展需求，才

能提高教育經費的效益。

貳、強化會計人員進修，提供優質會計服務

　　會計人員肩負財務執行責任的審核角色，又是扮演機關首長之幕僚人員角色，這種雙重的角色任務，多少造成會計人員的壓力。平心而論，會計人員的工作相當繁重與辛苦，嚴守會計相關法規執行工作，避免產生差錯，這是必然的。然而在教育行政機關或學校人員常反映會計人員審核過嚴，導致一些教育活動很難順利推動，影響到整個教育發展，對會計人員留下不是很正面的印象。

　　時代進步相當快，教育發展思潮與時俱進，身為教育行政機關或學校的會計人員，除了進修本身的會計專業知能外，主計單位也應該辦理有關會計人員之教育知能研習，讓會計人員對教育有更深一層認識，在審核相關經費支用時，也能理解教育之實際需求，提供實質的協助。會計人員如能在審核經費支用時，多從協助相關人員業務推動的角度來處事，勢必讓人感受到會計人員的優質服務，對教育發展會帶來正面效益。

參、落實內部審核機制，降低經費使用弊端

　　依《會計法》第 95 條第 2 項規定：內部審核分為二種：一、事前審核：謂事項入帳前之審核，著重收支之控制。二、事後複核：謂事項入帳後之審核，著重憑證、帳表之複核與工作績效之查核。而在行政院主計總處編印《支出標準及審核作業手冊》中，對各項會計憑證之認定標準、經費報支標準及內部審核步驟等皆加以明確規範，成為很好的內部審核機制，不僅可減少經費使用弊端，而且亦可提升及確保會計工作品質。

　　然而在教育行政機關或學校仍可見到部分人員核銷經費出了問

題，例如：審計部於 2022 年 2 月 9 日函文教育部指出大專院校違法核銷經費下列情事：以已歇業（撤銷營業登記）廠商收據核銷經費、計畫用品採購對象疑爲教師親屬，以及學校地點位於南部，卻遠赴中部、北部影印資料、購買計畫用或辦公用物品，有違常理等各種問題，此乃凸顯學校內部審核機制未能完全落實。因此，學校有效落實內部審核機制，將會降低經費使用弊端，亦可增進教育經費管理效能。

肆、規範教育大型計畫，應提執行績效報告

教育行政機關爲因應教育發展需求，會提出各種大型計畫，例如：2013-2017 年提出「第二期技職教育再造計畫」，總經費爲 202 億 8,950 萬元，又如：「高等教育深耕計畫」第一期從 2018-2022 年，總經費是 838 億元；第二期從 2013-2017 年五年計畫，總經費亦達 990 億元，足見教育大型計畫所投入經費相當可觀，這些計畫執行成效與否，不僅關係到教育經費運用是否得當，而且也關係到整個教育發展。

由於教育大型計畫動用經費甚鉅，影響教育深遠，備受矚目，因此對於其執行過程及結果，經費應加以控管，才能確保經費有效使用，而不會發生經費濫用情事。因此，針對教育行政機關所執行的大型計畫，除了強化執行過程中的經費審核外，也應要求提出期中和期末績效報告，以瞭解整個計畫執行的成效，進而發揮經費使用的效益。

本章摘要

一、教育經費的主要法源如下：《中華民國憲法》、《教育基本法》、

《教育經費與編列管理法》、《國民教育法》、《特殊教育法》、《原住民族教育法》、《偏遠地區學校教育發展條例》。

二、中央政府教育經費來源，來自於國稅，依《財政收支劃分法》第 8 條規定國稅如下：「一、所得稅。二、遺產及贈與稅。三、關稅。四、營業稅。五、貨物稅。六、菸酒稅。七、證券交易稅。八、期貨交易稅。九、礦區稅。」至於地方教育經費來源，除了中央統籌分配直轄市、縣（市）及鄉（鎮、市）外，依《財政收支劃分法》第 12 條規定，直轄市及縣（市）稅如下：「一、土地稅，包括：㈠地價稅；㈡田賦；㈢土地增值稅。二、房屋稅。三、使用牌照稅。四、契稅。五、印花稅。六、娛樂稅。七、特別稅課。」此外，不管中央或地方，依《財政收支劃分法》規定的營收，尚包括：獨占及專賣收入、工程受益費收入、罰款及賠償收入、規費收入、信託管理收入、財產收入、營業盈餘、捐獻贈與及其他收入、補助及協助收入、公債及借款等亦可提供預算之歲入來源。

三、教育經費的編列分配原則，應包括法定、公平、優先、透明和績效原則。

四、教育經費支出包括人事費、經常門業務費及獎補助費、債務費、預備金，以及資本門業務費、設備及投資、獎補助費、預備金等。

五、2011（民國 110）年教育經費占國民所得及國內生產毛額比率為 4.51%，比 OECD 國家平均 5.0 為低。

六、地方政府教育經費中，以臺北市最高，連江縣最低。至於在臺灣本島的非六都中，以嘉義市最低，此與學生人數和學校數有關。

七、各級學校教育經費比，以國民小學和國民中學支出最高，其次為大學及學院。

八、教育經費管理主要包括下列四項：預算管理、會計管理、決算管理及審計管理。

九、增進教育經費管理效能的策略，主要有下列三大項：㈠擴大經費流用範圍，因應特殊發展需求；㈡強化會計人員進修，提供優質會計服務；㈢落實內部審核機制，降低經費使用弊端。

評量題目

一、請扼要說明教育經費法源，並列舉哪些法律對於教育經費預算有比例之規定。

二、請說明教育經費編列分配的原則。

三、請說明審計部隸屬於政府五院中哪一院？並提出審計職權有哪些？

四、請提出增進教育經費管理效能的策略。

案例研討

大學該不該調漲學費

淑娟就讀大二，正為升上大三學費傷腦筋，準備利用暑假期間打工，籌集下學期的學費，否則就要去申請就學貸款。

「倘若學校下學期調漲學費，我必須節衣縮食，否則生活會陷入困頓。」淑娟向好友秀英訴苦。

「我們的學校每年都會說，因為少子化緣故，學生來源減少，學校人事成本增加，加上物價上漲，學費不調漲，學校經營不敷成本，快經營不下去了，這是真的嗎？」

「那您覺得是真的嗎？學費該不該調漲呢？」秀英回應。

淑娟說：「我覺得現在經濟不景氣，學生過得愈來愈苦，實在不應調漲。」

兩人說著說著，怎麼那麼巧，淑娟手機突然跳出來一則新聞──大學校長：應設學雜費浮動調整機制。

細看之下，原來大學校長希望參考物價波動指數，教育部應找相關團體、學校集思廣益，設立一新的公式，將大學校院學雜費比照油價浮動機制，作為調漲學雜費依據。

兩人感覺校長的看法好像有些道理，但是淑娟認為大學調漲學費還是不宜，會增加學生經濟負擔，尤其對於經濟弱勢學生更不利。

「那您覺得最好的辦法是什麼？」秀英提出問題。

「我覺得最好的辦法就是不要調漲學費，應該由政府增加大學教育投資，提供更多的經費補助學校辦學，但學校不能要求調漲學費。」

秀英點點頭，似乎同意淑娟的意見。

問題討論

一、大學調漲學費有哪些利弊？

二、當前大學調漲學費是否有必要性？理由何在？

三、解決大學學費調漲的爭議，政府和學校應該朝哪些方向來做？

第十五章

教育行政趨勢與展望

本章研讀之後，您將能：

一、瞭解教育行政面臨的挑戰。

二、熟悉教育行政的發展趨勢。

三、知悉未來教育行政的展望。

學習目標

　　教育行政負有規劃、執行、評估和研發教育政策的功能，影響教育發展極為深遠。面對社會急遽變遷及時代進步，以及人民教育意識的興起，教育行政發展面臨相當大的挑戰，需要不斷地革新與創新，才能有效因應各種內外在環境的挑戰。因此，本章將分別就教育行政面臨的挑戰、教育行政的發展趨勢，以及未來教育行政的展望說明之。

第一節　當前教育行政的挑戰

　　教育行政從事複雜性的教育事業管理與經營，面對來自內在人員、資源、法規和外在社會、政治、科技、經濟、文化和生態的各種挑戰，的確備極艱辛。吳清山（2022a）曾提到臺灣邁向 2030 年教育挑戰，包括少子高齡化的衝擊、資訊科技快速發展、全球化的激烈襲擊、教育 M 型化的現象、家庭支持功能弱化、學生學習壓力大、人才培育學用落差、各類風險持續不斷等方面，這些也是教育行政施政時所面臨的挑戰。茲將當前教育行政面臨的挑戰分析如下：

壹、少子化挑戰

　　人口生育率逐漸降低，不僅衝擊到社會、經濟和國防發展，而且也影響到教育發展，這種少子化已成為國安問題，的確須嚴加正視。根據內政部戶政司（無日期a）人口統計資料顯示：1981 年（民國70 年）出生人口為 415,808 人，1991 年（民國 80 年）為 320,384 人，2001 年（民國 90 年）為 257,866 人，到了 2010 年（民國 99 年）更降至 166,473 人，創歷年來最低點，隨後雖人口出生數小幅度微升，但到了 2022 年（民國 111 年）更下降至 138,986 人，從 1981-2022 年的 41 年之間，人口出生下降了 276,822 人，降幅達 66.57%，等於 41

年來少了一半以上的人口出生數，實屬相當驚人。

少子化所帶來的教育衝擊，就是生源的減少，各級教育人口結構產生重大的改變，包括學校數量、師資結構、資源投入、課程設計與教學實施、學生學習型態等各方面皆須有所調整，此在在考驗教育行政機關及人員之規劃應變能力，如何在少子化趨勢的挑戰下，重新研訂未來教育發展的因應策略，實屬教育行政的重要課題。

貳、高齡化挑戰

隨著人類社會生活品質提升和衛生醫療設施改善，人類壽命逐漸延長，而生育率逐漸下降，乃形成高齡化社會。根據內政部戶政司（無日期 b）人口統計資料顯示：2021 年（民國 110 年）總人口數為 23,375,314 人，而 65 歲以上人口數為 3,939,033 人，占總人口數的 16.85%，已超過聯合國定義之「高齡社會」門檻值 14.0%，而行政院國家發展委員會（2020）亦推估 2040 年 65 歲以上老年人口所占比率將升至 30.2%。這種人口老化直接帶來三個問題：第一是勞動力的不足；第二是社會安全體系難以為繼；第三是長期照顧工作的能量不足（國家衛生研究院，2021），這些問題必定會影響到教育發展。

高齡社會的來臨，除了關注高齡者健康之外，豐富高齡者學習內涵及機會，亦是重要課題。由於高齡者人口快速增加，對教育行政的確帶來挑戰，包括高齡者學習需求評估、高齡者學習機會的提供、高齡者學習活動的拓展、高齡者學習經驗再充實、彈性化高齡學習課程設計、終身學習體制的再建構等方面，都需要教育行政機關研擬各種因應對策及行動方案，讓高齡者成為社會的資產，而不是社會的包袱。

參、全球化挑戰

　　隨著科技發展及經濟進步，人與人、區域之間互動更加緊密，人類已進入「地球村」的時代，這種屬於跨越在地、打破區域界限、與世界連結互動形成的人文或經濟景象，就是一種國際化（internationalization）的現象。從經濟角度而言，國際化描述了設計產品以滿足許多國家／地區用戶需求，或設計產品以便易於修正規格，以符合國際化產品或服務標準的需求，而全球企業走向國際化的趨勢幫助推動世界經濟進入全球化（globalization）狀態，世界各地的經濟體藉由跨境商業和金融而變得高度相互關聯（Hayes, 2021）。

　　費爾南多（Jason Fernando）曾提到全球化是屬於金融產品、商品、技術、訊息和工作跨越國界和文化的流動，也描述了通過自由貿易培養全球各國之間的相互依存關係（Fernando, 2022）。從國際化推向全球化，不僅衝擊經濟和政治，對教育亦產生深遠的影響，「教育與世界連接、教育與世界對話」，成爲一種趨勢。

　　全球化促進全球經濟發展、人才流動和彼此互賴關係，但可能造成人才流失、生態破壞和貧富不均加劇的後果，它對教育本身就是很大挑戰，如何有效保存既有優良在地文化、確保弱勢學童教育機會均等，以及提升教育之國際競爭力，培養學生成爲更具國際競爭力的公民，就成爲教育行政機關必須努力的重要課題。

肆、科技化挑戰

　　資訊科技進展，可說日新月異，直接帶動產業發展，從工業 3.0 使用資訊技術爲動力源，驅動產業升級，透過網際網路（internet）、雲端運算（cloud computing）、物聯網（internet of things）、人工智慧（artificial intelligence）及大數據（big data）等科技整合，人類社會已邁入工業 4.0（Industry 4.0）的時代，改變產業的遊戲規則和運

作型態，加速產業高度自動化（吳清山、王令宜，2018），資訊科技的影響力可謂無遠弗屆，而資訊科技進步與教育發展具有密切關係，教育也因資訊科技發達進入 4.0 新時代，尤其生成式人工智慧（generative articial intelligence）的興起，例如：ChatGPT 的熱潮，教育發展的思維與作為皆有所改變，整個教育政策、教育制度、人才培育、教育資源、師資培育、課程內容、教學型態、教學設備、學習樣態、學習範圍、學習評量等也須有所因應。

　　教育行政面對如此新興資訊科技時代的來臨，做好各項準備了嗎？教育人員心態改變了嗎？智慧教育啟動了嗎？智慧校園建置妥善了嗎？線上教學發揮效果了嗎？顯然仍有極大的努力空間。平心而論，教育的應變始終無法趕上資訊科技改變，導致教育行政人員窮於應付，的確帶來相當大的挑戰。

伍、自由化挑戰

　　隨著社會的開放，人民思想獲得解放，要求政府解除管制，以獲得更多的行動自由，因而政治自由化、經濟自由化和教育自由化已成為時代風潮。多年來，各種民間團體要求教育鬆綁，解構教育體制，重新建構教育體制，甚至當前亦有青年團體不斷地爭取學生服儀、早自習和午休規定的解除，自由化是一種不可逆的時代趨向。

　　教育在自由化衝擊下，展現其時代價值，去除一些教育不合理的管制和規定，教育也走向鬆綁。此外，自由化也引領教育創新，增加教育活力與創意，促進教育多元發展，是有其積極的貢獻。然而，教育行政機關面對各種規定的去除和教育體制解構，缺乏足夠的配套措施，並未有效建立新的教育體制，導致教育發展出現失衡現象。例如：師資培育原本計畫性的一元化轉變為開放多元化培育，受到教育自由思潮影響甚深，然而只知自由開放，卻未思考未來教育及人口發展，導致培育大量儲備教師，無法覓得教職，成為流浪教師，造成教

育成本損失，這是師資培育自由化思慮未盡周延所致。

　　此外，自由化勢必帶來多元化的思維與信念，社會大眾、家長或教育團體各有不同的意見與想法，因而在教育現場上常常會出現多元的聲音，增加教育決策的難度，教育行政人員和機關基於尊重與包容的立場，耗費甚多時間和心力於溝通與協調，足見自由化對教育行政的確是相當大的挑戰。

陸、民主化挑戰

　　開放的社會，人民要求不只是自由，更要追求民主，而政治民主化則成為人民所追求的目標，要求從威權主義或極權主義等政治體制轉變成自由民主體制。在這個過程中，政治體制出現本質上的改變，人民才享有作主的機會。政治民主化一旦出現，緊接而來就是經濟民主化和教育民主化。

　　從 1980 年代末期至 2000 年代初期，臺灣在中華民國體制下推行的各種民主化措施，促進了校園民主化，各種教育改革建議紛紛出爐，可說進入百花齊放的時代，包括行政院成立「教育改革審議委員會」，於 1996 年 12 月完成《教育改革總諮議報告書》，提出教育鬆綁、帶好每個學生、暢通升學管道、提升教育品質、建立終身社會等教育改革方針，而教育部亦於 1998 年發布「教育改革行動方案」，提出十二項教育改革工作計畫。

　　教育民主化加速了教育改革，而且促進人民擴大教育參與，很多教育團體、民間團體和家長團體紛紛成立各種教育性組織，透過團體的力量，爭取教育參與的機會，設法影響教育政策，因而在各種教育會議上，經常會看到各種不同團體的參與，聽到不同的聲音，也彰顯民主化過程的多元現象。

　　教育行政面對永不歇止的民主化訴求，一方面要回應不同人員或團體的訴求，一方面要研議各種不同因應方案，帶來相當大的壓力與

挑戰。

柒、政治化挑戰

　　政治是一種統治和管理人民的活動，在古代，君王具有統治權，他就成爲政治領袖，而現代民主政治體制，必須透過人民選票，才有統治權。爲了贏得選舉，則有賴政黨力量，就形成政黨政治，但每個政黨都有意識型態，一旦取得政權，爲達成其政治目的，會設法將其意識型態顯露於施政之中。教育行政是公共行政的一環，必然受到政治的影響，甚至可能受到政治的宰制，導致缺乏教育獨立性，教育爲政治而服務，就會流於泛政治化。

　　就教育本質而言，它具有價值中立性，在運作過程中，應成爲一股清流，而不受政治干擾或汙染，《教育基本法》宣示教育中立，其理在此。然而就實務而言，教育要完全脫離政治，確保其中立性和獨立性，可能只是一種理想，事實上是很難達到的。

　　教育去政治化，並不是一種很實際的想法，尤其在臺灣不同政黨有其意識型態，有些主張臺灣主體意識，有些主張大中國主體意識，一旦執政後，就可能透過政治力量介入教育事務，例如：透過課綱訂定或修正，企圖影響學生學習，遂行其政治目的，這種流於泛政治化的作爲，干擾到教育發展，的確帶給當前教育行政很大的挑戰。

捌、教育 M 型化挑戰

　　臺灣學生歷年來參加國際教育成就評比，無論是「國際學生能力評量計畫」（Programme for International Student Assessment, PISA）、「國際數學與科學教育成就趨勢調查」（Trends in International Mathematics and Science Study, TIMSS）或「全球學生閱讀能力進展研究」（Progress in International Reading Literacy Study,

PIRLS）等皆有不錯的表現。此外，學生在國際奧林匹亞科學競賽中亦有亮麗的成績，足見國民教育和中等教育階段是有其成功的一面，然而在成功背後，卻也出現教育發展另一種隱憂，就是城鄉學生學習成就的落差，呈現教育 M 型化的現象。

從近年來的國中教育會考成績或大學學測成績來看，城鄉學生學習成就存在很大的落差，尤其英語和數學表現雙峰化的現象頗為嚴重，108 年偏鄉學生屬於「待加強」級達五成五（章凱閎，2020），教育城鄉差距持續擴大，導致教育 M 型化更加明顯。此外，從歷年來的國中教育會考成績而言，學生在英語科和數學科屬於「待加強」級約為 25%-30%（吳清山，2022b），此乃顯示 3 或 4 位國中畢業生就有 1 位英數學力不足，而偏鄉學生更為嚴重。近年來，教育部也積極推動學習扶助政策，但效果仍屬有限，因而縮短教育 M 型化及提升學生基本英數學力，對教育行政而言，仍屬相當大的挑戰。

玖、生態環境惡化挑戰

生態環境與人類生存具有密切關係，一旦遭到破壞，勢必威脅到人類安全與生存。由於人類過度開發環境，導致生態環境有持續惡化的現象，例如：氣候變遷與溫室效應、各類汙染嚴重（空氣汙染、水汙染、海洋汙染、噪音汙染）、水源不足、廢棄物充斥地球、耕種土地沙漠化、生物多樣性喪失等威脅，導致生態環境已失去平衡狀態，而能源亦持續耗竭，加上各種風災、震災、水災、旱災等連連不斷，一次比一次嚴重，社會永續發展遭到嚴重考驗，這些生態環境惡化也會影響教育發展，例如：氣候異常高溫，學校需要裝設更多的冷氣；環境汙染衝擊到學生健康；而震災頻頻，學校建物遭到破壞，必須安置師生及進行校舍重建工作，顯然教育發展實難以脫離生態環境的影響。

生態環境遭到破壞，造成大地反撲，甚至產生流行病爆發。2019

年底新冠肺炎疫情（COVID-19）爆發以來，不僅影響到社會秩序與經濟發展，而且也波及到教育必須採取緊急的防疫因應措施，包括停課及停課後學生學習與輔導，當時世界各國都啟動線上教學或混成教學（線上與實體教學並行）應急，嚴重衝擊到學生學習機會與學習品質，造成學生學力下降，對弱勢學生更為不利。

　　從生態環境惡化到流行疾病的爆發，教育行政都要付出更多的時間和心力處理所帶來的問題，增加教育行政機關及人員的負擔，的確是一項很大的挑戰。

第二節　教育行政的發展趨勢

　　教育發展配合人民需求及社會發展趨勢，需要持續不斷地精進，讓學生享有優質的教育環境，而教育行政則是推動教育發展最重要的一股力量。因此，教育行政在教育發展過程中扮演著關鍵性的角色，而教育行政本身也必須與時俱進，掌握國內外教育行政的走向，才能推出具有前瞻作為的教育政策。茲就教育行政的發展趨勢說明如下：

壹、邁向多元整合的研究方法

　　教育行政本身是一種應用社會科學，需要藉助理論引導實務，並透過實務驗證理論，否則教育行政會陷入「盲」與「空」，亦即「沒有理論的教育行政實務是盲的」，而「沒有實務的教育行政理論是空的」，教育行政理論與實務相輔相成，有助開展教育行政成效。

　　教育行政要脫離「盲」與「空」的困境，就必須運用科學的方法，蒐集各類的教育資料，進行客觀有系統的分析，以瞭解教育現象並提供教育決策之參考。一般而言，教育行政採「量」的研究方法，亦可採「質」的研究方法，前者可以蒐集到大量資料，有助於推論，但卻

較難深入瞭解背後深層的意義；而後者可深入瞭解教育現象發生的脈絡，並加以爬梳解釋其原因，但其困境就是不易推論，因為質性研究個案都有其個殊性和獨立性，難以簡化和類化。

基本上，採「量」的研究還可細分各種研究方法，例如：調查研究法、相關研究法、實驗研究法，亦可採「質」的研究方法，例如：個案研究法、人種誌研究等，而當前教育研究方法的趨勢，則愈來愈重視質與量的混合性研究，運用多元整合的研究方法，從大量資料中進行更深入分析，以展現教育研究的價值性。

貳、朝向務實致用的研究議題

教育行政研究，不能流於為研究而研究，此將無法彰顯教育行政研究的價值。基本上，任何研究皆有其目的性，才不會造成投入研究經費及人力的浪費，教育行政研究亦是如此。而教育行政研究的目的性，則與政策與實務具有緊密的關聯性（吳清山，2018）。

教育行政研究，對於教育政策和教育實務具有不同的影響，有時候是屬於直接影響到政策的研訂和實務的應用，有時候是間接影響；亦即研究影響到教育變革，透過變革再去影響教育實務；但有時候政策執行結果可能影響實務發展和研究議題決定，而實務也可能影響研究主題和政策調整。因此，就教育行政角度而言，研究、政策與實務之間並非單純直線關係，而是彼此存在一種相互關係。

從教育行政研究的發展方向來看，雖然基礎性研究有其重要性，但無法即時滿足教育行政機關的需求或教育實務的改進。因此，教育行政研究議題的選定，愈來愈朝向實用的價值性，以利研究結果能對政策的研訂或教育現場改進產生作用，此在教育行政機關委託的研究更是明顯。這種務實致用的研究取向，才能促進研究、政策和實務三者之間能夠有效結合，以擴大教育行政研究效益。

參、提升民主權變的領導素養

　　教育領導者為教育組織的首長，一方面主導教育政策發展方向，一方面引領教育人員合力執行教育政策，展現出領導者在教育的影響力。一般而言，領導者的影響力，部分來自於法職權，但要發揮其高度影響力，光靠法職權是不夠的，最重要的是如何有效展現其卓越的領導作為。

　　不管是當前或未來的社會，都是一個開放性的社會，人與人互動更加緊密，人際關係日趨複雜，但不可否認地，亦可能造成人際關係的矛盾與衝突，此可能增加領導的難度。此外，在開放的社會，人民要求更多的自由、民主和透明，更考驗著教育領導者的領導思維與作為。處在社會發展更處於複雜、教育領導者無法用過去舊思維來領導新時代的成員，必須以更開明、更民主的作風，帶領教育成員向前行，共同努力達成教育任務。

　　面對未來社會和教育發展的趨勢，教育民主是不可逆的潮流，而教育環境也會產生各種改變，教育領導者應更以開闊的心胸、民主的素養、權變的作為，提升自我的民主與權變領導素養，領導教育人員共同致力於教育發展，以實現教育目標，亦屬教育行政的未來發展趨勢之一。

肆、強調參與分享的權力應用

　　在一個民主化和開放性的社會，人民要求參與以及分享權力，已經成為時代潮流。一位權力擁有者，如何有效釋放其權力，讓人民有分享權力的機會，爭取人民對政策和政府作為的認同與支持，確實是很重要的課題。就教育場域而言，無論現在或未來，家長或民間團體要求教育參與的力道將是愈來愈強，例如：家長團體不斷持續呼籲應將《國民教育階段家長參與學校教育事務辦法》屬於法規命令的位

階，宜提升到《家長參與學校教育事務法》的法律位階，以擴大家長
參與教育事務權限。

其實，不只是家長團體，其他民間教育團體也不斷地爭取參與各
種教育會議，希望藉參與會議擁有更多教育發言權。而教師團體爭取
教育參與更是不遺餘力，不只是政策參與，更爭取對於教師聘任、校
長選聘等人事權有更多的權力。因此，教育領導者未來教育權力運
用，不可能停留在一把抓的時代，而是邁向擴大參與和權力分享的新
時代。

教育行政處在未來人民或團體要求教育參與和權力分享的教育環
境，教育人員的心態、思維和作為必須有所調整，才能減少教育施政
的阻力，並且提供更多參與事務和權力分享，以為推動教育事務的助
力。

伍、倡導成員學習的專業發展

教育行政人員的素質攸關教育行政施政績效，高素質的教育行政
人力，是高績效行政的有力保證，而高素質的人力，除了職前教育所
受教育之外，在職進修亦屬相當重要的一環。一般而言，教育行政或
學校行政人員，不一定為教育相關科系畢業，多數來自參加公務人員
考試而取得任用資格，因而教育相關素養仍有待充實。

當前已邁入知識經濟和終身學習的社會，各種新知接踵而至，一
個人若不再學習，就會成為知識落伍者，終將為時代所淘汰，足見持
續學習的重要性。教育行政人員是教育行政推動的主力，確保人員擁
有新知及教育專業素養，致力於執行教育事務，才有助於教育進步與
發展。因此，教育行政人員的專業發展，實有其重要性。

教育行政的專業發展，透過專業學習，不僅能提升其專業素養，
而且亦有助增進其工作效能。值此知識高度發展的時代，教育行政人
員除了要持續學習與工作有關的知能，更需涉獵各種新知，才能掌握

時代的脈動與趨勢。因此，個人應具有主動學習新知的精神，當然教育行政機關也要規劃有系統、前瞻的教育行政人員專業發展活動，鼓勵與強制雙管齊下，更易發揮成員專業發展的效果。

陸、善用資訊科技的教育經營

值此資訊科技進步神速的時代，資訊科技已成為提升組織效率和效能的重要工具，有些企業甚至採用全自動化的經營模式，並結合有效的管理，以提高組織的競爭優勢。由此可知，資訊科技在當前組織管理或企業管理的角色，可說愈來愈重要。

教育行政雖然不像企業組織競爭那麼激烈，但社會大眾及家長對教育行政的服務品質要求愈來愈高，為因應如此需求，如何有效運用資訊科技，提升有效率和有效能的行政，讓社會大眾及家長對教育有高度的滿意，確實是教育行政努力的重點工作之一。

傳統的教育行政人員處理業務，不一定使用資訊科技，但時代不同了，已經無法採用「土法煉鋼」的方式辦理。就當前教育現場而言，無論行政人員或教師已相當依賴資訊科技，透過電腦處理各種業務或進行教學，以提升行政或教學效能，甚至有些學校積極建置「智慧教室」、發展「智慧校園」和充實「智慧學習平臺」，並大力推動「智慧教育」。因此，教育行政人員或學校校長善用資訊科技經營有效率和有效能的教育，將是很重要的發展趨勢。

柒、展現追求卓越的創新作為

教育行政是帶動教育持續進步的火車頭，而進步的泉源來自卓越與創新。教育行政人員或學校人員具有卓越的價值觀，而且願意從事各種創新與突破，對教育發展會帶來正面的價值。倘若人員皆屬於「故步自封」的舊思維，則教育進步的空間則屬相當有限。

　　不可否認地，在常態環境下，教育行政展開各種創新作為，可能較容易執行且達成目標；而在非常態環境下，難度可能較高，但要有效解決問題，本身也需要一種創新的思維，「化危機為轉機」，需要高度的智慧與創意。

　　吳清山、楊瑞濱（2021）曾提到新冠疫情屬於一種破壞性的危機，但也創造更多教育機會的可能性，因而整個教育系統、教育決策、課程與教學、學生學習與評量、教學資源、科技運用隨之有所改變，提高了教育適應力，此亦見證教育行政解決問題和創新的作為。未來教育環境中仍有可能存在或面臨各種危機，為有效化解危機，思考各種解決危機的創新做法，仍屬相當重要的一環。

捌、關注學生學習的效益評估

　　教育行政不能流於「為行政而行政」，應該建立在為「教」與「學」服務的基礎上，持續提升教育品質，才能可大可久。學生是教育的主體，有了學生，才會設立學校和聘請老師，而教育行政機關亦是基於學校、教師和學生而設立，倘若在沒有學生、教師和學校前提下，教育行政機關就沒有存在的正當理由。

　　傳統教育行政的思維，其權力運用偏重於教育管理與管制的除弊措施，興利與創新作為較少，隨著社會的變化，此種價值觀念需要有所調整，教育行政應有更多的興利作為，幫助學生有效學習，亦即教育行政的任何政策、行動方案或措施，應關注於學生學習層面，提供有助於學生學習的機會和環境，並進行學生學習效益評估，以瞭解這些政策、行動方案或措施對學生學習助益之多寡。

　　學生學習效益評估，可從系統觀點著手，亦即從學習輸入、學習過程和學習產生加以評估，亦可從學生面、教師面、學校面和政策面等進行多層次的效益評估，以利改進教師和增進學生學習，才能彰顯教育行政的實質功能所在。

第三節　未來教育行政的展望

　　發展具高效能的教育行政作為，應致力提供師生和社會大眾優質的服務，並有效完成教育任務和達成教育目標，以培育優秀人才，投入社會和國家建設，創造未來更美好的社會。展望未來教育行政發展，應建立在「延續與創新」基礎上，持續精進教育作為，凡是有績效的教育政策，應延續下去；而面對未來社會需求、教育挑戰和教育長遠發展，需要有更創新的教育作為，茲將未來教育行政的展望說明如下：

壹、建構前瞻教育願景，規劃教育發展藍圖

　　教育願景（vision），又稱為教育遠景，係指引領未來教育發展的方向與目標，亦是對未來教育發展的想像，它具有期望性、未來性和想像性。整個國家教育願景的形塑，需要教育行政機關發動，可以透過小組方式或群體討論逐步形成，但必須對教育發展脈絡和教育發展趨勢有完整清晰的瞭解，則所建構的教育願景才具有可行性、價值性和前瞻性。

　　既然是教育願景，就是偏重於長時間的教育願望，例如：教育部於 2011 年 1 月發布《中華民國教育報告書》，即以未來的 10 年為主，以「新世紀、新教育、新承諾」為三大願景，並以「精緻、創新、公義、永續」為四大目標，建構未來 10 年教育發展藍圖（教育部，2011）。教育部所建構的願景，到了 2021 年就完成階段性的任務。

　　教育發展是持續向前走，到了 2030 年、甚至 2040 年，教育部也應對整個國家教育發展的未來想像，以及對未來的社會需求、人才培育和教育策略，提出具前瞻性的教育願景，作為規劃 2030 年、甚至 2040 年教育發展藍圖的依據，才能讓全民及教育利害關係人瞭解未

來的教育政策走向。

貳、縮短城鄉教育落差，實現教育公平正義

　　政府瞭解城鄉教育發展失衡，為解決城鄉教育落差的問題，教育部曾於 1994 年度補助臺灣省教育廳試辦「教育優先區計畫」，效果不錯，自 1996 年度起擴大辦理，迄今已達 30 年之久，期間計畫指標多次修正，在 2022 學年度指標計有下列五項：㈠ 原住民學生比率偏高之學校；㈡ 低收入戶、隔代教養、單（寄）親家庭、親子年齡差距過大、新住民子女之學生比率偏高之學校；㈢ 國中學習弱勢學生比率偏高之學校；㈣ 中途輟學率偏高之學校；㈤ 離島或偏遠交通不便之學校（教育部國民及學前教育署，2022）。此項計畫執行以來，在改善文化不利地區之教育條件，確保弱勢族群學生之受教權益等方面產生一些效益，但仍有努力空間。

　　此外，政府為確保各地區教育之均衡發展，並因應偏遠地區學校教育之特性及需求，2017 年總統公布施行《偏遠地區學校教育發展條例》，執行以來，對偏鄉的資源投入及硬體改善（特別是宿舍興建與改建），的確有些效果；但對偏鄉師資改善及提升偏鄉學生的教育成就，仍未達顯著效果，顯然要改善偏鄉教育，仍有一段漫長的路要走。

　　孩子沒有選擇家庭生長環境的權利，但政府有責任透過教育政策和資源投入，幫助經濟弱勢和學習弱勢的孩子，享有公平的教育機會和環境。因此，展望未來的教育行政，對縮短城鄉教育落差，落實教育機會均等，實現教育公平正義，仍須列入教育政策的執行要項之一，以確保弱勢孩子們的教育權益。

參、引進企管創新思維，注入教育經營活水

　　企業管理理念與手法，都走在時代的尖端，具有敏銳的社會洞察力，而且企業彼此間具有高度競爭力，倘若不創新，缺乏競爭力，企業會慢慢凋零，甚至步入衰敗命運。因此，企業界積極從事觀念創新、制度創新、策略創新等方面，乃是成為致勝關鍵之所在。

　　教育組織常被視為養護性的組織，傳統的教育行政創新作為也較慢、較少，部分人員持有「維持現狀，不要出錯」的保守心態，不願從事各種變革，導致不像企業組織那麼有活力。如今隨著企業理念與理論慢慢引進教育行政，總算看到一些改變，包括企業管理所重視的學習型組織、品質管理、知識管理、團隊管理、組織再造、關鍵績效指標等，逐漸運用在教育行政，但未來仍有努力的空間。

　　教育行政導入企管創新思維，是一種手段，不是目的，因教育目標及脈絡與企業不同，切勿全盤移植，有些只能取其精神或方法，教育行政仍要回歸教育的本質——不放棄任何一個孩子，對弱勢孩子應更多加關注，絕不能像企業所持的汰弱扶強做法。因此，教育行政引進企業創新作為，應有助於扶弱和拔尖雙管齊下，兼顧教育的公平與卓越，才是教育行政應努力的方向。

肆、運用教育數據分析，決定教育政策依據

　　在教育上，蒐集大量學生、教師和家長的資料，轉化為數據和資訊，再據以研擬教育決定和改進的參考，在歐美國家愈來愈受到重視，常被視為一種具客觀性、實證性和前瞻性的教育決定方法。

　　國內有很多的教育數據，包括統計處所建立的教育統計數據，以及政府委託各大學所發展的教育資料庫，例如：高級中等教育人力資源資料庫、台灣教育長期追蹤資料庫、臺灣學生學習成就評量資料庫等。此外，國中教育會考資料、技專校院入學測驗中心統測資料、大

學招生委員會聯合會資料，以及國際學生能力評量計畫、國際數學與科學教育成就趨勢調查和全球學生閱讀能力進展研究之臺灣學生資料等，但因缺乏整合性，無法進行教育數據分析，因而應用在教育行政或政策決定仍屬有限，相當可惜。

　　教育數據分析來自於教育資料庫，這些資料庫提供一些適時、正確、完整的資料，經過分析之後，有助於瞭解教育現況，對於研擬教育政策、方案和計畫，以及課程與教學改進的策略，具有參考依據，加上當前大數據分析技術比過去成熟，且方便使用，教育行政宜加以善用，透過數據分析，將更能提升教育行政決策的效果。

伍、深耕國際教育交流，拓展師生國際視野

　　值此全球化和國際化的時代，教育不能處於鎖國狀態，必須與世界對話，因而推動國際教育，促進國際交流，成為教育行政重要任務之一。就教育場域而言，大學基於學術研究之需，辦理國際交流活動或學術研討會，要比中小學更為熱絡，有助於開拓師生國際視野，吸收國際學術發展新觀念與新技術。

　　近年來，政府逐漸重視中小學國際教育之推動，先後在 2011 年提出「中小學國際教育白皮書」及 2020 年推出「中小學國際教育白皮書 2.0 版」，逐漸喚醒中小學對國際教育之重視，並向國際化邁進，此將有助於培育學生具有國際視野、國際移動力，以及全球公民素養。然而，中小學國際教育白皮書 2.0 版，該計畫執行到 2025 年即將結束，中小學國際教育白皮書 3.0 版應及早規劃，才能順利銜接，推動國際教育才會更有力。

　　國際教育成效非一蹴可幾，需要長時間的耕耘，除了辦理國際交流、融入課程與教學、資源投入之外，也需要結合相關的配套措施，例如：建置外語學習環境、提升學生外語能力、強化教師國際教育素養、結合民間團體力量等，均屬教育行政必要的作為。「讓臺灣孩子

走出去，把世界資源引進來」，培養孩子國際觀及打開臺灣教育國際能見度，值得教育行政好好努力。

陸、強化本土教育實踐，培育學生在地關懷

唐朝詩人王維曰：「君自故鄉來，應知故鄉事」，表達出鄉愁之情，亦表現對故鄉景物思念之情，此乃彰顯學校教育應促進學生認識在地文化的重要性。值此政府積極推動國際教育之際，同時強化本土教育，亦有其價值性與必要性。

教育部為重視本土教育的實施，特訂定「教育部本土教育實施方案」，從 2019-2022 年止，為期 4 年，然從所列出的五大目標：一、健全本土教育制度；二、盤整本土教育資源；三、深化本土教育學術研究；四、精進學校教師與課程、五、推廣本土教育的終身學習等觀之，仍偏重以行政為導向，而非以學生學習為本的方案，因而該方案實施以來，雖有些成效，但是否能有效落實本土教育，培養學生在地情懷，仍有待進一步評估。

本土教育的主要內涵包括本土語言教育和本土文化教育，前者涉及到師資、課程與教學等方面，目前本土語言師資的確有不足現象，導致成效未盡理想，因而強化師資素質實屬重要的一環。至於本土文化教育則須透過體驗學習與實地學習，才能增進學生對在地文化的瞭解與珍惜，進而培養在地關懷情懷，然學生的文化體驗學習涉及師資、時間安排和活動規劃，實施效果仍屬有限。因此，未來教育行政對本土語言教育和文化教育仍有繼續強化和深化之必要。

柒、落實教育風險治理，提升教育行政效能

教育本身是一個龐大的複雜系統，有效的治理就是一項高難度的挑戰，倘若遇到突發性的內外在風險，如何有效處理，以化危機為轉

機，這就涉及教育治理的議題。吳清山（2021）特別指出「教育治理係指教育行政機關及學校運用其權力，從事各項教育政策或事務的規劃、執行和評估的過程，以有效管理教育經費、人力和其他資源，達成教育目標。」（第 9 頁）而潘慧玲等人（2022）則提到教育治理之教育事務的規範與運作，會影響到教育與學校發展。

當前教育處在不確定和複雜性的年代，經常存在各種風險，這些風險多少具有危害性和破壞性，稍一不慎或處理不當，可能引發教育的危機，甚至造成教育災難，新冠疫情所造成的教育衝擊，就是一個很好的例子。因此，風險時代的教育治理顯得格外重要。

有效教育風險治理，涉及到教育風險治理的管控機制和人員的處理能力，教育行政機關和學校平時就要建立適切的風險管理政策與程序，進行風險因子鑑別、評估及擬定因應策略或措施，以及培養人員具有預防風險的意識和觀念，能夠「防患於未然」；萬一遇到臨時性或突發性風險，就要立即啟動風險管理機制，讓危機不至於擴大。因此，只有落實風險治理機制和強化人員風險治理能力，才能將風險損害減至最低程度，並從風險治理中學到經驗，進而提升行政效能。

捌、發展代間學習基地，建構世代共榮社會

值此少子高齡化的時代，生源減少而高齡者增加，的確會對教育產生衝擊，但也可能創造教育發展各種機會的可能性。王令宜（2020）曾指出：臺灣社會面臨「少子」與「高齡」雙重挑戰，如何有效推動代間教育，促進代間共融，並減少世代隔閡，且提升高齡者人力資本和社會參與的教育目標，實為值得關注的重要議題。

歐洲成人教育協會（The European Association for the Education of Adults, n.d.）積極倡導代間教育與代間學習，特別成立「歐洲代間學習網絡」（European Network for Intergenerational Learning），促進代間學習之思想和專業知識的交流，並創造一種影響代間學習的政策和

實踐機制。而國內的代間學習仍屬萌芽階段，第一所代間學習基地是在 2022 年 10 月於臺北市成德國小揭牌，開啟代間學習新的里程碑。

　　一般而言，代間學習的方式，可採老幼共學、老少共學或青銀共學，不同世代聚在一起、彼此相互學習，享受學習樂趣與學習成果，以建立世代共榮社會。由於代間學習涉及到師資、課程、教材、教學、評量和活動，以及社區和家長的參與和支持，仍需要教育行政機關列入重要政策之一，只有教育部及各縣市能重視代間學習，發展代間學習基地，才能發揮更好的效果。

玖、投入永續發展教育，培養師生永續素養

　　隨著環境的惡化和貧富差距的擴大，人類生存面臨危機，永續發展議題日受重視。聯合國於 2015 年宣布「2030 永續發展目標」（Sustainable Development Goals, SDGs），包含消除貧窮、優質教育等十七項永續發展目標，指引全球能在 2030 年前，努力達成這十七項目標（United Nations, 2016）。國內也響應聯合國永續發展目標，積極推動相關部門的永續發展行動。

　　基本上，落實社會、經濟、政治和生態的永續發展，教育仍是扮演著關鍵性的角色。吳清山、林天祐（2012）曾將永續發展教育定義為：「為了人類社會永續性發展而提供的種種教育內容、方式與作為，透過教育力量以提升社會大眾永續發展的意識、能力和態度，使現在和未來的社會、經濟和環境會更好。」（第 129 頁）此乃顯示，永續發展的推動力量，來自於教育力量，永續發展教育的重要性，可說不言而喻。

　　教育行政必須回應永續發展的需求，擬定永續教育發展政策，培養永續教育發展師資、建構永續發展教育課程、獎勵永續發展教育研究，積極採取各種教育行動投入永續發展教育，以培養師生永續的知識、能力、態度和正確價值的素養，並致力持續提升教育品質，讓教

育能對永續社會、經濟、政治和生態有所貢獻，才有助於建立永續性
幸福的家園與社會。

補給站

永續發展十七項指標

目標 1：終結貧窮：消除世界各地一切形式的貧窮。

目標 2：消除饑餓：消除饑餓，實現糧食安全，改善營養狀況和促進
　　　　永續農業。

目標 3：良好健康與福祉：確保健康的生活方式，促進各年齡層的福
　　　　祉。

目標 4：優質教育：確保包容和公平的高品質教育，讓全民享有終身
　　　　學習機會。

目標 5：性別平權：實現性別平等，賦予所有婦女和女童的權利。

目標 6：乾淨飲水和衛生設施：為所有人提供水和環境衛生，並對其
　　　　進行永續管理。

目標 7：經濟適用的潔淨能源：確保人人獲得負擔得起的、可靠和永
　　　　續的現代能源。

目標 8：合適的工作和經濟增長：促進持久、包容和永續的經濟增
　　　　長，促進充分的生產性就業和人人獲得合適工作。

目標 9：產業、創新和基礎設施：建立具有韌性防禦災害能力的基礎
　　　　設施，促進具有包容性的永續工業化及推動創新。

目標 10：減少不平等：減少國內及國家之間的不平等。

目標 11：永續城市和社區：建立包容、安全、韌性和永續的城市和
　　　　　人類住區。

目標 12：負責任的消費和生產：採用永續的消費和生產模式。

目標 13：氣候行動：採取緊急行動應對氣候變化及其影響。

目標 14：水下生物：保護和永續利用海洋和海洋資源，以促進永續
　　　　　發展。

目標 15：陸上生物：保護、恢復和促進永續利用陸地生態系統，永
　　　　　續管理森林，防治荒漠化，制止和扭轉土地劣化，過阻生
　　　　　物多樣性的喪失。

目標 16：和平、正義與有力的制度：建立和平、包容的社會，以促
　　　　　進永續發展，確保司法公平，建立有效、課責和包容的各
　　　　　層級機構。

目標 17：促進目標實現的夥伴關係：加強執行手段，重振永續發展
　　　　　的全球夥伴關係。

資料來源：United Nations (2016). *The Sustainable Development Goals Report 2016*. Author.

本章摘要

一、當前教育行政面臨的挑戰如下：少子化、高齡化、全球化、科技化、
　　自由化、民主化、政治化、教育M型化，以及生態環境惡化等方面。

二、教育行政的發展趨勢，主要項目如下：㈠ 邁向多元整合的研究方法；
　　㈡ 朝向務實致用的研究議題；㈢ 提升民主權變的領導素養；㈣ 強調
　　參與分享的權力應用；㈤ 倡導成員學習的專業發展；㈥ 善用資訊科
　　技的教育經營；㈦ 展現追求卓越的創新作為；㈧ 關注學生學習的效
　　益評估。

三、未來教育行政的展望作為，計有下列九項：㈠ 建構前瞻教育願景，
　　規劃教育發展藍圖；㈡ 縮短城鄉教育落差，實現教育公平正義；㈢
　　引進企管創新思維，注入教育經營活水；㈣ 運用教育數據分析，決

定教育政策依據；㈤ 深耕國際教育交流，拓展師生國際視野；㈥ 強化本土教育實踐，培育學生在地關懷；㈦ 落實教育風險治理，提升教育行政效能；㈧ 發展代間學習基地，建構世代共榮社會；㈨ 投入永續發展教育，培養師生永續素養。

評量題目

一、請分析人口少子化和高齡化對教育的挑戰，並提出教育行政的因應作為。

二、請說明資訊科技對教育的衝擊，並提出教育行政如何運用資訊科技，以提升行政效能？

三、請說明永續教育發展的意涵，並提出教育行政如何有效推動永續發展教育？

案例研討

雙語國家與雙語學校

雄偉每次看見媒體報導 2030 雙語國家訊息，總是存著很多的疑惑。

雙語國家是什麼？為何要成為雙語國家？雙語國家推動會成功嗎？雙語學校有助成為雙語國家嗎？

說來真巧，走著走著，想著想著，在前往圖書館的路上，突然遇到同學苓菲。

「同學好，您要去哪裡？」苓菲問。

「我想要到圖書館看看報紙、雜誌，也翻一翻一些書。」

苓菲繼續問：「您要看什麼主題？」

雄偉回答：「我想看看近年來很夯的議題：雙語國家和雙語學校，我不太清楚雙語國家，我們又不是新加坡、香港、馬來西亞、印度等國是美

英的殖民地，為何要推動雙語國家？教育要怎麼配合呢？」。

　　苓菲也覺得雄偉的問題有意思，她也不清楚，兩人約好去問「教育行政」的授課老師看看。

　　「老師好，我和雄偉有問題想請教老師，老師現在時間方便嗎？」

　　王老師很親切地說：「沒有問題，真巧，老師剛剛完成一篇文章，現在正好有空，您們兩位有什麼問題呢？」

　　「我們的問題就是雙語國家是什麼？為何要成為雙語國家？雙語國家推動會成功嗎？雙語學校有助成為雙語國家嗎？」

　　「雙語國家是政府在 2017 年推出的政策，目標是在 2030 年讓英語和中文成為臺灣社會的主要語言，其目的在提升國人的英語能力和國家的國際競爭力。2030 年能否成為雙語國家，恐怕有點難，因為我們缺乏英語的環境，日常生活食衣住行，人民很難用英語溝通，我覺得 2040 年，甚至 2050 年要成為雙語國家，恐怕都很難達成吧。」王老師有點悲觀。

　　「那老師您對雙語學校有何看法？」

　　「我覺得政府願意推動雙語教育和雙語學校，也是好事一件，但目前我所看到的雙語學校，好像名實不相符，學校只有一、兩位外籍教師，目前學校雙語教育師資不足，根本不像雙語學校，而且本國教師倘若用英語進行自然、社會等學科教學，實在不太可行，甚至可能拖垮學生學科能力。」

　　「以我看法，有些學校打著雙語學校招牌，家長就會趨之若鶩，有利於學校招生，而不管學校是否為名符其實的雙語學校，家長並不完全care。政府及學校一直追求趕時髦的雙語學校，我認為是一種務虛不務實的政策，並不是教育好現象，希望這項政策不會成為教育的災難。」

　　雄偉和苓菲聽了老師這一席話，特別向老師一鞠躬，感謝老師解惑與指導。

問題討論

一、中小學推動雙語教育的價值及其困難為何？

二、中小學推動雙語學校，需要哪些配套措施？

三、中小學推動雙語學校對學生學習影響為何？其前景為何？

參 考 文 獻

一、中文部分

三民書局（1989）。新辭典。作者。

內政部戶政司（無日期 a）。人口統計資料：出生數及粗出生率。https://www.ris.gov.tw/app/portal/346

內政部戶政司（無日期 b）。人口統計資料：戶數、人口數及遷入、遷出。https://www.ris.gov.tw/app/portal/346

王令宜（2020）。因應高齡社會推動老幼共學：兼論代間學習之理念與實務。教育研究月刊，**315**，104-120

王以仁（2007）。人際關係與溝通。心理。

王如哲（1988）。教育行政學。五南。

江文雄（2001）。第五章溝通。載於吳清基主編：**學校行政新論**（頁 179-208）。師大師苑。

百科知識（無日期）。我有一個夢想（馬丁·路德·金演講稿）。https://www.easyatm.com.tw/wiki/ 我有一個夢想

行政院主計處（無日期）。**112** 年度中央政府總預算案。https://www.dgbas.gov.tw/News_Content.aspx?n=3625&s=227801

行政院法規會（2020）。行政機關法制作業實務。作者。

行政院國家發展委員會（2020）。中華民國人口推估（**2020** 至 **2070** 年）。作者。

但昭偉（2000）。**本體論**。國家教育研究院。https://terms.naer.edu.tw/detail/1303979/

余朝權（2007）。現代管理學。五南。

吳俊升（1988）。教育哲學大綱。臺灣商務。

吳培源（2005）。教育視導：觀念、知能與實務。心理。

吳清山（1990）。臨床視導在教育實習上的應用。載於中華民國師範教育學會主編：師範教育政策與問題（185-200 頁）。師大書苑。

吳清山（2008）。教育法規：理論與實務。心理。

吳清山（2010a）。學校效能研究。五南。

吳清山（2010b）。高等教育評鑑議題研究。高等教育。

吳清山（2017）。第一章教育行政的基本概念（1-18頁）。載於林天祐主編：**教育行政學**。心理。

吳清山（2018）。重思師資培育發展：研究、政策與實務的轉化及整合。**教育學刊**，**50**，41-68。

吳清山（2021）。風險時代教育治理的挑戰與行動之探析。載於中國教育學會主編：**遇見教育2030：風險時代教育價值、反思與行動**（3-32頁）。學富。

吳清山（2021）。**學校行政**。心理。

吳清山（2021a）。**學校行政**。心理。

吳清山（2021b）。韌性領導。**教育研究月刊**，**331**，115-116。

吳清山（2022）。敏捷領導。**教育研究月刊**，**343**，159-160。

吳清山（2022）。**教育概論**。五南。

吳清山（2022a）。臺灣邁向2030教育挑戰與行動之探析。**教育研究月刊**，**333**，4-20。

吳清山（2022b）。**十二年國民基本教育**。元照。

吳清山、王令宜（2012）。高等教育評鑑沿革。載於吳清山等合著：**我國高等教育評鑑發展與實務**（頁2-16）。財團法人高等教育評鑑中心基金會。

吳清山、王令宜（2018）。教育4.0世代的人才培育探析。載於中國教育學會主編：**邁向教育4.0：智慧學校的想像與建構**（3-22頁）。學富。

吳清山、王湘栗（2004）。教育評鑑的概念與發展。**教育資料與研究**，**29**，1-26。

吳清山、林天祐（1999）。教育評鑑。**教育資料與研究**，**29**，66。

吳清山、林天祐（2009）。**教育小辭書**。五南。

吳清山、林天祐（2012）。永續發展教育。**教育研究月刊**，**219**，129-130。

吳清山、黃旭鈞、賴協志、高家斌（2007）。國民小學校長知識領導模式建構之研究。**教育研究集刊**，**53**（4），71-106。

吳清山、楊瑞濱（2021）。新冠疫情挑戰下的未來教育創新。載於蔡進雄主編：**邁向未來教育創新**（3-20頁）。高教。

吳清山和林天祐（2010）。**教育小辭書**。五南。

吳復新、許道然、蔡秀娟（2011）。**人力資源發展**。國立空中大學。

吳簡逸欣（2000）。**美國學生貸款機制**。財團法人金融聯合徵信中心。

呂木琳（1998）。**教學視導：理論與實務**。五南。

宋曜廷、潘佩妤（2010）。混合研究在教育研究的應用。**教育科學研究期刊**，**55**（4），97-130。

李盈穎（2021）。VUCA時代領導人該如何是好？商周。https://www.business

weekly.com.tw/careers/blog/3008494

李復甸和劉振鯤（2003）。**法學概論**。元照。

周佳宥（2016）。行政法基本原則。三民。

周欣欣譯（2000）。知識管理策略應用。華彩（原作者：Jerry Honeycutt）。

林天祐（2004）。教育政治學的基本概念。載於林天祐總校閱：**教育政治學**（1-36 頁）。心理。

林文達（1982）。中外教育計畫概述。中央文物供應社。

林劭仁（2008）。教育評鑑：標準的發展與探索。心理。

林志忠（2004）。教育行政理論：哲學篇。心理。

林紀東（2018）。**法學緒論**。五南。

法治斌、董保城（2004）。憲法新論。元照。

邱錦昌（2002）。教育視導之理論與實際。五南。

洪鎌德（1999）。**社會學**。楊智。

胡愈寧、周慧貞譯（2005）。**僕人領導學：領導者與跟隨者互惠雙贏的領導哲學**。（原作者：Robert Greenleaf，書名：*Servant Leadership: A Journey into the Nature of Legitimate Power and Greatness*）

范熾文（2002）。**學校行政原理**。師大書苑。

孫邦正（1970）。教育視導大綱。臺灣商務。

孫邦正（1989）。教育概論。臺灣商務。

秦夢群（2007）。教育計畫理念與方法。載於謝文全等合著：**教育行政學：理論與案例**（頁 191-214）。五南。

秦夢群（2021）。教育行政理論與模式。五南。

翁聿煌（2019）。新北教育局宣布 109 學年度停辦校務評鑑　隔年改新制。自由時報。https://news.ltn.com.tw/news/politics/breakingnews/2681543

袁庭堯（2022 年 5 月 22 日）。女師課堂罵小三生笨蛋慘害排擠霸凌　家長怒告結果出爐。中時新聞網。https://www.chinatimes.com/realtimenews/20220522001650-260402?chdtv

高雄市三民區獅湖國民小學（2017）。**高雄市三民區獅湖國民小學中長程教育發展計畫**。作者。

高雄市立高雄女子高級中學（2017）。**高雄市立高雄女子高級中學 107-110 年度中長程教育發展計畫**。作者。

國立臺灣師範大學（2020）。**2020-2025 校務發展計畫校級計畫內容**。作者。

國家教育研究院（無日期）。重編國語辭典修訂本：決定。https://dict.revised.moe.edu.tw/dictView.jsp?ID=97201&la=0&powerMode=0

國家教育研究院（無日期）。**教育視導**。教育部《重編國語辭典修訂本》。
　　https://dict.revised.moe.edu.tw/dictView.jsp?ID=91898&la=0&powerMode=0

國家教育研究院（無日期）。**評鑑**。教育部《重編國語辭典修訂本》。https://
　　dict.concised.moe.edu.tw/dictView.jsp?ID=3383&la=0&powerMode=0

國家發展委員會（2022）。**5.** 主要國家所得分配概況。https://www.ndc.gov.tw/
　　Content_List.aspx?n=D9371D794CB769DC

國家衛生研究院（2021）。人口高齡化與社會福利——社會投資的反思。作
　　者。

國語辭典（2022）。人事行政。https://dictionary.chienwen.net/word/70/82/
　　3c71a1- 人事行政 .html

國語辭典（無日期）。計畫。https://dict.revised.moe.edu.tw/dictView.jsp?ID=
　　88766&la=0&powerMode=0

張正藩（1977）。教育視導。幼獅。

張明輝（2000）。行政主管的功能。國家教育研究院。https://terms.naer.edu.
　　tw/detail/1305321/

張春興（1990）。**現代心理學**。東華。

張植珊（1979）。**教育評鑑**。教育部教育計畫小組。

張德銳（1990）。台灣學校教育評鑑制度。載於林天祐主編：台灣教育探源
　　（頁 103-105）。國立教育資料館。

張議晨（2022 年 5 月 23 日）。小三生考差在校遭師罵「朽木」　家長怒告求
　　償獲 20 萬。聯合新聞網。https://udn.com/news/story/7321/6331955

教育部（2011）。**中華民國教育報告書：黃金十年百年樹人**。作者。

教育部（2019）。公立高級中等以下學校校舍耐震能力改善計畫（**109-111** 年
　　度）。作者。

教育部（2020，4 月 27 日）。新聞稿：教育部停辦 **109** 年高級中等學校評鑑
　　轉型精進接軌 108 課綱。https://www.edu.tw/News_Content.aspx?n=9E7AC
　　85F1954DDA8&s=72CD4B91EDA57B2A

教育部（2022a）。**112** 年度中央政府總預算教育部單位預算。作者。

教育部（2022b）。中華民國教育統計。作者。

教育部國民及學前教育署（2022）。**111** 學年度教育優先區計畫。作者。

梁文韜（2012）。何謂政治學。科學發展，**480**，6-10。

章凱閎（2020）。「英文像陌生怪物」　5 成 5 偏鄉童會考英文拿 C 創 3 年新
　　高。聯合新聞網。https://udn.com/news/story/6885/4560045

許士軍（1991）。管理學。三民。

許士軍（1991）。管理學。東華。

郭生玉（2012）。心理與教育研究法：量化、質性與混合研究方法。精華。

郭昭佑（2007）。教育評鑑研究：原罪與解放。五南。

陳至中（2017）。大學系所評鑑教育部規劃停辦。https://www.cna.com.tw/news/firstnews/201702085018.aspx。

陳新民（1994）。行政法學總論。三民。

陳麗珠、陳明印（2013）。我國教育財政政策之變革與展望。臺灣教育，**681**，2-12。

傅肅良（1988）。行政管理學。三民。

傅肅良（1991）。行政管理學。三民。

湯志民（2012）。知識管理。教育百科。https://pedia.cloud.edu.tw/Entry/Detail/?title= 知識管理 &search= 過程

黃乃熒（2000）。後現代教育哲學。師大書苑。

黃旭鈞（2018）。校長學習領導提升教與學成效的理念與策略。教育研究月刊，**292**，37-52

黃昆輝（1996）。教育行政學。東華。

黃昆輝、張德銳（2000）。漸進模式。國家教育研究院雙語詞彙、學術名詞暨辭書資訊網。https://terms.naer.edu.tw/detail/1313173/

黃建翔、吳清山（2016）。國民中小學校長永續領導指標及權重體系之建構。當代教育研究季刊，**23**（1），1-32。

黃嘉雄（2021）。校本課程之建構主義評鑑：理念與實施。教育研究月刊，**330**，51-63。

圓夢助學網（無日期）。就學貸款。https://www.edu.tw/helpdreams/cp.aspx?n=9AC8D0E0C33FF2BF&s=1CB31DF183066B41

新北市政府教育局（2019）。新北市資訊教育中程計畫（**108-111** 年）。作者。

新竹縣政府教育局（無日期）。組織架構。https://doe.hcc.edu.tw/doe_front/index.php?action=director_html&uuid=95a08950-90a3-4af7-b351-56aeb216a774&page_uuid=a49bfbab-0043-4712-a558-3fcf3d0885c5

溫世頌（1978）。心理學。三民。

葉乃靜（2012）。認識論。國家教育研究院。https://terms.naer.edu.tw/detail/1679328/?index=9

董保城（1997）。教育法與學術自由。元照。

彰化縣政府教育處（無日期）。組織架構。https://education.chcg.gov.tw/01intro/intro04.asp

管歐（2007）。法學緒論。五南。

維基百科（2022）。渾沌理論。https://zh.wikipedia.org/zh-tw/ 渾沌理論

臺中市政府教育局（2022）。組織架構圖。https://www2.tc.edu.tw/site/organization

臺北市立中正國民中學（2017）。臺北市立中正國民中學中長程教育發展計畫。作者。

臺北市政府教育局（無日期）。組織架構。https://www.doe.gov.taipei/cp.aspx?n=7ADFE35E698BC929

蓋浙生（1986）。教育財政學。東華。

劉安彥（1978）。心理學。三民。

劉尚志、林三元和宋皇志（2006）。走出繼受，邁向立論：法學實證研究之發展。科技法學評論，3（2），1-48。

審計部（2022）。中華民國 110 年政府審計年報。作者。

潘慧玲、王麗雲、謝卓君（2022）。緒論：多元取徑下的教育治理。載於潘慧玲、王麗雲主編：教育治理：理論與實務。元照。

潘慧玲、徐昊杲、黃馨慧、張志偉（2003）。第四屆綜合高中評鑑之實施。教育研究資訊，11（3），133-156。

蔡良文（2018）。人事行政學——論現行考銓制度。五南。

蔡亞樺（2017）。減輕行政負擔　北市國小校務評鑑明年起停辦 2 年。自由時報。https://news.ltn.com.tw/news/life/breakingnews/2164701

蔡培村和武文瑛（2004）。領導學。麗文。

鄭玉波和黃宗樂（2019）。法學緒論。三民。

鄭崇趁（1998）。教育計畫與評鑑。心理。

鄭淑惠（2009）。教育評鑑的效用性：促進組織學習的觀點。新竹教育大學教育學報，26（6），57-88。

盧增緒（1985）。教育評鑑初探。師大教育學報，30，115-148。

賴志峰（2008）。分佈式領導理論之探究——學校領導者、追隨者和情境的交互作用。國民教育研究學報，20，87-113。

謝文全（2022）。教育行政學。元照。

謝文全（2022）。教育行政學。高等教育。

謝高橋（1985）。社會學。巨流。

瞿立鶴（1992）。教育行政。國立編譯館。

顏國樑（2022）。教育法規理論與實務。元照。

譚光鼎（2000）。教育政治學。國家教育研究院。https://terms.naer.edu.tw/

detail/1310049/

蘇鈺楠（2019）。臺灣教育行政學遺失的一塊：兩格論戰之意義及其在教育行政之啟示。**教育研究集刊，65**（3），91-105。

二、英文部分

Adams, S. (1965). Inequality in social exchange. *Advances in Experimental Social Psychology, 2*, 267-299.

Afuah, A. (1998). *Innovation management.* Oxford University Press.

Alderfer, C. P. (1969). An empirical test of a new theory of human needs. *Organizational Behavior and Human Performance, 4*(2), 142-175.

Alderfer, C. P. (1989). Theories reflecting my personal experience and life development. *Journal of Applied Behavioral Science, 25*(4), 351-365.

Alfonso, R. A. (May 1977). "Will peer supervision work?" *Educational Leadership, 34*(8) 594-601.

Aliyyah, R. R. (2020). *Evaluation model of education program.* https://www.researchgate.net/publication/344595783_EVALUATION_MODEL_OF_EDUCATION_PROGRAMS

American Psychological Association (2022). *Industrial and organizational psychology.* https://www.apa.org/ed/graduate/specialize/industrial

American Sociological Association (n.d.). *What is sociology?* https://www.asanet.org/about/what-sociology

APQC (n.d.). *Knowledge management.* https://www.apqc.org/expertise/knowledge-management

Bandura, A. (1977). Self-efficacy: Toward a unifying theory of behavioral change. *Psychological Review, 84*(2), 191-215.

Bandura, A. (1986). *Social foundations of thought and action: A social cognitive theory.* Prentice-Hall.

Bass, B. M. (1985). *Leadership and performance beyond expectations.* Free.

Bhasin, H. (2020). *Management science – Concept, characteristics and tools.* https://www.marketing91.com/management-science/

Blake, R. R., & McCanse, A. A. (1991). *Leadership dilemmas – Grid solutions.* Gulf.

Britannica (n.d.). *Chaos theory.* https://www.britannica.com/science/solid-state-of-matter

Burkus, D. (2021). How to tell if your company has a creative culture. *Harvard Business Review*. https://hbr.org/2014/12/how-to-tell-if-your-company-has-a-creative-culture

Burns, T., & Stalker, G. M. (1961). *Management of innovation*. Oxford University Press.

Cambridge Dictionary (2022a). *Philosophy*. https://dictionary.cambridge.org/dictionary/english-chinese-traditional/philosophy

Cambridge Dictionary (2022b). *Law*. https://dictionary.cambridge.org/dictionary/english-chinese-traditional/law

Cambridge University Press (2022c). *Organization*. https://dictionary.cambridge.org/dictionary/english/organization

Cambridge Dictionary (2022d). *Leadership*. https://dictionary.cambridge.org/dictionary/english/leadership

Cambridge Dictionary (2022e). *Motivation*. https://dictionary.cambridge.org/dictionary/english/motivation

Cambridge University Press (2022f). *Supervision*. https://dictionary.cambridge.org/dictionary/english/supervision

Cambridge University Press (2022g). *Evaluate*. https://dictionary.cambridge.org/dictionary/english/evaluate

Campbell, R. O., Corbally, J. E., & Nystrand, R. O. (1983). *Introduction to education administration* (6th ed.). Allyn and Bacon.

Chai, W., & Sutner, S. (2022). Human resource management (HRM). *TechTarget*. https://www.techtarget.com/searchhrsoftware/definition/human-resource-management-HRM

Chakma, D. (2022). *Educational administration: Concepts of educational administration and principles of educational administration*. https://onlinenotebank.wordpress.com/2022/01/15/concepts-and-principles-of-educational-administration/

Christensen, C. (1997). *The innovator's dilemma: When new technologies cause great firms to fail*. Harvard Business School Press.

Cogan, M. L. (1972). *Clinical supervision*. Houghton-Mifflin.

Cohen, M. D., March, J. G., & Olsen, J. P. (1972). A garbage can model of organizational choice. *Administrative Science Quarterly*, *17*(1), 1-25.

Coursera (2022). *What is effective communication? Skills for work, school, and life.* https://www.coursera.org/articles/communication-effectiveness

Das, A. (2020). Educational supervision: A theoretical perspective. *International Journal of Management, 11*(12), 982-987.

Drucker, P. (1985). *Innovation and entrepreneurship: Practice and principles.* HarperCollins.

Duignan, B. (n.d.). *Postmodernism.* https://www.britannica.com/topic/postmodernism-philosophy

Edureka (2022). *Key objective of human resource management.* https://www.edureka.co/blog/objectives-of-human-resource-management/

EPM (2018). *Herzberg's motivation theory – Two factor theory.* https://expertprogrammanagement.com/2018/04/herzbergs-two-factor-theory/

Etzioni, A. (1967). Mixed-Scanning: A "Third" approach to decision-making. *Public Administration Review, 27*(5), 385-392.

Expert Program Management (2018). *Trait theory of leadership.* https://expertprogrammanagement.com/2021/06/trait-theory-of-leadership/

Fernando, J. (2022). *Globalization in business with history and pros and cons.* https://www.investopedia.com/terms/g/globalization.asp

Fiedler, F. E. (2006). The contingency model: A theory of leadership effectiveness. In J. M. Levine & R. L. Moreland (Ed.). *Small groups: Key readings.* (pp. 387-452) Psychology.

Fractal Foundation (n.d.). *What is chaos theory?* https://fractalfoundation.org/resources/what-is-chaos-theory/

Fraenkel, J. R., Wallen, N. E., & Hyun, H. H. (2012). *How to design and evaluate research in education.* McGraw Hill.

Gall, J. P., Gall, M. D., & Borg, W. R. (2005). *Applying educational research: A practical guide.* Pearson.

Gall, M. D., & Acheson, K. A. (1980). *Clinical supervision and teacher development.* John Wiley & Sons.

Gao, Y., Zeng, G., Wang, Y., Khan1, A. A., & Wang, X. (2022). *Exploring Educational planning, teacher beliefs, and teacher practices during the pandemic: A study of science and technology-based universities in China.* file:///C:/Users/Shan/Downloads/fpsyg-13-903244.pdf

Glatthorn, A. A. (1984). *Differentiated supervision.* ASCD. https://files.eric.ed.gov/

fulltext/ED245401.pdf

Glickman, C. D. (1981). *Developmental supervision: Alternative practices for helping teachers improve instruction*. ASCD. https://files.eric.ed.gov/fulltext/ED208487.pdf

Goldhammer, R. (1969). *Clinical supervision: Special methods for the supervision of teacher*. New York: Holt, Rinehart and Winston.

Gordon, S. P. (2019). Educational supervision: Reflections on its past, present, and future. *Journal of Educational Supervision*, *2*(2), 27-52.

gothamCulture (2022). *Organizational culture*. https://gothamculture.com/what-is-organizational-culture-definition/#:~:text=Organizational%20culture%20is%20defined%20as,psychological%20environment%20of%20an%20organization.

Grenda, J. P., & Hackmann, D. J. (2014). Advantages and challenges of distributing leadership in middle-level schools. *NASSP Bulletin*, *98*(1), 53-74.

Griffin, R. W. (2011). *Management: Principles and practices*. South-Western.

Griffin, R. W. (2013). *Management: Principles and practices*. South-Western.

Grimmett, P. P. (1981). Clinical supervision and teacher thought processes. *Canadian Journal of Education*, *6*(4), 23-39.

Guba, E. G., & Lincoln, Y. S. (1989). *Fourth generation evaluation*. Newbury Park.

Guba, E. G., & Lincoln, Y. S. (2001). *Guidelines and checklist for constructivist (a.k.a. fourth generation) evaluation*. https://wmich.edu/sites/default/files/attachments/u350/2014/constructivisteval.pdf

Hanson, E. M. (1991). *Educational administration and organization behavior*. Allan and Bacon.

Harappa (2022). *The reinforcement theory of motivation*. https://harappa.education/harappa-diaries/reinforcement-theory-of-motivation/

Hargreaves, A., & Fink, D. (2006). *Sustainable leadership*. Jossey-Bass.

Hattrup, G. P., & Kleiner, B. H. (1993). How to establish the proper span of control for managers. *Industrial Management*, *35*(6), 28-30.

Hayes, A. (2021). *Internationalization: Definition, examples, and benefits*. https://www.investopedia.com/terms/i/internationalization.asp

Heller, D. A. (1989). *Peer supervision: A way of professionalizing teaching*. Phi Delta Kappa. (https://eric.ed.gov/?id=ED308166)

Hersey, P., & Blanchard, K. H. (1988). *Management of organizational behavior:*

Utilizing human resources. Prentice-Hall.

Herzberg, F. I. (1966). *Work and the nature of man.* World.

Herzberg, F. I., Mausner, B., & Snyderman, B. B. (1959). *The motivation to work.* John Wiley & Sons.

Hitt, M., A., Middlemist, R. D., & Mathis, R. L. (1986). *Management: Concepts and effective practice.* West.

Hoque, K., Subramaniam, M. V., Kamaluddin, M. A., & Othman, A. J. (2016). *Educational supervision and development.* GRIN.

House, E. R., & Howe, K. R. (2000). *Deliberative democratic evaluation checklist.* The Evaluation Center, Western Michigan University.

House, R. J. (1971). A path goal theory of leader effectiveness. *Administrative Science Quarterly , 16*(3), 321-339.

House, R. J. (1977). A 1976 theory of charismatic leadership. In J. G. Hunt & L. L. Larson (Eds.). *Leadership: The cutting edge* (pp. 189-207). Southern Illinois University Press.

House, R. J., & Mitchell, T. R. (1975). *Path-goal theory of leadership.* Technical Report 75-67. University of Washington.

Howe, K. R., & Ashcraft, C. (2005). Deliberative democratic evaluation: Successes and limitations of an evaluation of school choice. *Teachers College Record, 107*(10), 2275-2298.

Hoy, W. H., & Miskel, C. G. (1996). *Educational administration: Theory, research, and practice.* McGraw-Hill.

Indeed Editorial Team (2021). *Leadership roles (With examples and functions of Leadership).* https://in.indeed.com/career-advice/career-development/leadership-roles#:~:text=A%20leader's%20most%20important%20function,them%20achieve%20the%20set%20goals.

Jeanes, E. (2019). *A dictionary of organizational behaviour.* Oxford University Press.

Jensenius, A. R. (n.d.). *Universities as a matrix organization.* https://www.arj.no/2017/02/05/universities-as-matrix/

Joint Committee on Standards for Educational Evaluation (1981). *Standards for evaluations of educational programs, projects and materials.* McGraw-Hill.

Jones, G. R., & George, J. M. (2022). *Contemporary management.* McGraw-Hill.

Kahneman, D. (1982). *Judgment under uncertainty: Heuristics and biases.*

Cambridge University Press.

Kashyap, D. (n.d.). *Educational administration: Meaning, nature and other details.* https://www.yourarticlelibrary.com/educational-management/educational-administration/educational-administration-meaning-nature-and-other-details/63730

Kast, F. E., & Rosenzweig, J. E. (1972). *General systems theory: Applications for organization and management.* http://www.communicationcache.com/uploads/1/0/8/8/10887248/general_system_theory-_applications_for_organization_and_management.pdf

Kilayko, H. (n.d.). *School supervision definition of school supervision.* https://www.academia.edu/14102999/SCHOOL_SUPERVISION_Definition_of_School_Supervision

Kurt, S. (2021). *McClelland's three needs theory: Power, achievement, and affiliation.* https://educationlibrary.org/mcclellands-three-needs-theory-power-achievement-and-affiliation/

Lakshman, C. (2008). *Knowledge management: Tools for executive leaders.* Sage.

Lam, C. Y. (2013). Consumer-oriented evaluation approach. In *The SAGE encyclopedia of educational research, measurement, and evaluation* (pp. 390-392). Sage.

LaMarco, N. (2018). *The concept of empowerment in leadership.* https://smallbusiness.chron.com/concept-empowerment-leadership-15371.html

Lawrence, P. R., & Lorsch, J. W. (1967). Differentiation and integration in complex organizations. *Administrative Science Quarterly*, *12*(1), 1-47. doi:10.2307/2391211

Le Fevre, D. (2021). *Instructional leadership and why it matters.* https://theeducationhub.org.nz/instructional-leadership-and-why-it-matters/

Leadership Centre (n.d.). *Edgar Schein: The three levels of culture.* https://www.leadershipcentre.org.uk/artofchangemaking/theory/3-levels-of-organisational-culture/

Learn.org (n.d.). *What is educational supervision?* https://learn.org/articles/What_is_Educational_Supervision.html

Leonard, K. (2019). *Five functions of management & leading.* https://smallbusiness.chron.com/five-functions-management-leading-56418.html

Lewin, K., Lippitt, R., & White, R. K. (1939). Patterns of aggressive behavior in experimentally created "social climates". *Journal of Social Psychology, 10*(2), 271-299.

Li, M. (2018). *What have we learned from the 100-year history of leadership research?* (Part II). https://fisher.osu.edu/blogs/leadreadtoday/blog/what-have -we-learned-from-the-100-year-history-of-leadership-research-part-ii#:~:text= Conducted%20in%20the%201940s%2C%20the,is%20measured%2C%20 studied%20and%20developed.

Lindblom, C. E. (1959). The science of "mudding through". *Public Administrative Review, 19*(2), 79-88.

Locke, E. A. (1968). Toward a theory of task motivation and incentives. *Organizational Behavior and Human Performance, 3*(2),157-189.

Lund, G. E. (2013). *Fifth generation evaluation.* https://www.researchgate.net/ publication/325334758_Fifth_Generation_Evaluation

Lunenburg, F. C., & Ornstein, A. (2022). *Educational administration: Concepts and practices.* Sage.

ManagementStudyHQ (2022). *Reinforcement theory of motivation.* https://www. managementstudyhq.com/reinforcement-theory-motivation.html

Marthe, H., & Marc-Andre, N. (1985). *The pros and cons of responsive evaluation.* ERIC (ED 267 103).

Maslow, A. H. (1943). A theory of human motivation. *Psychological Review, 50,* 370-396.

Maslow, A. H. (1958). A dynamic theory of human motivation. In C. L. Stacey & M. DeMartino (Eds.). *Understanding human motivation* (pp. 26-47). Howard Allen.

McClelland, D. C. (1961). *The achieving society.* The free.

McClelland, D. C. (1987). *Human motivation.* Cambridge University Press.

Mehta, R. (n.d.). *The 8 functions of communication.* https://digiaide.com/functions- of-communication/

Merriam-Webster Dictionary (n.d.). *personnel administration.* https://www.merriam -webster.com/dictionary/personnel%20administration#:~:text=%3A%20 the%20phase%20of%20management%20concerned,optimum%20efficiency% 20of%20human%20resources

Mind Tools (n.d.). *Herzberg's motivators and hygiene factors: Learn how to motivate your team.* https://www.mindtools.com/pages/article/herzberg-motivatorshygiene-factors.htm

Mitchell, D. E., & Romero, L. (2021). *Politics of education*. https://www.oxfordbibliographies.com/view/document/obo-9780199756810/obo-9780199756810-0129.xml

Montana, P. J., & Charnov, B. H. (1993). *Management*. Barron's Educational Series.

MSG (2022). *Equity theory of motivation*. https://www.managementstudyguide.com/equity-theory-motivation.htm

Muñoz-Cuenca, G. A., & Mata-Toledo, R. A. (2017). *The fifth generation of evaluation: Evaluating for quality*. 2017 Hawaii University International Conferences: Science, Technology & Engineering, Arts, Mathematics & Education. Honolulu, Hawaii, June 8-10, 2017.

Nevo, D. (1983). Conceptualization of educational evaluation: An Analytical review of the literature. In Ernest R. House(ed.). *New directions in educational evaluation* (pp.13-29). The Falmer.

Nevo, D. (1995). *School-based evaluation: A dialogue for school improvement*. Pergamon.

Newstrom, J. W., & Davis, K. (2002). *Organizational behavior: Human behavior at work*. McGraw-Hill.

Nickerson, C. (2021). *Herzberg's motivation two-factor theory*. https://www.simplypsychology.org/herzbergs-two-factor-theory.html

Niessen, T. J. H., Abma, T. A., Widdershoven, G. A. M., & der Vleuten, C. P. M. (2009). Learning-in-(inter) action: A dialogical turn to evaluation and learning. In K. E. Ryan & J. B. Cousin. *The SAGE international handbook of educational evaluation*. Sage.

Northouse, P. G. (2019). *Introduction of leadership*. Sage.

Northouse, P. G. (2022). *Leadership: Theory & practice*. Sage.

npr (2022). *Read Martin Luther King Jr.'s 'I Have a Dream' speech in its entirety*. https://www.npr.org/2010/01/18/122701268/i-have-a-dream-speech-in-its-entirety

Orey, M. (2021). *The onion model: 3 levels of organizational culture*. https://www.wlpgroup.com/post/the-onion-model-for-organizations

Ormrod, J. E. (2008). *Human learning*. Pearson.

Ouchi, W. G. (1981). *Theory Z: How American business can meet the Japanese challenge*. Perseus Books.

Oxford University Press (2022a). *Organization*. https://www.oxfordlearnersdi ctionaries.com/definition/english/organization

Oxford University Press (2022b). *Sustainability*. https://www.oxfordlearnersdi ctionaries.com/definition/english/sustainability?q= sustainability

Oxford University Press (2022c). *Decision*. https://www.oxfordlearnersdictionaries. com/definition/english/decision

Oxford University Press (2022d). *Constitution*. https://www.oxfordlearners dictionaries.com/definition/english/constitution#:~:text=constitution-, noun,an%20organization%20is%20governed%20by

Oxford University Press (2022e). *Communication*. https://www.oxfordlearners dictionaries.com/definition/american_english/communication#:~:text=1%5Bu ncountable%5D%2

Oxford University Press (2022f). *Law*. https://www.oxfordlearnersdictionaries.com/ definition/english/law?q=law

Oxford University Press (2022g). *Order*. https://www.oxfordlearnersdictionaries. com/definition/american_english/order_1#:~:text=%5Buncountable%2C%20 countable%5D%20the%20way,are%20listed%20in%20alphabetical%20order

Phillips, D. C. (2018). The many functions of evaluation in education. *Education Policy Analysis Archives*, *26*(46), 1-18.

Psychology Today (2022). *4 CORE steps to activate your best mindset*. https:// www.psychologytoday.com/us/blog/put-your-mindset-work/201208/4-core-steps-activate-your-best-mindset

Ralph, E. G. (1998). *Developing practitioners: A handbook of contextual supervision*. New Forums

Riggio, R. E., Bass, B. M., & Orr, S. S. (2004). Improving leadership in nonprofit organizations. In R. E. Riggio, S. S. Orr (Ed.). *Improving leadership in nonprofit organizations* (pp. 49-63). Wiley.

Robbins, S. P., & Coulter, M. (2002). *Management*. Prentice-Hall.

Robbins, S. P., & Coulter, M. (2022). *Management*. Pearson.

Robbins, S. P., & Judge, T. A. (2022). *Organizational behavior*. Pearson.

Roberts, K. H., & Hunt, D. M. (1991). *Organizational behavior*. PWS-KENT.

Senge, P. (1990). *The fifth discipline: The art and practice of the learning organization*. Currency Doubleday.

Sergiovanni, T. J., & Starratt, R. J. (1993). *Supervision: A redefinition*. McGraw-Hil.

Singer, P. (n.d.). *ethics*. https://www.britannica.com/topic/ethics-philosophy

Souders, B. (2019). *The vital importance and benefits of motivation*. https://positivepsychology.com/benefits-motivation/#:~:text=Motivation%20reflects%20something%20unique%20about,thinking%2C%20feeling%2C%20and%20behaving.

Spears, L. (Ed.) (1998). *The power of servant-leadership*. Berrett-Koehler.

Stake, R. E. (1972). *Responsive evaluation*. ERIC (ED 075 487)

Stake, R. E. (1976). A theoretical statement of responsive evaluation. *Studies in Educational Evaluation, 2*(1), 19-22.

Steers, R. M. (1991). *Introduction to organizational behavior*. Harper Collins.

Steyn, G. M., & van Niekerk, E. J. (2012). *Human resources management in education*. Unisa.

Stoner, J. A. F., & Freeman, R. E. (1989). *Management*. Prentice-Hall.

Stoner, J. A. F., & Freeman, R. E. (1994). *Management*. Pearson.

Stufflebeam, D. L. (1969). Evaluation as enlightenment for decision making. In W. H. Beatty (ed.). *Improving educational assessment and an inventory for measures of affective behavior*. National Education Association.

Stufflebeam, D. L. (1971). *The relevance of the CIPP evaluation model for educational accountability*. ERIC (ED 062 385)

Stufflebeam, D. L. (2003). The CIPP Model for Evaluation. In T. Kellaghan & D. L. Stufflebeam (pp. 31-62). *International handbook of educational evaluation*. Springer.

Stufflebeam, D. L., & Coryn, C. L. S. (2014). *Evaluation theory, models, and applications*. Jossey-Bass.

Taylor, F. W. (1911). *The principles of scientific management*. Harper & Brothers.

The European Association for the Education of Adults (n.d.). *European Network for Intergenerational Learning*. https://eaea.org/our-work/projects3/enil-european-network-for-intergenerational-learning/#:~:text=The%20main%20aim%20of%20the,by%20creating%20a%20mechanism%20for

Tyler, R. (1950). *Basic principles of curriculum and instruction*. University of Chicago Press.

United Nations (2016). *The sustainable development goals report 2016*. Author.

Ven, A. H. V. D., & Delbecq, A. L. (1972). The nominal group as a research instrument for exploratory health studies. *American Journal of Public Health, 62*(3), 337-342.

Ven, A. H. V. D., & Delbecq, A. L. (1974). The effectiveness of nominal, Delphi, and interacting group decision making processes. *The Academy of Management Journal, 17*(4), 605-621.

von Bertalanffy, L. (1968). *General system theory: Foundations, development, applications*. George Braziller.

Waters, S. (2021). *The 7 surefire ways to boost employee morale.* https://www.betterup.com/blog/boost-employee-morale

Weber, M. (1947). *The theory of social and economic organization* (T. Parsons, Trans.). Free .

Weber, M. (1968). *Max Weber on charisma and institutional building* (S. N. Eisenstadt, Ed.). The University of Chicago Press.

Wikimedia (2022). *Management by objectives.* https://en.wikipedia.org/wiki/Management_by_objectives

Wikipedia (2022a). *Category: Educational administration.* https://en.wikipedia.org/wiki/Category: Educational_administration

Wikipedia (2022b). *Aesthetics.* https://en.wikipedia.org/wiki/Aesthetics

Wikipedia (2022c). *Law.* https://en.wikipedia.org/wiki/Law

Wikipedia (2022d). *Political science.* https://en.wikipedia.org/wiki/Political_science

Yukl, G., & Gardner III, W. L. (2020). *Leadership in organization.* Pearson.

註：n.d. 是 no date 的縮寫，意指無日期。

名詞索引

家圖書館出版品預行編目(CIP)資料

教育行政學／吳清山著. -- 初版. -- 臺北
市：五南圖書出版股份有限公司, 2023.08
面 ； 公分

ISBN 978-626-366-110-3(平裝)

1.CST: 教育行政

526   112007604

117Q

教育行政學

作　　者 ─ 吳清山 (63)

發 行 人 ─ 楊榮川

總 經 理 ─ 楊士清

總 編 輯 ─ 楊秀麗

副總編輯 ─ 黃文瓊

責任編輯 ─ 陳俐君、李敏華

封面設計 ─ 陳亭瑋

出 版 者 ─ 五南圖書出版股份有限公司

地　　址：106臺北市大安區和平東路二段339號4樓

電　　話：(02)2705-5066　　傳　　真：(02)2706-6100

網　　址：https://www.wunan.com.tw

電子郵件：wunan@wunan.com.tw

劃撥帳號：01068953

戶　　名：五南圖書出版股份有限公司

法律顧問　林勝安律師

出版日期　2023年8月初版一刷

定　　價　新臺幣650元

經典永恆・名著常在

五十週年的獻禮 —— 經典名著文庫

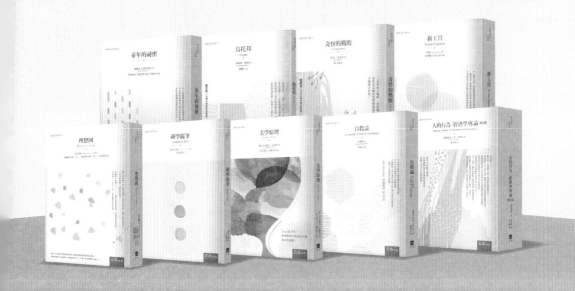

五南，五十年了，半個世紀，人生旅程的一大半，走過來了。

思索著，邁向百年的未來歷程，能為知識界、文化學術界作些什麼？

在速食文化的生態下，有什麼值得讓人雋永品味的？

歷代經典・當今名著，經過時間的洗禮，千錘百鍊，流傳至今，光芒耀人；

不僅使我們能領悟前人的智慧，同時也增深加廣我們思考的深度與視野。

我們決心投入巨資，有計畫的系統梳選，成立「經典名著文庫」，

希望收入古今中外思想性的、充滿睿智與獨見的經典、名著。

這是一項理想性的、永續性的巨大出版工程。

不在意讀者的眾寡，只考慮它的學術價值，力求完整展現先哲思想的軌跡；

為知識界開啟一片智慧之窗，營造一座百花綻放的世界文明公園，

任君遨遊、取菁吸蜜、嘉惠學子！